《双碳目标下"多能融合"技术图解》编委会

编委会主任：

刘中民　中国科学院大连化学物理研究所，中国工程院院士

编委会副主任：

蔡　睿　中国科学院大连化学物理研究所，研究员

编委会委员（以姓氏笔画排序）：

王志峰　中国科学院电工研究所，研究员

王国栋　东北大学，中国工程院院士

王建强　中国科学院上海应用物理研究所，研究员

王艳青　中国科学院大连化学物理研究所，高级工程师

王集杰　中国科学院大连化学物理研究所，研究员

叶　茂　中国科学院大连化学物理研究所，研究员

田亚峻　中国科学院青岛生物能源与过程研究所，研究员

田志坚　中国科学院大连化学物理研究所，研究员

吕清刚　中国科学院工程热物理研究所，研究员

朱文良　中国科学院大连化学物理研究所，研究员

朱汉雄　中国科学院大连化学物理研究所，高级工程师

任晓光　中国科学院大连化学物理研究所/榆林中科洁净能源创新研究院，正高级工程师

刘中民　中国科学院大连化学物理研究所，中国工程院院士

许明夏　大连交通大学，副教授

孙丽平　国家能源集团技术经济研究院，工程师

严　丽　中国科学院大连化学物理研究所，研究员

杜　伟	中国科学院大连化学物理研究所，正高级工程师
李　睿	上海交通大学，教授
李先锋	中国科学院大连化学物理研究所，研究员
李婉君	中国科学院大连化学物理研究所，研究员
杨宏伟	国家发展和改革委员会能源研究所，研究员
肖　宇	中国科学院大连化学物理研究所，研究员
何京东	中国科学院重大科技任务局，处长
汪　澜	中国建筑材料科学研究总院，教授
汪国雄	中国科学院大连化学物理研究所，研究员
张　晶	大连大学，教授
张宗超	中国科学院大连化学物理研究所，研究员
陈　伟	中国科学院武汉文献情报中心，研究员
陈忠伟	中国科学院大连化学物理研究所，加拿大皇家科学院院士、加拿大工程院院士
陈维东	中国科学院大连化学物理研究所/榆林中科洁净能源创新研究院，副研究员
邵志刚	中国科学院大连化学物理研究所，研究员
麻林巍	清华大学，副教授
彭子龙	中国科学院赣江创新研究院，纪委书记/副研究员
储满生	东北大学，教授
路　芳	中国科学院大连化学物理研究所，研究员
蔡　睿	中国科学院大连化学物理研究所，研究员
潘立卫	大连大学，教授
潘克西	复旦大学，副教授
潘秀莲	中国科学院大连化学物理研究所，研究员
魏　伟	中国科学院上海高等研究院，研究员

DIAGRAMS FOR
MULTI-ENERGY INTEGRATION
TECHNOLOGIES TOWARDS DUAL CARBON TARGETS

双碳目标下"多能融合"技术图解

蔡 睿 刘中民 总主编

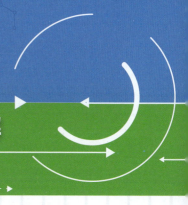

化石能源清洁高效开发利用与耦合替代

李婉君 朱汉雄 张锦威 李 甜 主编

化学工业出版社

·北京·

内容简介

"多能融合"是推进化石能源清洁高效开发与利用的可行路径。在"多能融合"技术框架下，化石能源清洁高效利用与耦合替代是"四主线"之一，《化石能源清洁高效开发利用与耦合替代》聚焦化石能源清洁高效利用领域的分析，在梳理相关领域翔实数据的基础上，试图以图解的形式为读者展现石油、天然气和煤炭等化石能源产业链现状和关键技术发展趋势。

全书阐述了化石能源清洁高效利用在保障国家能源安全和在"多能融合"技术体系中的重要地位，对石油天然气开采和利用、煤炭开采和燃烧、煤化工领域的宏观政策情况、产业发展现状、重点技术内涵和发展方向进行了介绍，提出了"碳达峰、碳中和"目标下化石能源清洁高效利用领域重点发展技术清单和技术发展路线图，并对未来产业发展方向进行了展望。

本书可为化石能源开发与利用领域相关专业的技术人员、研究人员和管理人员提供有益的参考，也可作为相关从业人员的数据工具书。

图书在版编目（CIP）数据

化石能源清洁高效开发利用与耦合替代 / 李婉君等主编． -- 北京：化学工业出版社，2024. 11. --（双碳目标下"多能融合"技术图解 / 蔡睿，刘中民总主编）．
ISBN 978-7-122-45920-6

Ⅰ．F426.2

中国国家版本馆CIP数据核字第2024L086E8号

责任编辑：满悦芝　郭宇婧　杨振美　　文字编辑：贾羽茜　杨振美
责任校对：刘　一　　　　　　　　　　装帧设计：张　辉

出版发行：化学工业出版社（北京市东城区青年湖南街13号　邮政编码100011）
印　　装：中煤（北京）印务有限公司
710mm×1000mm　1/16　印张20¾　字数263千字　2025年3月北京第1版第1次印刷

购书咨询：010-64518888　　　　　　　售后服务：010-64518899
网　　址：http://www.cip.com.cn
凡购买本书，如有缺损质量问题，本社销售中心负责调换。

定　　价：128.00元　　　　　　　　　　　　　　　　版权所有　违者必究

本书编写人员名单

主　　编：李婉君　朱汉雄　张锦威　李　甜
参　　编：张小菲　袁小帅　王春博　杨丽平
　　　　　李梓彤　黄冬玲　靳国忠　王艳青
　　　　　王政威

序 言

2014年6月13日，习近平总书记在中央财经领导小组第六次会议上提出"四个革命、一个合作"能源安全新战略，推动我国能源发展进入新时代。2020年9月22日，习近平主席在第七十五届联合国大会一般性辩论上郑重宣布：中国将提高国家自主贡献力度，采取更加有力的政策和措施，二氧化碳排放力争于2030年前达到峰值，努力争取2060年前实现碳中和（以下简称"碳达峰碳中和目标"）。实现碳达峰碳中和目标，是以习近平同志为核心的党中央统筹国内国际两个大局作出的重大战略决策，是着力解决资源环境约束突出问题，实现中华民族永续发展的必然选择，是构建人类命运共同体的庄严承诺。二氧化碳排放与能源资源的种类、利用方式和利用总量直接相关。我国碳排放量大的根本原因在于能源及其相关的工业体系主要依赖化石资源。如何科学有序推进能源结构及相关工业体系从高碳向低碳/零碳发展，如何在保障能源安全的基础上实现"双碳"目标（即碳达峰碳中和目标），同时支撑我国高质量可持续发展，其挑战前所未有，任务异常艰巨。在此过程中，科技创新必须发挥至关重要的引领作用。

经过多年发展，我国能源科技创新取得重要阶段性进展，有力保障了能源安全，促进了产业转型升级，为"双碳"目标的实现奠定了良好基础。中国科学院作为国家战略科技力量的重要组成部分，历来重视能源领域科技和能源安全问题，先后组织实施了"未来先进核裂变能""应对气候变化的碳收支认证及相关问题""低阶煤清洁高效梯级利用""智能导钻技术装备体系与相关理论研究""变革性纳米技术聚焦""变革性洁净能源关键技术与示范"等A类战略性先导科技专项。从强化核能、煤炭等领域技术研究出发，逐步推动了面向能源体系变革的系统化研究部署。"双碳"问题，其本质主要还是能源的问题。要实现"碳达峰碳中和目标"，我国能源结构、生产生活方式将需要颠覆性变革，必须以新理念重新审视传统能源体系和工业生产过程，协同推进新型能源体系建设、工业低碳零碳流程再造。

"多能融合"理念与技术框架是以刘中民院士为代表的中国科学院专家经过多年研究，针对当前能源、工业体系绿色低碳转型发展需求，提出的创新理念和技术框架。"多能融合"理念与技术框架提出以来，经过不断丰富、完善，已经成为中国科学院、科技部面向"双碳"目标的技术布局的核心系统框架之一。

为让读者更加系统、全面了解"多能融合"理念与技术框架，中国科学院大连化学物理研究所组织编写了双碳目标下"多能融合"技术图解丛书，试图通过翔实的数据和直观的图示，让政府管理人员、科研机构研究人员、企业管理人员、金融机构从业人员及大学生等广大读者快速、全面把握"多能融合"的理念与技术框架，加深对双碳愿景下的能源领域科技创新发展方向的理解。

本丛书的具体编写工作由中国科学院大连化学物理研究所低碳战略研究中心承担，编写团队基于多能融合系统理念，围绕化石能源清洁高效利用与耦合替代、可再生能源多能互补与规模应用、低碳与零碳工业流程再造和低碳化智能化多能融合等四条主线，形成了一套6册的丛书，分别为《"多能融合"技术总论》及"多能融合"技术框架中的各关键领域，包括《化石能源清洁高效开发利用与耦合替代》《可再生能源规模应用与先进核能》《储能氢能与智能电网》《终端用能低碳转型》《二氧化碳捕集、利用及封存》。

本丛书获得了中国科学院 A 类战略性先导科技专项"变革性洁净能源关键技术与示范"等项目支持。在编写过程中，成立了编写委员会，统筹指导丛书编写工作；同时，也得到了多位国内外知名专家学者的指导与帮助，在此表达真诚的感谢。但因涉及领域众多，编写过程中难免有纰漏之处，敬请各位专家学者及广大读者批评指正。

蔡　睿

2024 年 10 月

前言

我国碳排放量较大的根本原因在于能源及其相关的工业体系主要依赖化石资源。在"双碳"目标要求下,能源供给侧结构性改革将持续深化,我国将逐步构建多元清洁的能源供应体系,实施创新驱动发展战略,不断深化能源体制改革。同时,中国的能源结构呈现"富煤、贫油、少气"的特点,煤炭为主的资源禀赋一直是中国的基本国情,我国石油天然气对外依存度达到70%以上,且处于增长态势,能源安全形势严峻,能源安全工作仍是未来我国能源工作的重点任务。

当前我们已经充分认识到化石能源清洁高效开发与利用的重要性,其不仅是实现"双碳"目标的要求,也是保障我国能源安全和产业链、供应链安全稳定的必要途径。我国虽然取得了良好进展,但是仍面临严峻挑战,需要加强关键技术创新和多能融合综合示范,探索出一条具有我国特色的绿色低碳发展道路,支撑能源革命和相关工业转型升级,进而支撑我国如期实现"双碳"目标。

本书立足于石油、天然气、煤炭等化石能源生产和利用现状,由绪论、石油天然气篇、煤炭开采与燃烧篇、煤化工篇和结语组成,详细地介绍了石油、天然气、煤炭等化石能源上游生产和下游利用的行业宏观现状和技术发展情况,并对化石能源清洁高效利用技术发展趋势和未来产业发展方向进行了展望。其中石油天然气篇较为系统地梳理了石油、天然气领域政策演变过程,国内外石油天然气供求现状和我国石油天然气行业生产、储备及进出口情况;针对石油天然气下游应用领域,分析石化行业主要生产工艺和技术现状、典型碳减排技术清单及发展路线图,并提出石油天然气领域发展的对策建议。煤炭开采与燃烧篇系统介绍了国内外煤炭开采、煤炭燃烧利用现状和发展趋势，对主要煤炭燃烧政策进行解读，提出煤炭开采和燃烧利用技术清单及技术发展路线图，并提出"双碳"目标下煤炭开采和燃烧领域的发展建议。煤化工篇重点阐述了发挥煤炭物质属性的煤化工产业现状；梳理了煤化工领域技术清单，包括煤制电石、煤制焦炭、煤制甲醇、煤制油、煤制烯烃、煤制天然气、煤制乙二醇、煤制芳烃、煤制乙醇等传统煤化工和现代煤化工工艺技术，形成煤化工技术路线图；分析了煤炭转化领域全球专利概况，提出相关煤化工发展对策建议。

  限于编者理论水平和实际经验，书中难免存在不足和疏漏之处，恳请读者批评指正。

编　者
2024 年 11 月

目 录

0 绪论 / 1

第一篇 石油天然气篇

第1章 国内石油天然气行业政策环境 / 6

1.1 行业管理体制 …………………………………………… 6
1.2 行业政策解析 …………………………………………… 8
1.3 行业政策趋势 …………………………………………… 12

第2章 世界石油天然气行业供求分析 / 13

2.1 世界石油天然气储量现状 ……………………………… 13
2.2 世界石油市场供求分析 ………………………………… 16
    2.2.1 世界石油供给情况 ………………………………… 16
    2.2.2 世界石油需求情况 ………………………………… 17
    2.2.3 世界石油供需平衡及原油价格情况 ……………… 20
2.3 世界天然气市场供求分析 ……………………………… 22
    2.3.1 世界天然气供给情况 ……………………………… 22
    2.3.2 世界天然气需求情况 ……………………………… 23
    2.3.3 世界天然气供需平衡及价格情况 ………………… 24

第3章 我国石油天然气行业供求分析 / 27

3.1 我国石油天然气储量现状 ……………………………… 27
    3.1.1 我国油气储量变化情况 …………………………… 27
    3.1.2 油气开发生产特点及趋势 ………………………… 29
3.2 我国原油供求分析 ……………………………………… 30
    3.2.1 我国原油供给情况 ………………………………… 30

3.2.2　我国原油需求情况 …………………………………… 32
　　　3.2.3　我国原油供需平衡 …………………………………… 33
3.3　我国天然气供求分析 ……………………………………………… 34
　　　3.3.1　我国天然气供给情况 ………………………………… 34
　　　3.3.2　我国天然气需求情况 ………………………………… 37
　　　3.3.3　我国天然气供需平衡 ………………………………… 39

第4章　石油天然气行业进出口分析 / 41

4.1　原油进出口分析 …………………………………………………… 41
　　　4.1.1　原油进口分析 ………………………………………… 41
　　　4.1.2　原油出口分析 ………………………………………… 43
　　　4.1.3　原油进出口平衡分析 ………………………………… 45
4.2　天然气进出口分析 ………………………………………………… 45
　　　4.2.1　天然气进口分析 ……………………………………… 45
　　　4.2.2　天然气进出口平衡分析 ……………………………… 47

第5章　石油化工行业发展现状分析 / 49

5.1　石化产业总体发展趋势 …………………………………………… 49
5.2　炼油工业发展现状 ………………………………………………… 50
5.3　乙烯工业发展现状 ………………………………………………… 57
5.4　芳烃产业发展现状 ………………………………………………… 62
5.5　国内石油公司战略动向 …………………………………………… 65

第6章　科技支撑石油天然气化工行业低碳转型 / 71

6.1　石油天然气开采技术 ……………………………………………… 71
　　　6.1.1　提高采收率技术 ……………………………………… 72
　　　6.1.2　压裂技术 ……………………………………………… 76
　　　6.1.3　天然气水合物勘探技术 ……………………………… 79
　　　6.1.4　人工智能技术 ………………………………………… 80
6.2　石油炼制技术 ……………………………………………………… 80
　　　6.2.1　化工行业电力替代技术 ……………………………… 81
　　　6.2.2　原油直接制化学品技术 ……………………………… 85

6.2.3　催化裂化烯烃定向转化技术 ·············· 87
6.2.4　低能耗柴油液相加氢精制技术 ·············· 88
6.2.5　石脑油与 CO/CO_2 耦合制芳烃技术 ·············· 89
6.2.6　余热深度回收利用技术 ·············· 90
6.2.7　分离系统智能优化技术 ·············· 91

6.3　原料/燃料替代技术 ·············· 93
6.3.1　化工行业绿氢替代技术 ·············· 93
6.3.2　电解海水制氢气技术 ·············· 96
6.3.3　生物航煤生产技术 ·············· 97
6.3.4　生物柴油技术 ·············· 98
6.3.5　生物基润滑油技术 ·············· 99

6.4　天然气转化利用 ·············· 100
6.4.1　天然气费 – 托合成制燃料/化学品技术 ·············· 100
6.4.2　甲烷临氧反应制烯烃技术 ·············· 101
6.4.3　甲烷无氧芳构化技术 ·············· 103
6.4.4　甲烷无氧活化直接制烯烃技术 ·············· 103
6.4.5　甲烷干重整制合成气技术 ·············· 104

6.5　石化行业碳捕集、利用与封存技术 ·············· 105

第 7 章　石油天然气化工行业发展路线图 / 107

第 8 章　"碳达峰、碳中和"目标下石油天然气行业发展展望 / 112

8.1　开采行业 ·············· 112
8.2　炼化行业 ·············· 113

第二篇　煤炭开采与燃烧篇

第 9 章　煤炭开采领域概述 / 120

9.1　煤炭开采概述 ·············· 120
9.1.1　煤炭的分类 ·············· 120

9.1.2　煤炭的开采方式 …………………………………………… 127
　　9.1.3　煤炭的碳排放强度 ………………………………………… 127
　　9.1.4　煤炭产业链 ………………………………………………… 128
9.2　世界煤炭开采与趋势 …………………………………………………… 130
　　9.2.1　世界煤炭资源现状 ………………………………………… 130
　　9.2.2　世界煤炭开采历史 ………………………………………… 131
　　9.2.3　世界煤炭产量 ……………………………………………… 134
　　9.2.4　世界煤炭开采趋势预测 …………………………………… 136
9.3　中国煤炭资源与开采情况 ……………………………………………… 137
　　9.3.1　中国煤炭资源情况 ………………………………………… 137
　　9.3.2　中国煤炭开采历史 ………………………………………… 139
　　9.3.3　中国煤炭产能总量与分布 ………………………………… 140
　　9.3.4　中国煤炭开采面临的问题 ………………………………… 146
　　9.3.5　中国煤炭开采趋势 ………………………………………… 146

第10章　煤炭燃烧领域概述 / 148

10.1　煤炭燃烧概述 ………………………………………………………… 148
　　10.1.1　煤炭利用途径 ……………………………………………… 148
　　10.1.2　煤炭燃烧条件 ……………………………………………… 149
10.2　世界煤炭燃烧利用现状与趋势 ……………………………………… 150
　　10.2.1　世界煤炭燃烧历史 ………………………………………… 150
　　10.2.2　世界煤炭燃烧现状 ………………………………………… 151
　　10.2.3　世界煤炭燃烧问题 ………………………………………… 152
　　10.2.4　世界煤炭燃烧趋势 ………………………………………… 154
10.3　中国煤炭燃烧利用现状与趋势 ……………………………………… 155
　　10.3.1　中国煤炭燃烧历史 ………………………………………… 155
　　10.3.2　中国煤炭燃烧现状 ………………………………………… 159
　　10.3.3　中国煤炭燃烧问题 ………………………………………… 163
　　10.3.4　中国煤炭燃烧趋势 ………………………………………… 165

第11章　煤炭领域发展特征与趋势 / 167

11.1　2020年煤炭流向图 …………………………………………………… 167

11.2 煤炭供给端 …………………………………………… 167
11.3 终端消费端 …………………………………………… 171
11.4 煤炭消费趋势 ………………………………………… 172
11.5 煤炭价格趋势 ………………………………………… 174

第12章　煤炭领域技术清单 / 176

12.1 煤炭开采与加工 ………………………………………… 176
12.1.1 煤矿安全高效开采地质保障关键技术 …………176
12.1.2 煤矿高效开采及智能矿山建设关键技术 ………178
12.1.3 隐蔽致灾因素智能探测及重大灾害监控
      预警技术 ……………………………………………179
12.1.4 深部矿井煤岩、热动力灾害防治技术 …………180
12.1.5 矿山及地下工程重大事故应急救援技术
      及装备 ………………………………………………181
12.1.6 与煤系共伴生资源综合开发利用技术 …………182
12.1.7 煤炭绿色开采与生态环境保护技术 ……………183
12.1.8 矿区生态恢复技术 ………………………………184
12.1.9 煤炭地下气化开采技术 …………………………185
12.1.10 煤炭清洁高效分选加工关键技术 ……………186
12.1.11 煤矿废弃物资源化利用技术 …………………186
12.1.12 煤炭开采扰动空间CO_2地下封存技术 ………187

12.2 燃煤发电 ………………………………………………… 188
12.2.1 超高参数高效率燃煤发电技术 …………………188
12.2.2 高效超低排放循环流化床锅炉技术 ……………190
12.2.3 燃煤机组深度调峰技术 …………………………191
12.2.4 燃煤掺烧固废与生物质发电技术 ………………192
12.2.5 整体煤气化联合循环发电技术 …………………193
12.2.6 煤气化燃料电池发电技术 ………………………194
12.2.7 燃煤电厂烟气污染物超低排放技术 ……………195
12.2.8 煤炭分级分质利用发电技术 ……………………197
12.2.9 电站锅炉富氧燃烧技术 …………………………198
12.2.10 化学链燃烧技术 ………………………………199
12.2.11 超临界CO_2循环发电技术 ……………………200

        12.2.12　氨与煤共燃发电技术 ……………………………………202
        12.2.13　超临界水蒸煤技术 …………………………………… 203
    12.3　燃煤工业锅炉 …………………………………………………… 204
        12.3.1　燃煤工业锅炉宽负荷稳定高效燃烧技术……… 205
        12.3.2　水泥窑炉富氧燃烧关键技术 ………………………206
        12.3.3　冶金窑炉煤气化–燃烧关键技术 …………………206
    12.4　煤炭领域技术发展路线图 …………………………………… 207

第13章　"碳达峰碳中和"目标下煤炭领域发展建议 / 209

    13.1　煤炭领域发展新机遇 ………………………………………… 209
        13.1.1　煤炭开采行业 ………………………………………209
        13.1.2　煤电行业 ……………………………………………211
    13.2　"双碳"目标下煤炭领域发展建议 …………………………… 213

第三篇　煤化工篇

第14章　煤化工产业概述 / 216

第15章　煤化工产业现状 / 219

    15.1　世界煤化工产业现状 ………………………………………… 219
    15.2　中国煤化工产业现状 ………………………………………… 220
        15.2.1　煤制合成氨产业现状 ………………………………222
        15.2.2　煤制电石产业现状 …………………………………224
        15.2.3　煤制焦炭产业现状 …………………………………226
        15.2.4　煤制油产业现状 ……………………………………227
        15.2.5　煤制天然气产业现状 ………………………………229
        15.2.6　煤制其他化学品产业现状 …………………………230
    15.3　煤化工产业碳排放现状 ……………………………………… 238

第16章　煤化工产业政策环境分析 / 241

    16.1　国家层面煤化工产业政策分析 ……………………………… 241

16.2　重点地区煤化工产业政策分析 ·················· 244

第17章　科技支撑煤化工产业清洁低碳多元化发展 / 250

17.1　煤炭分级分质转化技术 ······················· 250
　　17.1.1　先进低阶煤热解技术 ·····················250
　　17.1.2　先进煤气化技术 ·······················256
　　17.1.3　中低温煤焦油深加工技术 ·················257
　　17.1.4　半焦综合利用技术 ·····················259
　　17.1.5　热解煤气综合利用技术 ···················259
　　17.1.6　基于发电的煤炭热解燃烧多联产技术 ············261
17.2　煤制油技术 ····························· 262
　　17.2.1　煤直接液化技术 ·······················262
　　17.2.2　煤间接液化技术 ·······················263
　　17.2.3　煤油共炼技术 ························264
17.3　煤制天然气技术 ·························· 265
17.4　煤制化学品技术 ·························· 266
　　17.4.1　超临界水–煤气化制氢技术 ·················267
　　17.4.2　煤制甲醇技术 ························268
　　17.4.3　甲醇下游利用技术 ·····················269
　　17.4.4　煤制乙二醇技术 ·······················277
　　17.4.5　合成气直接转化制烯烃技术 ·················278
　　17.4.6　合成气直接转化制芳烃技术 ·················279
　　17.4.7　合成气制低碳醇技术 ·····················280
　　17.4.8　合成气制高碳醇技术 ·····················282
　　17.4.9　费–托合成尾气芳构化技术 ·················283
　　17.4.10　乙烯氢甲酰化制丙醛及其加氢制正丙醇 ·········283
　　17.4.11　合成气制长链α-烯烃 ··················284
　　17.4.12　高档润滑油基础油关键制备技术 ·············285
17.5　煤化工与重要能源系统耦合技术 ················ 286
　　17.5.1　煤化工与石油化工耦合技术 ·················286
　　17.5.2　煤化工与可再生能源耦合技术 ···············288

17.5.3　钢化联产技术 …………………………………………………… 289
17.6　煤化工废水安全高效处理技术 ……………………………………………… 291
　　17.6.1　微电解技术 …………………………………………………… 291
　　17.6.2　超声波技术 …………………………………………………… 292
　　17.6.3　催化臭氧氧化技术 …………………………………………… 292
　　17.6.4　催化过氧化氢湿式氧化技术 ………………………………… 293
　　17.6.5　深度浓缩技术 ………………………………………………… 294
　　17.6.6　蒸发结晶技术 ………………………………………………… 294
　　17.6.7　分盐技术 ……………………………………………………… 295

第18章　煤化工技术路线图 / 296

第19章　煤化工发展对策建议 / 298

19.1　清洁发展 ……………………………………………………………… 298
19.2　低碳发展 ……………………………………………………………… 298
19.3　安全发展 ……………………………………………………………… 299
19.4　创新发展 ……………………………………………………………… 299

结语 / 300

参考文献 / 301

图　表

图 1-1	2020年以来我国油气领域主要政策	9
图 2-1	2007—2022年全球石油和天然气储量变化情况	14
图 2-2	世界六大地区石油储量占比	14
图 2-3	2022年全球排名前十国家石油储量及同比变化情况	15
图 2-4	2022年全球排名前十国家天然气储量及同比变化情况	15
图 2-5	2022年OPEC国家原油生产占比情况	16
图 2-6	2022年全球十大产油国情况	17
图 2-7	2018—2022年全球原油消费变化情况	18
图 2-8	2022年OECD国家和非OECD国家消费占比情况	19
图 2-9	2022年分地区年度石油消费	19
图 2-10	2020—2022年世界石油消费量排名前十国家消费情况	20
图 2-11	2013年1月—2023年9月国际布伦特原油现货市场价格走势	21
图 2-12	2010—2022年全球天然气产量及其增长率变化情况	23
图 2-13	2010—2022年全球天然气消费量及其增长率变化情况	24
图 2-14	2009—2022年美欧亚三大市场天然气价格	26
图 3-1	2006—2022年中国新增石油和天然气探明地质储量变化	28
图 3-2	2010—2022年我国原油产量及增速	31
图 3-3	2010—2022年我国原油消费量及其增长情况	33
图 3-4	2010—2020年我国原油供需缺口	34

图 3-5	2010—2022年我国天然气产量情况	35
图 3-6	2018—2022年我国各地区天然气生产情况	36
图 3-7	2010—2022年我国天然气消费量情况	37
图 3-8	2022年我国天然气消费结构	39
图 3-9	我国天然气供需缺口和对外依存度变化情况	40
图 4-1	2010—2022年我国原油进口量及同比增长	42
图 4-2	2019—2022年我国主要原油进口来源国情况	42
图 4-3	2010—2022年我国原油出口量及其增长率变化情况	44
图 4-4	2010—2022年我国天然气进口量及其增长率变化情况	46
图 4-5	2010—2022年中国天然气出口情况	48
图 5-1	石油化工产业链图	49
图 5-2	我国分区域炼油能力构成	51
图 5-3	"十三五"期间中国分企业炼油能力构成	52
图 5-4	国内炼厂开工率统计表	53
图 5-5	中国乙烯生产与消费情况	57
图 5-6	2015—2022年中国乙烯装置开工率	57
图 5-7	中国乙烯进出口情况	58
图 5-8	2020—2022年中国不同原料乙烯产能	59
图 5-9	2020—2022年中国不同原料乙烯装置平均规模	59
图 5-10	2019年和2020年国内乙烯原料比例构成	61
图 5-11	2015—2022年国内PX生产和需求变化情况	63
图 5-12	2015—2022年国内PX进出口变化情况	64
图 5-13	2018年和2019年国内PX竞争机构	64
图 6-1	CO_2驱油技术示意	72
图 6-2	吉林油田CCUS-EOR现场	73
图 6-3	蒸汽辅助重力泄油技术采油示意图	74
图 6-4	RECHARGE HNP增强吞吐技术开采流程	75
图 6-5	减氧空气驱技术原理图	75
图 6-6	Evolution公司提供的天然气发电压裂现场	77

图 6-7　Simul-frac压裂技术现场示意图 …………………… 78
图 6-8　石化行业电力替代技术方向………………………… 82
图 6-9　传统蒸汽裂解和电加热裂解制烯烃流程示意图…… 83
图 6-10　传统燃料加热炉和电加热炉示意 ………………… 84
图 6-11　TC2C™原油热解制化学品技术示意图…………… 86
图 6-12　SRH技术流程示意图 ……………………………… 88
图 6-13　SLHT技术流程示意图 …………………………… 89
图 6-14　低温多效海水淡化流程示意图 …………………… 91
图 6-15　有机工质朗肯循环发电典型工艺流程 …………… 92
图 6-16　新疆库车绿氢示范项目制氢厂现场 ……………… 94
图 6-17　中国石化首套分布式甲醇制氢系统 ……………… 95
图 6-18　电解海水制氢流程示意图 ………………………… 96
图 6-19　大连化物所新型直接电解海水制氢装置现场图 … 97
图 6-20　生物柴油全生命周期示意图 ……………………… 98
图 6-21　天然气费-托合成示意图 ………………………… 101
图 6-22　甲烷氧化偶联反应低温催化性能及化学循环机理 … 102
图 6-23　CH_4和CO_2干重整制合成气技术 ……………………… 104
图 7-1　2010—2020年中国石化行业能源消费情况 ……… 109
图 7-2　石油天然气转化行业关键技术的推广路线………… 110
图 9-1　中国煤炭分类比较 …………………………………… 126
图 9-2　露天开采与井工开采示意图 ………………………… 127
图 9-3　中国煤炭产业链示意图 ……………………………… 129
图 9-4　2020年世界煤炭储量占比 ………………………… 131
图 9-5　1800—2020年全球能源生产总量与结构 ………… 132
图 9-6　全球煤炭生产历史阶段（1800—2022年）………… 133
图 9-7　全球主要国家和地区煤炭产量……………………… 135
图 9-8　全球分煤种煤炭产量占比…………………………… 136
图 9-9　全球分情景煤炭需求量预测………………………… 137
图 9-10　2022年中国化石资源剩余技术可采储量占比…… 138
图 9-11　2020年前十省（区、市）煤炭预测资源量
　　　　占全国比重 ………………………………………… 138

图 9-12　1912—2022年中国煤炭开采历史 ……………139
图 9-13　全国煤矿数量 ……………………………………141
图 9-14　中国煤炭产量占全球比重 ……………………143
图 9-15　原煤分地区生产结构 ……………………………144
图 9-16　前十大煤炭生产企业原煤产量占比趋势 ………145
图 9-17　煤炭开采行业固定资产投资趋势 ………………145
图 9-18　碳中和目标下煤炭生产和进口量 ………………147
图 10-1　煤炭利用途径 ……………………………………149
图 10-2　煤炭燃烧的条件 …………………………………150
图 10-3　全球能源结构变化趋势 …………………………151
图 10-4　全球煤炭分部门消费结构 ………………………152
图 10-5　1850—2022年全球化石能源燃烧二氧化碳
　　　　　排放量 ………………………………………153
图 10-6　2010年以来煤炭燃烧产生的碳排放占化石能源
　　　　　燃烧碳排放比重 ………………………………153
图 10-7　净零碳排放情景中全球各能源品种消费总量
　　　　　与结构 ………………………………………155
图 10-8　中国煤炭消费量及占全球比重 …………………156
图 10-9　中国能源消费结构 ………………………………156
图 10-10　中国煤炭分部门消费量 …………………………157
图 10-11　煤电分技术装机产能 ……………………………158
图 10-12　煤电分容量装机产能 ……………………………158
图 10-13　煤电供电效率 ……………………………………159
图 10-14　2012年以来我国煤电装机量及占电力
　　　　　总装机比重 …………………………………160
图 10-15　2012年以来煤电发电量及其占比 ………………160
图 10-16　2012年以来煤电机组年均利用小时数 …………161
图 10-17　2000—2022年分部门消费煤炭占比趋势 ………162
图 10-18　2022年中国燃煤工业锅炉容量总量与结构 ……162
图 10-19　2022年中国燃煤工业锅炉耗煤总量与结构 ……163
图 10-20　火电行业烟尘排放总量与排放强度 ……………164

图 10-21	火电行业二氧化硫排放总量与排放强度	164
图 10-22	火电行业氮氧化物排放总量与排放强度	165
图 10-23	工业锅炉燃煤与火电厂常规污染物排放	165
图 10-24	碳中和目标下煤炭分部门消费量	166
图 11-1	2020年中国煤炭流向图	168
图 11-2	我国煤炭消费对外依存度	169
图 11-3	2022年各省（区）原煤产量	169
图 11-4	中国原煤进口趋势	170
图 11-5	2022年中国分国别煤炭进口量	171
图 11-6	煤炭终端消费量占煤炭消费总量比重	171
图 11-7	终端煤炭分部门消费量	172
图 11-8	1980—2021年我国能源消费总量与结构	173
图 11-9	2000—2020年煤炭分部门消费趋势	174
图 11-10	国内外动力煤价格趋势	175
图 12-1	煤炭开采领域技术发展路线图	207
图 12-2	煤炭燃烧领域技术发展路线图	208
图 14-1	煤气化炉类型	217
图 14-2	煤化工分类简图	218
图 15-1	2022年中国分行业煤炭消费情况	221
图 15-2	煤制合成氨流程简图	222
图 15-3	2016—2022年中国合成氨产量及产能	223
图 15-4	煤制电石流程简图	224
图 15-5	2016—2022年中国电石产能及产量	224
图 15-6	2022年中国电石流向图	225
图 15-7	2022年中国电石区域分布	226
图 15-8	煤制焦炭流程简图	226
图 15-9	2016—2022年中国焦炭产量及年增长率	227
图 15-10	煤直接液化制油流程简图	228
图 15-11	煤间接液化制油流程简图	228
图 15-12	煤制天然气流程简图	229
图 15-13	煤制甲醇流程简图	230

图 15-14　2016—2022年中国甲醇产能、产量 …………231
图 15-15　2022年甲醇流向图 ……………………………232
图 15-16　煤经甲醇制烯烃流程简图 ……………………234
图 15-17　煤经合成气直接制烯烃流程简图 ……………234
图 15-18　煤制乙醇流程简图 ……………………………235
图 15-19　煤经甲醇制芳烃流程简图 ……………………236
图 15-20　煤经DMO制乙二醇流程简图 ………………237
图 15-21　2016—2022年中国乙二醇产能、产量 ………237
图 15-22　2022年中国乙二醇流向图 ……………………238
图 15-23　2022年中国煤化工主要产品耗煤结构 ………239
图 15-24　2022年中国煤化工主要产品CO_2排放占比 …239
图 15-25　2022年中国煤化工主要产品CO_2排放占比
　　　　　（煤制甲醇含烯烃部分甲醇）………………240
图 17-1　低阶煤热解利用技术示意图 …………………251
图 17-2　CCSI技术工艺流程 ……………………………252
图 17-3　SM-SP热解工艺流程 …………………………253
图 17-4　SM-GF工艺流程示意图 ………………………254
图 17-5　天元回转窑热解技术工艺流程图 ……………254
图 17-6　旋转床热解技术工艺流程图 …………………255
图 17-7　LCC热解工艺 …………………………………255
图 17-8　DG热解技术示意图 ……………………………256
图 17-9　煤气化分类图 …………………………………257
图 17-10　中低温煤焦油深加工利用图 …………………258
图 17-11　煤焦油综合利用的加工路线 …………………258
图 17-12　热解煤气综合利用示意图 ……………………260
图 17-13　基于发电的煤炭热解燃烧多联产技术 ………261
图 17-14　煤直接液化流程示意图 ………………………262
图 17-15　中科合成油的费-托合成技术路线 …………263
图 17-16　煤制天然气技术流程示意图 …………………265
图 17-17　超临界水-煤气化反应机理 …………………268
图 17-18　甲醇上下游产业链 ……………………………269

图 17-19　甲醇制乙醇的 DMTE 技术流程图 …………………… 270
图 17-20　DMTO Ⅱ工艺流程图 ……………………………… 272
图 17-21　UOP/诺斯克-海德罗 MTO 技术流程示意图 ……… 273
图 17-22　鲁奇 MTP 技术工艺流程示意图 …………………… 274
图 17-23　FMTA 工艺反应-再生单元流程示意 ……………… 276
图 17-24　S-MTA 工艺流程示意图 …………………………… 277
图 17-25　以煤为原料经草酸酯制乙二醇工艺路线图 ………… 278
图 17-26　双功能催化剂催化合成气制低碳烯烃示意图 ……… 279
图 17-27　合成气一步法制芳烃反应示意图 …………………… 280
图 17-28　千吨级煤基合成气制低碳醇工业侧线试验
　　　　　装置现场 ……………………………………………… 281
图 17-29　煤制高碳醇技术路线 ………………………………… 282
图 17-30　合成气与乙烯耦合制丙醛及其加氢制正丙醇
　　　　　流程简图 ……………………………………………… 284
图 17-31　甲醇石脑油耦合制烯烃示意图 ……………………… 287
图 17-32　煤化工与绿氢耦合 …………………………………… 289
图 17-33　煤化工与钢铁耦合发展示意图 ……………………… 290
图 17-34　臭氧氧化废水处理工艺流程图 ……………………… 292
图 17-35　催化过氧化氢湿式氧化技术原理图 ………………… 293
图 17-36　纳滤分盐技术 ………………………………………… 295
图 18-1　现代煤化工技术发展路线图 ………………………… 297

表 5-1　中国部分炼油结构调整项目 …………………………… 54
表 5-2　车用替代燃料替代情况 ………………………………… 56
表 5-3　中国乙烯产能分企业构成及占比情况 ………………… 60
表 5-4　2019—2020 年中国乙烯分企业产能装置数量
　　　　与规模 …………………………………………………… 60
表 5-5　国内三大石油公司创新发展重点举措 ………………… 66
表 5-6　国内三大石油公司炼油化工重点举措 ………………… 68
表 5-7　国内主要能源公司新能源布局情况 …………………… 70

表9-1	无烟煤、烟煤及褐煤分类表	122
表9-2	无烟煤亚类的划分	122
表9-3	烟煤的分类	122
表9-4	褐煤亚类的划分	123
表9-5	中国煤炭分类简表	124
表9-6	IEA煤炭分类及其内涵	125
表9-7	美国煤炭分类与指标	125
表9-8	IPCC推荐分煤种热值与二氧化碳排放因子	128
表9-9	全国大型煤炭基地煤矿数量与产能	141
表15-1	2022年全国氮肥企业合成氨产量前二十强	223
表15-2	2015—2022年中国煤制油产量和产能	228
表15-3	我国煤制甲醇企业近期部分投建项目	233
表16-1	"十四五"以来国家层面有关煤化工政策	241
表16-2	"十四五"以来内蒙古自治区煤化工相关政策	244
表16-3	"十四五"以来山西省煤化工相关政策	245
表16-4	"十四五"以来宁夏回族自治区煤化工相关政策	247
表16-5	"十四五"以来陕西省煤化工产业相关政策	248
表16-6	"十四五"以来新疆煤化工产业相关政策	249
表17-1	半焦主要利用途径及特点	259
表17-2	煤制甲烷项目经济数据	266
表17-3	大唐克旗40亿立方米每年煤制气项目的副产品	266
表17-4	典型煤气化技术性能参数	267

0 绪论

长期以来，在中国能源生产结构中，化石能源占据主导地位。根据《中国矿产资源报告（2023）》，2022年中国化石能源生产在一次能源生产结构中的比重为79.6%，中国化石能源消费在一次能源消费结构中的比重为82.5%，在中国能源生产和消费结构中，化石能源均占据主导地位。

"双碳"目标约束下，我国能源结构、产业结构将加速调整，化石能源生产和消费比重将逐步下降，但我国"富煤、贫油、少气"的资源禀赋特点决定了在未来很长一段时间内，以煤炭为代表的化石能源仍将占据我国能源结构的主体地位。"双碳"转型应以保障国家能源安全为底线，以助推经济社会发展、满足人民对美好生活向往的需求为目标，必须首先用好化石资源，坚持清洁高效利用道路，发挥好化石能源中煤炭的"压舱石"作用，并逐步发挥石油、煤炭等化石能源在生产精细化学品、高端材料等方面的资源属性，提高"碳"资源利用效率。

化石能源清洁高效利用主要从石油、天然气清洁高效利用，煤炭清洁高效燃烧和煤炭清洁高效转化三方面开展。

石油、天然气清洁高效利用方面。作为世界最大的能源生产国和消费国，我国能源安全形势依然严峻，原油及天然气对外依存度不断加大，我国原油对外依存度超过70%，天然气对外依存度超过45%。国家能源安全，特别是油气安全，已成为影响未来高质量发展的"卡脖子"问题。"双碳"目标下，随着交通电气化等发展，对成品油的需求将持续下降，石油消费逐步降低，并回归原料属性，石油利用面临产品高端化、成本进一步降低等挑战。通过石油催化裂解生产烯烃/芳烃技术、原油直接催化裂解多产化学品技术等石油直接制备化学品技术，以及甲醇石脑油耦合制烯烃、甲醇-原油共催化裂解制烯烃等石油基与煤基原料耦合制烯烃/芳烃技术，构建石油制烯烃/芳烃等化学品的新技术体系，实现其低碳、清洁、高值利用，从而提高我国基础化工原料自给率，有效推动"双碳"战略实施。天然气作为最清洁的化石能源，将保持快速发展，在未来全球能源发展中发挥支柱作用，但是其利用面临进一步能效提升和减碳挑战。

煤炭清洁高效燃烧方面。我国燃煤发电的能效指标、污染物排放指标均已达到世界先进水平，但工业领域煤炭清洁高效燃烧利用的科技支撑不足。我国工业锅炉及炉窑存量巨大，有些存在系统热效率低、能耗高、污染严重等问题，同时排出大量CO_2，降低碳排放对产业链生产用能造成挑战。必须加大节能减排力度，提升能源利用效率，从源头上降低碳排放强度。持续推进煤炭清洁高效发电和灵活高效发电，提高电力系统对清洁电力的接纳能力、工业锅炉（窑炉）高效燃烧和多污染物协同治理是煤炭燃烧技术发展的方向。

同时构建以新能源为主体的新型电力系统是实现"双碳"目标的基础、关键与核心，煤炭的能源地位将从"主体"向"基础"再向"保障"转变。针对可再生能源电力的波动性、随机性、间歇性等特点，低成本大容量的先进储能技术还有待突破，燃煤发电需要充分发挥在能源体系中的"稳定器"和"压舱石"作用，迫切需要煤电灵活调峰平抑可再生能源的间歇性和波动性，保障电力稳定安全。但是，现有燃煤发电机组是按基本负荷设计的，难以宽负荷和快速变负荷方式运行，从而造成我国电力系统灵活性资源严重不足，影响电力稳定安全。迫切需要研发和推广燃煤发电机组灵活调峰技术，满足电网对可再生能源消纳的重大需求。

煤炭清洁高效转化方面。相比燃煤发电，煤化工利用发挥了煤炭的原料属性，二氧化碳排放大幅降低。我国以现代煤化工为代表的转化技术与产业化均走在了世界前列，攻克了煤气化、煤制油、煤制烯烃等一大批技术和工程难题，使得煤经合成气/甲醇生产多种清洁燃料和基础化工原料成为可能。2021年9月，习近平总书记考察榆林时指出，煤化工产业潜力巨大、大有前途，要提高煤炭作为化工原料的综合利用效能，促进煤化工产业高端化、多元化、低碳化发展，把加强科技创新作为最紧迫任务，加快关键核心技术攻关，积极发展煤基特种燃料、煤基生物可降解材料等。这明确了现代煤化工发展的定位和方向。现代煤化工的快速发展给石油化工和煤化工耦合替代、协调发展带来了新的机遇，采用创新技术大力发展现代煤化工产业，既可以保障石化产业安全，促进石化原料多元化，还可以形成煤化工与石油化工产业互补、协调发展的新格局。但是，仍需通过发展前瞻性和变革性技术，发展煤炭转化清洁高效利用与耦合替代技术，提高煤、水资源利用效率，实现二氧化碳的高效率转化利用，解决煤化工长期以来面临的高能耗、高水耗、高碳排放的难题，从而实现高碳能源绿色低碳转型发展。

第一篇

石油天然气篇

第1章

国内石油天然气行业政策环境

1.1 行业管理体制

当前我国石油天然气行业采取以政府相关能源管理机构为主、以中国石油和化学工业联合会为辅助的管理体制。

（1）政府管理机构

目前，我国能源管理模式是相对高级别分散式的，管理机构由综合协调部门、综合管理部门、具体能源部门和相关监管部门构成，其中综合协调机构是国家能源委员会，综合管理部门是国家发展改革委下设的国家能源局，相关能源监管部门包括商务部、自然资源部、国资委等。

作为综合能源协调机构的国家能源委员会主要负责研究拟订国家能源发展战略，审议能源安全和能源发展中的重大问题，统筹协调国内能源开发和能源国际合作的重大事项。

作为综合管理部门的国家能源局于 2008 年 8 月正式挂牌运行，其主要职责包括划入原国家能源领导小组办公室职责、国家发展改革委的能源行业管理有关职责，以及原国防科学技术工业委员会的核电管理职责等。具体包括：拟订能源发展战略、规划和政策，提出相关体制改革建议；实施对石油、天然气、煤炭、电力等能源的管理；管理国家石油储备；提出发展新能源和能源行业节能的政策措施；开展能源国际合作。2013年3月全国人大将国家电力监管委员会并入国家能源局，我国开启"政监合一"的能源监管模式，从而更有效地统筹全国能源供求，制定长远能源战略。

石油天然气行业的具体管理部门是国家能源局石油天然气司（国家石油储备办公室）。主要辅助承担石油、天然气行业管理工作；拟订油气开发及炼油发展规划、计划和政策并组织实施；承担石油天然气体制改革有关工作；承担国家石油储备管理工作，监督管理商业石油储备。

自然资源部对自然资源开发利用和保护进行监管，建立空间规划体系并监督实施，履行全民所有各类自然资源资产所有者职责，统一调查和确权登记，建立自然资源有偿使用制度，负责测绘和地质勘查行业管理等。

此外，作为石油天然气行业的相关监管部门，国资委指导推进国有石油天然气企业改革和重组，并确保石油行业国有资本保值增值；商务部主管油气产品进出口；自然资源部主管油气资源勘探。原油价格管理按《石油价格管理办法（试行）》进行，天然气价格也有相应的管理办法。除一些专门规范、标准等外，生产管理适用于《产业结构调整指导目录》等通用性管理法律、法规。

（2）中国石油和化学工业联合会

中国石油和化学工业联合会是由石油和化工行业的企业、事业单位、专业协会、地方协会等自愿联合组成的自律性、非营利性的社会团体，是具有服务职能和一定管理职能的全国性、综合性的行业组织。

协会的主要任务是：以行业发展为宗旨，对内联合行业力量，对外代表中国石油和化工行业，促进行业技术进步和产业升级，加强国际经济合作与交流，推动石油和化学工业更快发展；反映企业呼声，维护企业权益，为会员单位以及石油和化工全行业服务；加强与政府部门沟通，协助政府进行行业管理，在企业和政府之间发挥桥梁和纽带作用。

1.2 行业政策解析

2014年，在中央财经领导小组会议上，习近平总书记提出"四个革命、一个合作"能源安全新战略，即推动能源消费革命、能源供给革命、能源技术革命、能源体制革命，全方位加强国际合作，实现开放条件下能源安全，为中国能源发展指明方向。近年来，我国持续推进能源革命，基本形成了煤、油、气、电、核、可再生能源等多轮驱动的能源生产体系，能源生产和消费结构不断优化，能源利用效率显著提高，生产生活用能条件明显改善，能源安全保障能力持续增强。然而，为了适应经济和社会可持续发展的新变化，对构建现代能源体系提出了进一步的要求。2020年，我国宣布二氧化碳排放要力争于2030年前达到峰值，努力争取在2060年前实现碳中和。下一步还应积极深化能源供给侧结构性改革，构建多元清洁的能源供应体系，实施创新驱动发展战略，不断深化能源体制改革。同时，我国石油天然气对外依存度较高，且处于增长的态势。我国能源安全形势严峻，能源安全工作仍是未来我国能源工作的重点任务。因而，我国油气行业的政策目前依然是以能源安全为主，同时完善行业发展体系、深化能源体制改革。具体来看，目前主要政策（图1-1）包括：继续推进油气体制改革，提高能源供给保障能力；油气管道改革将深入推进，管网运营机制趋于健全；建立储备体系，提高能源储备能力；推动石化产业结构调整，促进绿色低碳发展。

（1）持续推进油气上游有序开放

油气体制改革的思路是"管住中间，放开两头"，因而推进油气上游有序开放是油气体制改革的重要方面。油气上游市场化改革有利于形成勘探开发的竞争态势，形成以大型国有油气公司为主，多种经济成分共

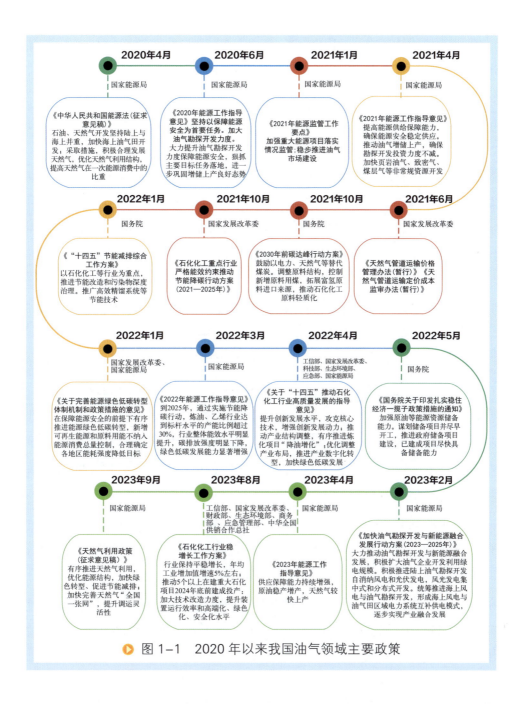

▶ 图1-1 2020年以来我国油气领域主要政策

同参与的上游勘探开发体系,早日形成竞争性的勘探开发市场;同时尽快解决"探而不采"问题,不断盘活存量资源,通过多种方式,推动探明未动用储量的开发和产能建设,通过竞争性出让活动,加大区块市场

第1章 国内石油天然气行业政策环境

投放力度。2019年制订了外商参与上游的规则,《外商投资准入特别管理措施（负面清单）（2019年版）》取消了石油天然气勘探开发限于合资、合作的限制，意味着外商可独立参与中国油气资源的勘探开发，有利于增加市场主体，促进竞争。2020年1月9日，自然资源部召开《自然资源部关于推进矿产资源管理改革若干事项的意见（试行）》新闻发布会，并在会上宣布：我国将全面开放油气勘查开采市场，允许民企、外资企业等社会各界资本进入油气勘探开发领域。2022年12月中共中央、国务院印发《扩大内需战略规划纲要（2022—2035年）》，强调要着力提升能源和战略性矿产资源等领域的供应保障能力，强化能源资源安全保障，推动国内油气增储上产，加强陆海油气开发；推动页岩气稳产增产，提升页岩油开发规模；引导和鼓励社会资本进入油气勘探开采领域。

（2）油气管网运营机制和价格机制趋于健全

油气管网运营机制的完善也是油气体制改革的重要部分。通过降低管输费用和推动公平开放，避免垄断提高管输费用。目前的改革方式主要是利用国家管网的建立，构建起"全国一张网"，带动全国管网运营机制的建设和完善。同时随着国家管网的建立，管输费定价模式也相应建立，即"单一管道"定价方式或者"一省（市）一价"模式，推动管网油气价格机制的完善。

2020年3月13日，国家发展改革委发布第31号令，公布了新的《中央定价目录》，该目录于2020年5月1日起实施。新版《中央定价目录》突出垄断环节定价监管和竞争性环节价格市场化改革方向，将政府定价范围限定在重要公用事业、公益性服务和网络型自然垄断环节。如电力和天然气价格，按照"放开两头、管住中间"的改革思路，将"电力"项目修改为"输配电"，"天然气"项目修改为"油气管道运输"。

2020年9月30日，国家管网集团全面接管油气管网资产运营。按照约定，国家管网集团将全面接管原分属于三大石油公司的相关油气管道基础设施资产（业务）及人员，正式并网运营，这标志着我国油气管网运营机制市场化改革取得重大成果。这一全新产业格局将实现管网的互联互通，构建"全国一张网"，更好地在全国范围内进行油气资源调配，统筹规划建设运营，减少重复投资，促进加快管网建设，提升油气运输能力，保障油气能源安全稳定供应。未来，油气管网运行机制开始向升级管道公司拓展，使得国家管网集团组建迈入新阶段，国家油气体制和油气管网运营机制改革进一步落地。

2020年7月3日，国家发展改革委、国家市场监管总局下发《关于加强天然气输配价格监管的通知》（以下简称《通知》），《通知》指出，要合理制定省内管道运输价格和城镇燃气配气价格。天然气输配价格按照"准许成本+合理收益"原则核定。各地要根据《关于加强配气价格监管的指导意见》制定配气价格管理办法并核定独立的配气价格，准许收益率按不超过7%确定，地方可结合实际适当降低。鼓励各地探索建立管输企业与用户利益共享的激励机制，激励企业提高经营效率，进一步降低成本。

2021年6月9日，国家发展改革委称，在坚持"准许成本+合理收益"定价原则不变的基础上，适应"全国一张网"发展要求，根据我国天然气市场结构和管道分布情况，把跨省管道分为西北、西南、东北、中东部四个价区，分区核定运价率，实行"一区一价"。为深化石油天然气体制改革，加强对自然垄断环节价格监管，国家发展改革委出台了《天然气管道运输价格管理办法（暂行）》和《天然气管道运输定价成本监审办法（暂行）》（简称《成本监审办法》），进一步完善天然气管道运输价格管理体系。《成本监审办法》明确，天然气管道运输定价成本由折旧及摊销费、运行维护费构成，并对固定资产折旧年限、运行维护费上限等主要参数取值作了具体规定，特别是将管道折旧年限由现行的30年延长至40年，体现从严监管要求，有助于降低当期运价率，释放改革红利。

2021年10月18日，国家发展改革委等部门发布《关于严格能效约束推动重点领域节能降碳的若干意见》，其中附件2《石化化工重点行业严格能效约束推动节能降碳行动方案（2021—2025年）》明确提出推动石化化工行业碳达峰。优化产能规模和布局，加大落后产能淘汰力度，有效化解结构性过剩矛盾。严格项目准入，合理安排建设时序，严控新增炼油和传统煤化工生产能力，稳妥有序发展现代煤化工。引导企业转变用能方式，鼓励以电力、天然气等替代煤炭。调整原料结构，控制新增原料用煤，拓展富氢原料进口来源，推动石化化工原料轻质化。优化产品结构，促进石化化工与煤炭开采、冶金、建材、化纤等产业协同发展，加强炼厂干气、液化气等副产气体高效利用。鼓励企业节能升级改造，推动能量梯级利用、物料循环利用。到2025年，国内原油一次加工能力控制在10亿吨以内，主要产品产能利用率提升至80%以上。

1.3 行业政策趋势

近年来，我国石油天然气的对外依存度较高，且处于增长的态势。我国能源安全形势严峻，能源安全工作仍是未来我国能源工作的重点任务。同时，在"碳达峰"和"碳中和"的任务背景下，油气行业需要建立高效的发展体系。未来，油气行业的政策依然是以能源安全为主，同时完善行业发展体系。具体来看，主要政策包括：构建现代能源体系，石油天然气行业仍要发挥能源保障能力；实施能源资源安全战略，提升油气资源储备安全保障能力；攻关油气勘探开发关键核心技术。

第2章

世界石油天然气行业供求分析

2.1 世界石油天然气储量现状

根据2022年各国更新的储量数据（图2-1），全球石油探明储量为2406.9亿吨，同比增长1.9%，储采比为52.1；天然气储量为211万亿立方米，增长3%。其中，欧佩克（OPEC）的份额有所下降，石油储量下降0.4%至1701.1亿吨，占全球储量的比例微降至70.7%，储采比降至103。

分区域看，全球油气资源格局不变，石油储量仍主要集中在中东和美洲地区（图2-2），天然气储量仍主要集中在中东、东欧及前苏联地区。

分国家来看，大部分国家上调探明储量，根据美国《油气杂志》，截至2021年底，美国石油储量增长34%，至108亿吨，天然气储量增长30%，至16.4万亿立方米，占2022年全球油气新增储量的90%和84%。

资源国前五强油气储量仍占六成以上。资源国前五强未发生变化，石油储量前五强仍是委内瑞拉、沙特阿拉伯、伊朗、加拿大和伊拉克（图2-3）。五国总储量1490.5亿吨，占全球储量的62%。

天然气储量前五强仍是俄罗斯、伊朗、卡塔尔、美国和土库曼斯坦（图2-4）。五国总储量133.3万亿立方米，占全球储量的63%。

图 2-1　2007—2022 年全球石油和天然气储量变化情况

（资料来源：美国《油气杂志》，2022）

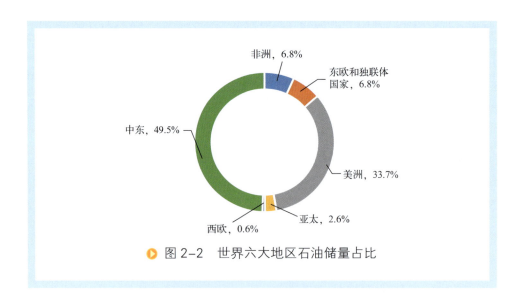

图 2-2　世界六大地区石油储量占比

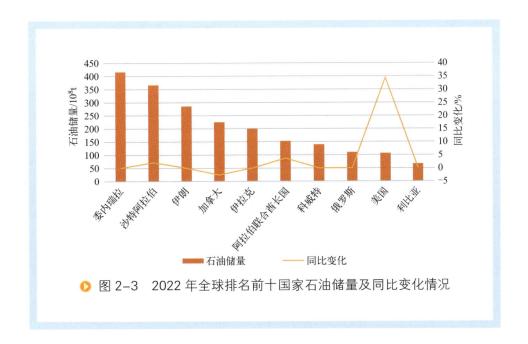

图 2-3　2022 年全球排名前十国家石油储量及同比变化情况

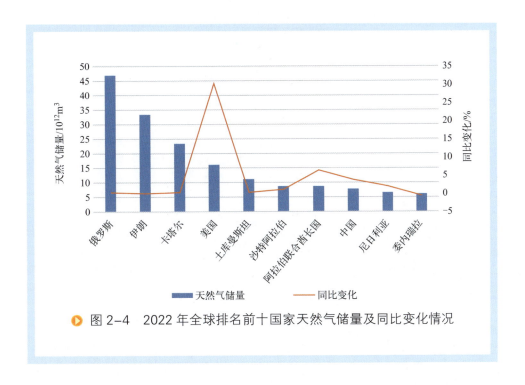

图 2-4　2022 年全球排名前十国家天然气储量及同比变化情况

第 2 章　世界石油天然气行业供求分析

2.2 世界石油市场供求分析

2.2.1 世界石油供给情况

根据美国《BP 世界能源统计年鉴》，2022 年全球石油产量约 44.07 亿吨，同比增长 4.2%，增量主要来自"欧佩克+"（OPEC+）[1]国家。其中，欧佩克国家生产石油 16.05 亿吨，较 2021 年增长 7.4%，在全球产量中占比提升至 36.4%（图 2-5）。沙特阿拉伯、伊拉克、阿拉伯联合酋长国、伊朗产量增长均超过 5%；非欧佩克国家增产 6695 万吨每年，其中 66% 来自美国，加拿大、中国、俄罗斯等国均实现稳定增产。

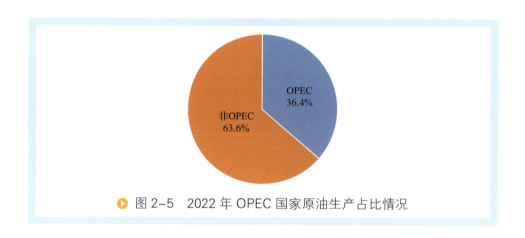

图 2-5 2022 年 OPEC 国家原油生产占比情况

主要产油国石油产量普遍增长（图 2-6）。2022 年初的俄乌冲突导致油价一度创下近 8 年新高，但美国油气生产活动未能充分释放，原油产量同比增长 6.8% 至 7.6 亿吨，仍是全球第一大产油国。沙特阿拉伯大幅

---

[1] 欧佩克+（OPEC+）指石油输出国组织（欧佩克）的 13 个成员国和其他 10 个非欧佩克成员国，欧佩克成员国包括阿尔及利亚、伊朗、伊拉克、科威特、利比亚、尼日利亚、沙特阿拉伯、阿拉伯联合酋长国、委内瑞拉、安哥拉、加蓬、赤道几内亚、刚果共和国；非欧佩克国家包括阿塞拜疆、巴林、文莱、哈萨克斯坦、俄罗斯、墨西哥、马来西亚、南苏丹、苏丹和阿曼。

增产，产量 5.73 亿吨，超越俄罗斯升至全球第 2 位。俄罗斯受制裁影响，产量仅增长 2.26% 至 5.48 亿吨。

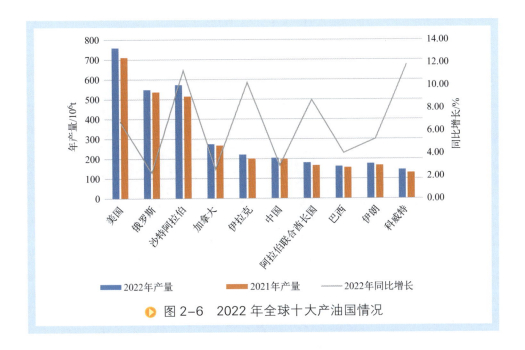

图 2-6　2022 年全球十大产油国情况

在主要产油国中，加拿大产量增长 2.6% 至 2.7 亿吨；伊拉克加速提升原油产量，同比增长 10.2%；中国维持了高强度的勘探开发力度，产量增长 2.9%；阿拉伯联合酋长国、科威特产量大幅增长 8.7% 和 11.8%；伊朗、巴西产量均增长 4% 以上。因高通胀引发石油工人罢工及北海油田产量递减，挪威和英国产量分别下降 5.2% 和 11.3%；尼日利亚产量在 2021 年降低 11.6% 的基础上再降 12%；利比亚政局依然胶着，石油生产及出口受阻，产量下降 14.5%。

2.2.2　世界石油需求情况

2022 年全球石油消费量继续增长（图 2-7），年消费量 43.95 亿吨，增幅为 290 万桶每天（1.45 亿吨每年），增幅小于 2020 年至 2021 年的水平（534万桶每天），消费量仍比2019年的水平低1%左右。大部分增长源自航空煤油（90万桶每天）和柴油/轻油（70万桶每天）。

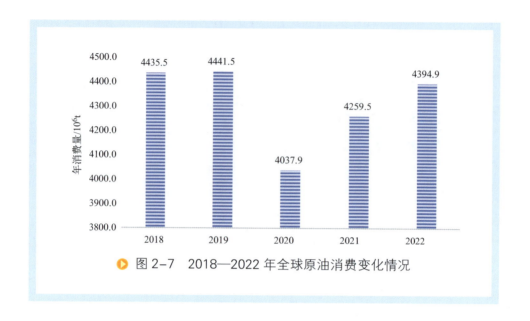

图2-7　2018—2022年全球原油消费变化情况

从消费场景来看，2022年世界石油消费中汽油（25%）和柴油/轻油（29%）占总需求的比例略多于一半。尽管航空相关石油需求增幅最强劲，但仍比2019年的水平低170多万桶每天。2022年汽油需求与2020年前的水平不相上下，而石脑油、柴油/轻油、燃料油和其他石油产品的需求高于2020年前的水平。

从区域来看（图2-8），包括美国、英国在内的38个经合组织（OECD）成员国消费量20.15亿吨，全球占比45.8%，与2021年相比增长了6770万吨，非经合组织国家的消费量增长了6760万吨。

分地区分析（图2-9），北美地区是世界石油人均消费最多的地区，该地区主要消费国为美国、加拿大、墨西哥。总消费量方面，BP数据显示，2022年北美地区占全球消费总量的23%；亚太地区在总消费量占比中位居世界第一，占比为37%，世界第二、第三的石油消费国均在该地区；非洲地区原油消费量相对较少，仅占全球总量的4%。

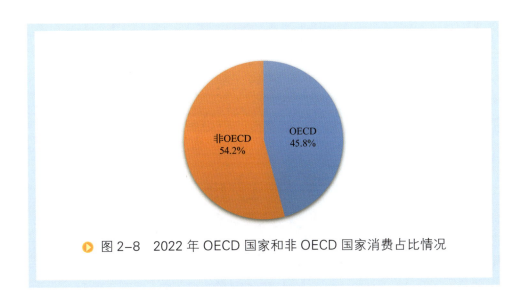

图 2-8　2022 年 OECD 国家和非 OECD 国家消费占比情况

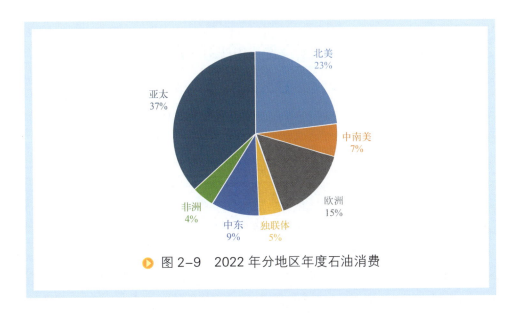

图 2-9　2022 年分地区年度石油消费

从主要消费国家来看（图 2-10），2022 年石油消费量前十国家分别为美国、中国、印度、沙特阿拉伯、俄罗斯、日本、韩国、巴西、加拿大、德国。美国是最大石油资源消费国，2022 年占全球石油消费量的 18.7%。

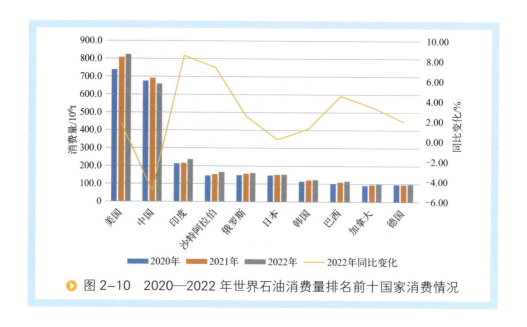

图 2-10　2020—2022 年世界石油消费量排名前十国家消费情况

2.2.3　世界石油供需平衡及原油价格情况

2021 年，全球原油供应方面，OPEC+ 继续维持原定逐步增产方案，谨慎增产；美国方面，受原油价格和新能源政策的影响，原油产量变化不大。

2022 年，全球石油产量同比提高 4.2% 至 44.07 亿吨，全球石油生产较快恢复。在全球经济放缓的宏观背景下，石油消费增长面临挑战，需求增长较缓，2022 年全球石油消费量 43.95 亿吨，同比增加 3.2%，石油市场持续处于供需紧平衡状态。

2022 年第一季度，世界石油市场产小于需，市场持续去库存。第二季度开始，石油需求复苏遇阻，石油供应保持增长，市场开始产大于需，进入补库存阶段。但全球石油库存保持低位，补库状态下，2022 年年底全球石油库存仍处在五年低位附近，市场紧平衡状态并未逆转。

面对持续走高的油价（图 2-11），美国多措并举压低油价，但俄乌冲突严重冲击国际能源市场,全球化石燃料供应持续紧张,国际油价震荡冲高。继而美国等经合组织国家实施了规模空前的油储释放,其中美国于2022年3月宣布此后6个月从其战略石油储备中每天释放100万桶石油,累计释放1.8亿桶,随后又与其他经合组织国家达成释放原油储备的协议,以应对俄乌冲突和其他供应问题导致的汽油价格升高。而后美国又于2022年10月宣布从国家战略石油储备中再释放1500万桶入市,以帮助抑制能源价格,国际油价在2022年6月后持续下跌,年末价格与年初价格基本持平。

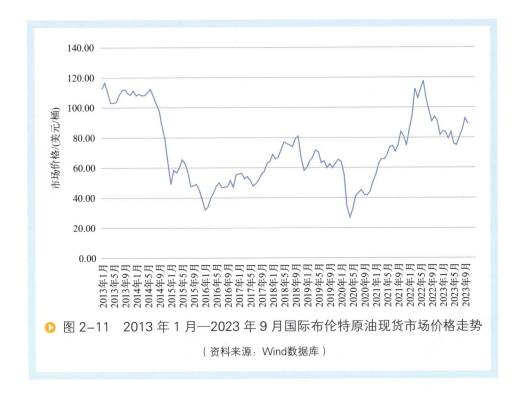

图2-11 2013年1月—2023年9月国际布伦特原油现货市场价格走势

(资料来源:Wind数据库)

2020年沙特阿拉伯和俄罗斯需求下降而就进一步减产达成协议,油价大幅下降,2020年4月原油月平均价格触底降至26.85美元,随后在经济复苏的影响下,原油价格开始回升,到2021年随着全球经济持续向好,原油需求继续增长,原油价格在震荡中持续攀升至100美元每桶以上。油价在 2022 年呈现倒"V"走势，加息背景下经济和需求预期的转弱，对冲地缘政治紧张带来的供给压力，油价高位震荡后逐步回落。回顾全年，俄乌冲突是最大的"黑天鹅"事件，短时间全球避险情绪上升，原油价格一路飙升。2022 年 3 月上旬，布伦特（Brent）油价一度冲高至 139 美元每桶。在此之后，国际能源署（IEA）联合多国大量释放战略原油储备，供应紧张压力缓解，油价回落至 100 美元每桶。随后两个月，油价推升至全年次高点，布伦特油价震荡走高至 125 美元每桶。2022 年 10 月，欧佩克+宣布下调原油生产配额并通过减产调控原油供给量以稳定原油价格。但由于终端石油消费需求持续萎靡，2022 年 11 月，国际油价下跌至全年新低，西得克萨斯中间基原油（WTI）油价一度下跌至 73.6 美元每桶，布伦特油价下探至 80.81 美元每桶。

2023 年上半年，国际油价呈现震荡下行走势；布伦特原油连续期货结算均价为 79.91 美元每桶，WTI 均价为 74.79 美元每桶，环比分别下降 14.30%与 14.10%。欧佩克产油国与非欧佩克产油国组成的"欧佩克+"在 2023 年 4 月进一步扩大了减产规模，给国际石油市场供应带来缺口，继而推动原油价格升高至 90 美元每桶的水平。但由于市场对经济前景的担忧，世界石油消费增长不及预期，国际石油市场存在着较大的供过于求的压力，2023 年全年原油价格整体呈现下行趋势。

2.3 世界天然气市场供求分析

2.3.1 世界天然气供给情况

2022 年国际天然气市场延续了 2021 年第四季度以来的供应紧平衡态势，如图 2-12 所示，2022 年，受地缘冲突影响，全球天然气产量为 4.04 万亿立方米，较上年略微下降 0.2%。北美地区产量为 12039 亿立方米，较上年上升 4.2%；前苏联国家产量为 8059 亿立方米，较上年下降 9.6%；亚太地区产量为 6813 亿立方米，比上年提高 1.1%。美国、俄罗斯天然气产量全球排名前两位，分别为 9786 亿立方米和 6184 亿立方米，合计占全球比重将近 40%。

图 2-12　2010—2022 年全球天然气产量及其增长率变化情况

2.3.2　世界天然气需求情况

2022 年全球天然气消费量 39413 亿立方米，同比下降 3.1%（图 2-13），增速由正转负。2022 年，世界天然气消费量排名前三的国家仍为美国、俄罗斯和中国，合计消费量占全球比重为 42.2%。2022 年北美天然气消费量为 10994 亿立方米，较上年提高 4.7%。其中，美国消费量为 8812 亿立方米，比上年提高 5.4%；加拿大消费量为 1216 亿立方米，比上年提高 4%；墨西哥消费量为 966 亿立方米，比上年下降 0.8%。欧洲地区消费量为 4988 亿立方米，较上年下降 13%。前苏联国家消费量为 5512 亿立方米，较上年下降 10.6%，其中俄罗斯消费量为 4080 亿立方米，较上年下降 14%。亚太地区消费量为 9071 亿立方米，多国重启核电，加强煤电利用，加快推动可再生能源发展，较上年下降2.3%，其中中国消费量为3757亿立方米，较上年下降1.2%。

图2-13 2010—2022年全球天然气消费量及其增长率变化情况

2.3.3 世界天然气供需平衡及价格情况

从2021年和2022年的供求平衡形势来看，天然气供需处于紧平衡状态，但供应结构大幅调整。供给方面，2022年全球天然气产量出现小幅下降，美国为增产主力，而俄罗斯产量明显下滑。需求方面，2022年全球天然气需求同比下降3.1%，全球经济复苏乏力、国际气价异常高位、替代能源利用增加是需求下降的主要因素，北美需求增长，欧洲消费量大幅削减，亚洲需求相对持平。欧盟持续推动减少对俄罗斯天然气依赖的进程，2022年欧盟天然气累计消费量同比减少13%。

2021年，全球大宗商品及关键矿产价格大幅上涨。其中，天然气是涨势最猛的品种之一，欧洲气价上涨逾4倍，屡创气价新纪录，欧洲基准荷兰所有权转让中心（TTF）天然气期货价格平均达到16美元每百万英热单位❶；亚洲液化天然气（LNG）现货市场价格上涨 3 倍，日韩标杆指数（JKM）平均达到 18.6 美元每百万英热单位；美国亨利中心（Henry Hub）天然气期货价格近乎翻番，平均达到 3.8 美元每百万英热单位，均为 2014 年以来的最高水平。天然气价格暴涨是长短期多重因素作用的结果，首先是市场基本面的供需错配。在供应侧，产能缺口始终无法全面恢复；在需求侧，主要经济体进入经济恢复通道，带动能耗需求持续增长。其次，气候因素尤其是极端气候因素进一步加剧供需矛盾。再次，全球能源低碳转型，大量能源企业缩减传统能源相关业务，碳排放管控愈发趋严，一定程度加剧了能源系统结构性矛盾。

2022 年，俄乌冲突给全球天然气市场带来了前所未有的波动。随着供应紧张进一步加剧，欧亚地区对 LNG 货源的抢夺战更加激烈，不断支撑欧洲和亚洲天然气价格上涨并刷新历史记录。在美国，LNG 出口保持强劲，叠加美国国内电力需求大幅走高，而产量恢复缓慢，带动天然气价格震荡上行，相比往年同期处于高位。全球主要天然气市场价格屡创新高，均值达到去年同期的 1.5～2 倍。

数据显示（图 2-14），2022 年欧洲基准荷兰 TTF 天然气期货价格一度创下 96.3 美元每百万英热单位的历史高点，年均价格 37.7 美元每百万英热单位，同比上涨 137%；亚洲 JKM 价格也一直居高不下，平均价格为 34 美元每百万英热单位，同比上涨 138%；美国受 LNG 出口旺盛、本土需求增长影响，市场供应紧张，亨利中心天然气现货年均价格 6.4 美元每百万英热单位，同比上涨 68%，短期回到 2008 年页岩气革命前的价格水平。

未来几年，全球天然气价格，尤其是 LNG 现货价格即使不会再触及历史高点，大概率也会保持在高位。欧洲难以在短期内完成对俄罗斯天然气的替代，最早也要等到 2026 年前后，届时美国和卡塔尔将有大量新增产能投产，更多 LNG 将进入市场。但在 2026 年新供应进入市场前，欧洲和亚洲对有限 LNG 资源的竞争将不可避免地使价格保持在高位。

---

❶ 1 百万英热单位（MBtu）=1055MJ。

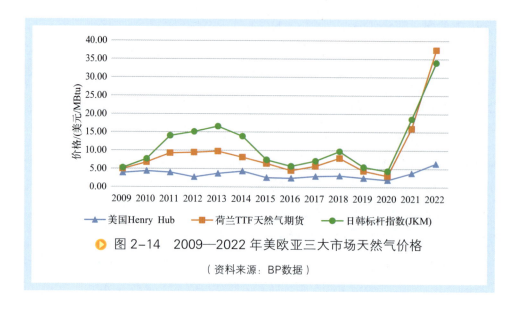

图 2-14　2009—2022 年美欧亚三大市场天然气价格

（资料来源：BP数据）

第 3 章

我国石油天然气行业供求分析

　　自 2019 年国家能源局实施油气行业增储上产的"七年行动计划"以来，油气工业战线坚定不移推进油气增储上产，坚持常规、非常规开发并举，着力攻克深层技术难题，油气勘探开发工作取得实质性成效。原油实现增产稳产，天然气持续快速上产，有力巩固发展了油稳气增的态势和趋势。2022 年，在能源安全政策的指导下，我国油气增储上产取得积极进展。2022 年，国内原油产量达 20472 万吨，同比增长 2.9%，较上年同期加快 0.8 个百分点，产量连续 4 年增长。从 2022 年天然气供求形势来看，我国天然气产量 2201 亿立方米，同比增长 6%，连续 6 年增产超 100 亿立方米；而天然气消费略有下降，全年天然气表观消费量 3646 亿立方米，同比下降 1.12%。

3.1　我国石油天然气储量现状

3.1.1　我国油气储量变化情况

　　2010—2019 年，中国新增石油探明地质储量主要分布在鄂尔多斯盆地、渤海湾盆地、准噶尔盆地等9个盆地，新增探明储量规模较大的油田有姬塬油田、华庆油田、蓬莱9-1油田和玛湖油田。根据自然资源部2021年发布的《全国石油天然气资源勘查开采通报》，2020年石油新增探明地质储量13.22亿吨，同比增长17.7%，2018年以来保持持续增长（图3-1）。其中，新增探明地质储量大于1亿吨的盆地有4个，分别是鄂尔多斯、渤海湾（含海域）、准噶尔和塔里木盆地；新增探明地质储量大于1亿吨的油田有2个，分别为鄂尔多斯盆地的庆城油田和准噶尔盆地的昌吉油田。2021年和2022年，我国新增石油探明地质储量分别达16亿吨和14.6亿吨。

图3-1 2006—2022年中国新增石油和天然气探明地质储量变化

2010—2019年，新增天然气探明地质储量主要分布在鄂尔多斯盆地、四川盆地、塔里木盆地等9个盆地，占总新增天然气探明地质储量的97.1%，新增探明储量较大的有苏里格气田、安岳气田和克拉苏气田。2020年天然气新增探明地质储量10357亿立方米，同比增长30.0%。其中，新增探明地质储量大于1000亿立方米的盆地有3个，分别为鄂尔多斯、塔里木和四川盆地。新增探明地质储量大于 1000 亿立方米的气田有 1 个，为塔里木盆地的克拉苏气田。2021 年和 2022 年，我国新增天然气探明地质储量分别达 8051 亿立方米和 11323 亿立方米。

截至 2021 年底，我国石油、天然气剩余探明技术可采储量分别达 36.89 亿吨、63392.67 亿立方米，油气地质勘查在鄂尔多斯、准噶尔、塔里木、四川和渤海湾等多个盆地新层系、新类型、新区勘探取得突破。

3.1.2 油气开发生产特点及趋势

石油勘探方面，陆上常规石油探明率已近 50%，进入勘探中后期。勘探领域主要在陆上深层轻质油、凝析油气、海洋石油和致密油页岩油。

天然气勘探方面，陆上常规天然气探明率达 15%。未来，深层海相碳酸盐岩是天然气勘探重要领域，南海具有发现大气田的资源潜力。我国致密气、页岩气、煤层气均处于勘探早中期，是未来天然气增储上产的主力。

深层、超深层已成为油气增储的主体。我国已成为全球陆上最大的深层、超深层油气勘探生产区。近 20 年新发现的海相大油气田几乎全部位于盆地深层、超深层。中深层、深层和超深层已成为我国石油和天然气探明储量主体，深层页岩气钻井提速技术创新发展，实现长水平段高效快速钻进。截至 2021 年底，四川盆地深层页岩气最短钻井周期已低于 30 天，最深完钻井深已达 7000 米以上，最长水平段达 3601 米。

海洋油气勘探方兴未艾，深化渤海、发展南海、建设海洋深水油气生产基地。我国海洋油气矿权面积达 134 万平方千米，其中近海 72 万平方千米。近海石油资源量 245.12 亿吨、天然气资源量 23.17 万亿立方米，探明原油储量 57.65 亿吨、天然气储量 16288 亿立方米，海洋油气已经成为我国油气增储上产的重要增长极。2021 年"深海一号"大气田顺利投产，带动周边陵水 25-1 等新的深水气田开发，形成气田群，依托已建成的连通粤港澳大湾区和海南自由贸易港天然气管网大动脉，最大限度开发生产和输送天然气资源，实现 3 项世界级创新，攻克 12 项关键装备国产化难题。

我国非常规油气发展势头强劲，是未来油气增储上产重要接替。页岩油资源量283亿吨，在鄂尔多斯、准噶尔、松辽等盆地皆获得了重大突破，近年来新增探明储量13.4亿吨，2021年产量240万吨，剩余资源量270亿吨。页岩气资源量105.7万亿立方米，在四川盆地获得重大突破，建成长宁-威远、涪陵、昭通三个国家级示范区，累计探明储量2.74万亿立方米，2021年产量230亿立方米，剩余资源量103万亿立方米。

从地域上看，渤海湾、鄂尔多斯盆地、松辽盆地、准噶尔盆地、塔里木盆地及海域占我国石油总剩余资源量的73%，四川盆地、鄂尔多斯盆地、塔里木盆地及海域占我国天然气总剩余资源量的62%。因此，陆上"五油三气"六大盆地及海域仍是未来规模增储重点。

"十四五"期间，各油气生产企业继续按照"七年行动计划"安排，加大国内油气勘探开发力度，全力推进一批有潜力的产能项目建设，着力突破油气勘探开发"卡脖子"技术，加大非常规油气资源的开发力度，力争石油产量在重上2亿吨后稳定一段时期，天然气产量同时保持较快增长，石油产量稳定增长和天然气产量快速增长对遏制对外依存度的快速上升发挥关键作用。

3.2 我国原油供求分析

3.2.1 我国原油供给情况

自2015年我国原油产量达到历史高位之后，近年来原油产量呈现出明显下滑的趋向，如图3-2，2016年我国原油产量跌落至2亿吨，2017年较2016年产量继续下滑，全年原油产量为1.92亿吨，同比下降4.1%。2018年，我国原油累计产量为1.89亿吨，仍低于上年同期累计产量，同比下降1.1%，但降幅较去年收窄3个百分点，初步判断我国原油产量下滑态势得到初步遏制。2019年，国内主要油气企业实施了"七年行动计划"，油田增储上产态势良好，全年原油产量为1.91亿吨，比上年增长1.2%，扭转了2016年以来连续下滑的态势，首次实现正增长。自2019年起，中国原油产量实现了四连增，2022年国内原油产量达2.04亿吨，自2016年国内原油产量调减至2亿吨后，首次重回2亿吨。

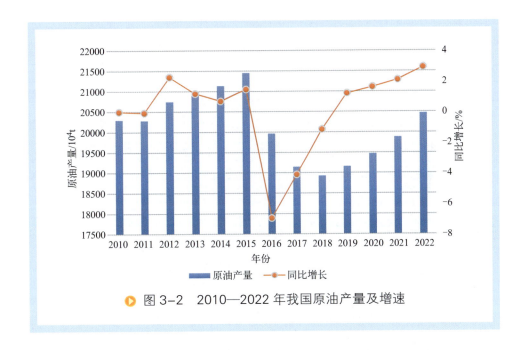

图3-2　2010—2022年我国原油产量及增速

具体来看，加强油气供应保障成为2020年我国油气安全的重要工作方向，2020年6月，国家发展改革委和国家能源局发布的《关于做好2020年能源安全保障工作的指导意见》中指出，要积极推动国内油气稳产增产，坚持大力提升国内油气勘探开发力度，推动勘探开发投资稳中有增。2020年原油生产作为保障能源安全的重要工作之一，全年生产原油1.94亿万吨，同比增长1.64%，较上年同期加快0.4个百分点。

2021年，我国经济生产逐渐恢复正常，保障油气安全供给依然是能源工作的重点。随着国际油价的大幅回升，油气企业生产积极性提高，推动石油生产继续保持稳定。全年生产原油19888万吨，同比增长2.1%。

2022年1月国家发展改革委、国家能源局印发《"十四五"现代能源体系规划》，明确了"十四五"时期，原油年产量回升并稳定在2亿吨水平的目标。原油生产企业在陆上原油开发上持续深化精细勘探开发，推广应用大幅度提高采收率技术，中国石油原油产量稳中有升，占国内原油总产量的比例达52%，发挥了我国原油稳产"压舱石"作用。其中，大庆油田三次采油连续21年产量超千万吨、原油连续8年实现3000万吨稳产。中国石化胜利油田连续6年稳产2340万吨以上。此外，以长庆油田庆城、新疆油田吉木萨尔百万吨级页岩油产区为代表的非常规油气资源，已加快发展成为原油稳产"生力军"。在海上，海洋石油创新深水、高温高压天然气成藏理论，大力实施稳油控水、稠油热采、低渗压裂等专项工作，原油产量保持快速增长。2022年全年我国原油产量20472.2万吨，同比增长2.9%，增速进一步提高。在"双碳"任务和保障油气供应安全的双重任务下，我国石油生产未来将会保持稳增稳产步伐。

3.2.2　我国原油需求情况

2017年以来，得益于国内油气体制改革的深入推进，原油进口使用资质对地炼企业的放开，加之原油战略储备的需要和炼化产能增加，在当前我国经济继续中高速增长的趋势下，我国原油需求将继续保持平稳增长，如图3-3，2018年原油表观消费量累计达到6.30亿吨，同比增速为6.0%，较上年增速加快了2个百分点。2019年，作为目前世界上重要的石油消费国，我国原油消费保持较快增长，全年原油表观消费量达6.72亿吨，同比增长6.8%，增速较上年加快0.8个百分点。2020年和2021年，我国原油表观消费量持续增长，分别达到6.95亿吨和7.23亿吨，但增速有所下降，同比分别增长3.3%和4.1%。2022年，受多重因素的影响，国内石油消费出现近30年来首次下滑。根据中石油经济技术研究院的统计数据，2022年，中国石油表观消费量为7.19亿吨，同比下降0.6%。从消费结构来看，2022年中国石油消费表现出"燃料降、原料升"的特点，成品油消费量同比大幅下滑7.7%，化工用油仍有6.4%的增长。

图 3-3 2010—2022 年我国原油消费量及其增长情况

3.2.3 我国原油供需平衡

自 2019 年以来，国家能源局制定国内油气企业增储上产的"七年行动计划"，加大勘探开发力度成了国内石油生产企业的发展定位，也是国家能源安全的重要战略。在加大油气勘探开采力度的政策支持下，我国原油产量呈现稳定增长的态势。但限于我国能源资源禀赋的强约束，国内原油油气资源越来越稀缺，我国原油产量增长持续减缓，非常规资源虽然发展迅速，但短期内难以商业化，造成原油供应水平出现增长瓶颈。从需求上来看，我国是全球第二大原油消费国，随着经济形势向好和成品油消费增长，以及成品油出口带动等诸多因素影响，原油需求出现快速增长，国内产量已远远无法满足原油消费，我国原油供需缺口不断扩大。2020 年以来，我国企业复产复工水平持续提升，原油市场需求恢复，加之低油价刺激，我国原油进口增速明显加快。根据海关数据，2020年，我国累计进口原油 54239 万吨，同比增长 7.3%，同期国内生产原油 19492 万吨，同比增长 2.04%。与此同时，从表观消费情况来看（图3-4），2020 年全年我国原油表观消费量为 69477 万吨，同比增长 3.28%，原油供需缺口达到 5 亿吨，较上年增加 1894 万吨。

图 3-4 2010—2020 年我国原油供需缺口

2021 年,我国原油表观消费量为 72299 万吨,同比增长 4.1%,累计进口原油 52410 万吨,原油对外依存度继续上升至 72.5%。2022 年由于国内原油需求略有下降,同时国内原油产量持续增产,原油对外依存度略有下降,为 71.5%,但仍连续四年维持在 70% 以上。考虑到我国短期原油供求形势难以发生根本性变化,未来原油对外依存度仍将居高不下,能源安全问题始终应该得到重视。

3.3 我国天然气供求分析

3.3.1 我国天然气供给情况

(1)总体供给规模

近年来,随着"煤改气"等工程推进,天然气消费出现大幅增长态势,然而,相比于快速增长的需求,我国天然气供应压力依然较大,因此,近两年我国天然气产量保持持续增长态势。2019 年,我国天然气供应压力依然较大，因此，我国天然气产量保持持续增长态势。2019年，我国天然气生产保持较快增长态势，共生产天然气1736亿立方米，同比增长10%，较2018年增速加快1.81个百分点（图3-5）。

图3-5　2010—2022年我国天然气产量情况

2020年天然气生产保持较快增长，2020年全年，我国天然气产量为1889亿立方米，同比增长7.2%。分阶段来看，上半年天然气生产量增速较快，第三季度天然气生产量增速有所放缓，第四季度天然气产量增速又有所回升。2021年生产天然气2052亿立方米，同比增长8.7%，增速进一步提高。

2022年国内天然气勘探开发在陆上超深层、深水、页岩气、煤层气等领域取得重大突破，国内天然气产量达到2201亿立方米，同比增长7.2%。我国天然气基础设施建设持续推进，储气能力快速提升。2022年，全国长输天然气管道总里程11.8万千米（含地方及区域管道），新建长输管道里程3000千米以上。2022年，全国新增储气能力约50亿立方米，先后建成北京燃气天津南港LNG接收站、河北曹妃甸新天LNG项目接收站，进一步增强了环渤海区域保供能力。未来随着"煤改气"等工程推进以及在"碳中和"任务的影响下，天然气的消费需求会持续增长，将持续带动天然气生产，未来增速有望加快。

（2）我国天然气供给结构

我国天然气主要分布在中部四川和西部新疆地区，层系分布以新生界第三系和古生界地层为主，在总资源量中，新生界占37.3%，中生界11.1%，上古生界25.5%，下古生界26.1%。具体来看，我国天然气储产量主要集中在鄂尔多斯盆地、塔里木盆地库车地区、四川盆地川东地区、柴达木盆地三湖地区和莺歌海盆地，这五大气区基本代表了我国天然气勘探的基本面貌。尽管近年来随着全国供气管网的形成和保证供气安全的需要，我国天然气供给已经形成多气源供气的局面，但西部仍是最主要的供应地。具体来看（图3-6），西部地区始终是我国天然气的主产区，

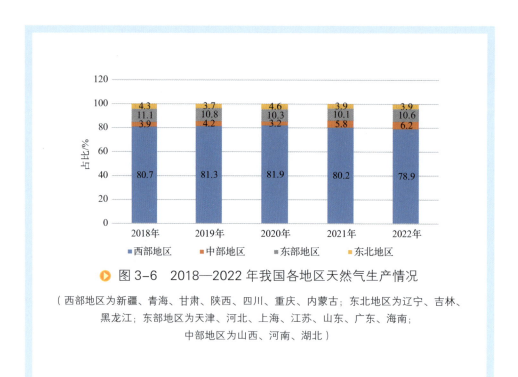

图3-6　2018—2022年我国各地区天然气生产情况

（西部地区为新疆、青海、甘肃、陕西、四川、重庆、内蒙古；东北地区为辽宁、吉林、黑龙江；东部地区为天津、河北、上海、江苏、山东、广东、海南；中部地区为山西、河南、湖北）

2018—2022年产量占比始终保持在80%左右,其中四川、陕西、新疆和内蒙古是产量最高的四个省份,占比在70%以上。从增长形势来看,中部地区产量出现了明显积极的变化,份额占比在2022年有明显的提升。这表明我国天然气近年来在沿海地区能保持快速增长态势,与东部地区尤其是海洋上加大天然气勘探开采密切相关。

3.3.2 我国天然气需求情况

（1）总体需求规模

当前,我国继续大力推进"煤改气""油改气"工程,利好天然气市场,冬季居民生活用气、冬季采暖用气出现较大环比增幅。尤其是环渤海地区作为我国大气污染防治行动的重点区域,"煤改气"力度大、改造范围广,将进一步拉动天然气消费增长。如图3-7,2018年我国天然气表观消费量达到2817亿立方米,同比增长17.7%,创下2012年以来的新

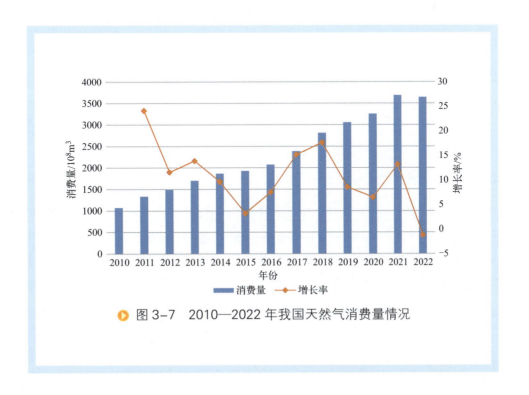

图3-7 2010—2022年我国天然气消费量情况

高，占原油天然气表观消费总量的28.2%，比上年上升2.0个百分点。进入2019年，我国天然气应用领域的扩围和天然气消费价格的理顺直接刺激天然气消费继续增长。2019年，天然气表观消费量为3060亿立方米，同比增长8.6%。

2020年，天然气消费保持平稳增长，全年天然气表观消费量3259.1亿立方米，同比增长6.5%。2021年以来，在国内经济加快恢复、工业生产稳定推进的基础上，天然气需求保持较快增长，天然气表观消费量3690亿立方米，同比增长13.2%。从消费结构看，工业用气同比增长14.4%，占天然气消费总量的40%；发电用气同比增长13.4%，占比18%；城市燃气同比增长10.5%，占比32%；化工化肥用气同比增长5.8%，占比10%。

2022年全国天然气消费量3646亿立方米，同比下降1.2%，消费量首次出现下降。下降的原因主要为价格高涨等，天然气汽车保有量的下降也相应地影响了天然气的需求。

在"碳中和"任务的背景下，天然气作为清洁能源，将会成为传统能源向新能源过渡的桥梁。天然气行业将会迎来发展机遇，政策将持续加大家庭、工业对天然气消费的支持力度，天然气消费将会持续增长。

（2）我国天然气需求结构

近年来，我国天然气的消费量持续增长。2019年，我国宏观经济平稳运行，天然气行业增速减缓，增速环比2018年下降9.1个百分点。2020年，我国天然气消费量占一次能源消费总量的8.4%。2021年全国天然气消费进一步大幅增长，但在2022年首次出现了下降。从月度来看，2022年1—2月同比正增长，之后市场低位运行；3—6月同比负增长；7—8月同比正增长，增速不足2%；9—11月继续同比负增长；12月同比基本持平。从消费结构看（图3-8），城市燃气消费占比增至33%；工业燃料、天然气发电、化工用气规模占比分别为42%、17%和8%。分省看，广东和江苏全年消费量保持在300亿立方米以上，河北、山东和四川消费量处于200亿～300亿立方米之间。

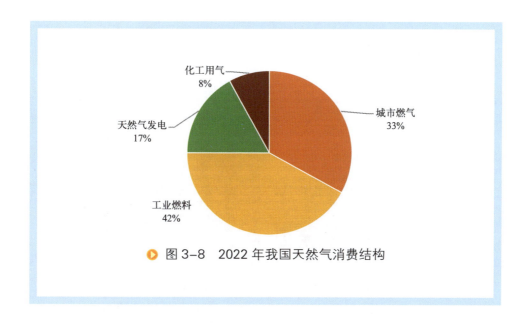

图 3-8　2022 年我国天然气消费结构

3.3.3　我国天然气供需平衡

2017 年，我国开始实施"煤改气"，天然气消费量迅速增长，2018 年天然气消费量持续快速增长，并且消费增速持续高于天然气生产增速，这带来的结果就是天然气供需缺口进一步拉大（图 3-9）。2015 年我国天然气需求缺口为 585 亿立方米，2016 年缺口规模 710 亿立方米，2017 年达到 913 亿立方米，2018 年缺口规模创历史纪录达 1215 亿立方米。随着我国加大天然气勘探和生产力度，天然气生产增速得到提升，而天然气消费增速有所减缓，使得 2019 年和 2020 年连续两年天然气生产增速高于消费增速，天然气缺口增速有所减缓。2019 年我国天然气供求缺口达到 1298 亿立方米，高出上年同期近 100 亿立方米。2020 年我国天然气供求缺口达到 1371 亿立方米，高出上年 73 亿立方米。2021 年我国天然气供求缺口攀升至 1637 亿立方米，高出上年将近 300 亿立方米。2022 年国内不断增强天然气生产保障能力，持续增储上产，叠加需求出现下降，国内天然气供需缺口有所缩减，降低至 1445 亿立方米。

图 3-9 我国天然气供需缺口和对外依存度变化情况

第4章

石油天然气行业进出口分析

4.1 原油进出口分析

4.1.1 原油进口分析

（1）进口规模

2022年，中国从48个国家进口了50823万吨原油（图4-1），同比下降0.9%。然而，由于国际原油市场价格上涨的影响，2022年我国原油进口总金额高达3655.12亿美元，约合24350亿元，同比增长41.4%，占2022年货物贸易进口总额的13%，继续成为仅次于集成电路的我国第二大进口商品。

2016年至2018年，俄罗斯连续三年成为中国最大的原油供应国。2019年至2021年，沙特阿拉伯对中国的原油出口大增，超过俄罗斯位居第一（图4-2）。2022年，沙特阿拉伯继续成为中国第一大原油进口来源国，其次是俄罗斯。2022年原油进口的前十大来源国分别是沙特阿拉伯、俄罗斯、伊拉克、阿拉伯联合酋长国、阿曼苏丹国、马来西亚、科威特、

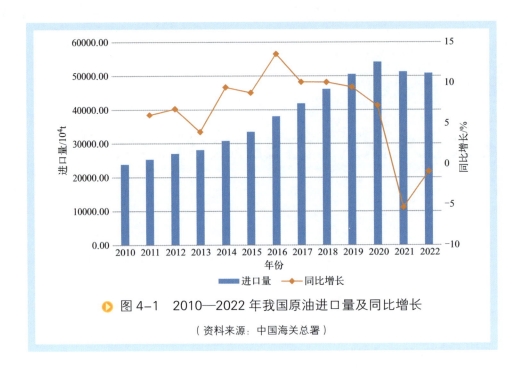

图 4-1　2010—2022 年我国原油进口量及同比增长

（资料来源：中国海关总署）

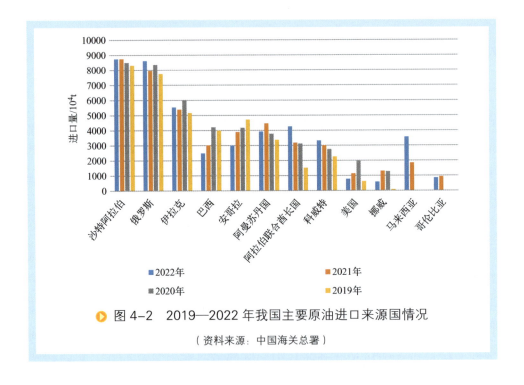

图 4-2　2019—2022 年我国主要原油进口来源国情况

（资料来源：中国海关总署）

安哥拉、巴西和哥伦比亚。从2021年开始美国跌出前十大原油进口国，成为我国第十一大原油进口来源国，同时中国从马来西亚和哥伦比亚进口原油量大幅增长。

（2）进口价格

全球油价高低决定进口价格。2020年，OPEC+减产行动破裂造成油价断崖式下跌，使油价在5月之前一直在30美元每桶以下震荡。欧佩克+在2020年4月达成的历史性减产协议推动布伦特油价于6月底升至40美元每桶以上，布伦特油价此后5个月基本上在40～50美元每桶的区间内窄幅波动。从全年来看，2020年布伦特原油平均价格为每桶41.84美元，远低于2019年的64.36美元，为2004年以来最低，这造成原油进口单价下降。2020年，我国原油进口规模达到54239万吨，同比增长7.3%，对应的原油进口额达到1763.21亿美元，进口金额同比下降27.3%。从进口单价来看，2020年我国原油平均进口单价为325美元每吨，较2019年减少147美元每吨，同比下降31%。

2021年1月，由于美国原油库存减少的影响，全球原油价格继续回升，1月底布伦特原油现货离岸价格为55.13美元每桶，比12月30日的51.22美元每桶上涨7.6%。1月，欧佩克+持续减产，原油供应稳定；2月，受极端严寒天气影响，美国石油供应和原油库存下降，国际油价大幅上升；3月，全球原油需求逐步恢复，OPEC+继续执行减产措施，原油价格稳定运行，同时地缘政治风险、意外事件偶有发生，带动油价震荡上升。6月底，布伦特原油现货离岸价格为76.94美元每桶，比5月底的70.03美元/桶上涨9.9%。海关进出口数据显示，2021年全年原油进口均价为501美元每吨，同比上涨45%。

2022年，在地缘政治影响下，国际油价异常高涨，原油进口成本增加，原油进口量50823万吨，进口总额达3655.1亿元，中国进口原油年均价达719美元每吨，比上年上涨43.5%。

4.1.2 原油出口分析

由于原油资源严重短缺，我国一直持续"严出宽进"的原油进出口政策，出口量较少（图4-3）。尽管我国原油保持极少出口数量，但由于2014年原油出口量基本维持零状态，2015年全年累计出口数量和出口贸易额同比均出现大幅增长态势。2016年，我国原油出口量累计为294.06万吨，同比小幅提高2.6个百分点；出口贸易额累计为94.3亿美元，同比下降39.8%。2017年以来，受上年相对较低基数因素影响，原油出口同比出现大幅上涨，全年我国出口原油486.1万吨，同比增长65.4%。

图4-3　2010—2022年我国原油出口量及其增长率变化情况

（资料来源：中国海关总署）

2018年以来，在国内原油消费需求大幅增长的形势下，我国原油出口规模大幅下降。2018年原油出口规模为263万吨，同比下降46%；出口金额为12.7亿美元，同比下降30.3%。2019年我国原油出口规模继续下降，全年出口规模为81万吨，同比下降69.2%；出口金额为3.6亿美元，同比下降71.7%。2020年我国原油出口规模有所增加，全年出口规模为163.8万吨，同比增长102.2%，主要是因为上年基数低，出口量规模小，同比增幅震荡幅度较大。2021年以来，我国原油出口量依旧维持在较低水平，2021年和2022年原油出口量分别为261万吨和205万吨。

4.1.3　原油进出口平衡分析

2019—2020 年,我国企业复产复工水平持续提升,原油市场需求恢复,加之低油价刺激,我国原油进口增速明显加快。根据海关数据,2020 年,我国累计进口原油 54239 万吨,同比增长 7.3%,同期国内生产原油 19476 万吨,同比增长 1.7%。与此同时,从表观消费情况来看,2020 年全年我国原油表观消费量为 69477 万吨,同比增长 3.3%,对外依赖度达到 72%。

2021 年,我国原油表观消费量为 72299 万吨,原油对外依存度为 72.5%。考虑到我国短期原油供求形势难以发生根本性变化,原油对外依存度将持续保持高位,短期难以改善。2021 年,国家加大淘汰落后产能的监督力度,严查配额转卖,原油进口在 2022 年得到减缓,2022 年国内原油对外依存度为 71.5%。未来在能源安全政策的指导下,我国仍将加大油气行业上游勘探开发投入,稳定原油生产。因而,原油对外依存度会逐步降低。

4.2　天然气进出口分析

4.2.1　天然气进口分析

(1) 进口规模

2017 年入冬以来,在国家政策大力支持天然气利用和"煤改气"造成国内需求大幅上涨的影响下,我国天然气进口规模增长 22.3%。2018 年我国天然气累计进口规模达到 9039 万吨,同比增长 24.3%,对外依存度升至 45.3%,较上年提高了 4 个百分点。2019 年,天然气特定时段供求形势紧张和个别地区不顾实际"一刀切"推进能源转型,为扭转这一状况,2019 年 10 月,政府提出要"宜煤则煤、宜电则电、宜气则气"

的原则保障用能需要。在此情况下，我国天然气进口也随着国内产量增长出现放缓。2019年天然气进口9656万吨（1331.8亿立方米），同比增长6.4%，较2018年增速下降18个百分点。2020年，在天然气消费量增长的带动下以及天然气进口价格下降的刺激下，我国天然气进口量保持增长，累计进口天然气10166万吨（合计1404亿立方米），同比增长5.1%，相比往年同比增速有所放缓。2021年累计进口天然气1680亿立方米，增幅达到16.4%。2022年受天然气价格、国内能源结构调整等影响，国内进口天然气1503亿立方米，同比下降11.8%。其中，来自土库曼斯坦、澳大利亚、俄罗斯、卡塔尔、马来西亚五个国家的进口量合计1215亿立方米，占比81%。管道气进口量627亿立方米，同比增长7.8%，俄罗斯管道气增长54%，中亚管道气近年履约量波动加大。2022年中国LNG进口量876亿立方米，同比下降19.5%，主要来自澳大利亚、卡塔尔、马来西亚、俄罗斯、印度尼西亚、巴布亚新几内亚、美国。

从近几年天然气进口增速来看（图4-4），2019年、2020年、2021年和2022年中国天然气进口增速分别为6.4%、5.1%、16.4%和-11.8%，产生巨大波动的主要原因是2017年入冬后开始进行"煤改气"，加剧了

图4-4　2010—2022年我国天然气进口量及其增长率变化情况

天然气供应紧张局面，而2019年扭转了某些地区不顾实际"一刀切"推进能源转型的状况，进口量增速缓和下来。2020年作为"十三五"收官之年，天然气消费出现短期下降，增速有所减缓。

（2）贸易结构

目前，我国进口天然气的途径共有两种：一种是通过跨国天然气管道工程进口，目前主要有中亚天然气管道、中缅油气管道和中俄东线天然气管道；另一种则是进口液化天然气（LNG）。由于管道运输方式在技术上的突出优点，管道是进口天然气的首选。随着我国与周边国家天然气管道联通加强，从周边国家获得天然气能力显著增强。

2010年以来，中国天然气进口量稳步增长，天然气进口来源呈多元化。中国海关数据显示，2022年，中国天然气进口量1503亿立方米（10925万吨），同比降低11.8%；进口金额4682.87亿元，同比上涨30.3%。数据显示，我国LNG进口量不断增长，且占天然气进口量的比重也不断提升。2022年，我国共进口了6344万吨液化天然气，占天然气进口总量的58%。排名前五的天然气进口来源国家分别为澳大利亚、卡塔尔、俄罗斯、土库曼斯坦和马来西亚。

4.2.2 天然气进出口平衡分析

我国天然气出口比例很低，2022年，天然气出口量为60.2亿立方米，占当年进口规模的4%（图4-5）。我国是全球第一大天然气进口国，进口天然气主要是补充供求缺口，缺口越来越大，天然气进口规模也随之增长。

"十三五"期间，天然气行业得到快速发展。产量方面，2020年国内天然气产量比2015年增加542亿立方米，5年增幅达40%；天然气利用方面，2020年全国天然气消费总量比2015年增长1327亿立方米，增幅约70%。天然气消费的增速远远高于生产增速，带来的结果就是天然

图 4-5　2010—2022 年中国天然气出口情况

气消费缺口持续拉大。具体来看，2015年我国天然气需求缺口为585亿立方米，2016年缺口规模达到710亿立方米，2017年达到913亿立方米，2018年缺口规模达到1200多亿立方米。2019年我国天然气供求缺口达到1298亿立方米，高出上年同期近100亿立方米。2020年我国天然气供求缺口达到1370.6亿立方米，高出上年72亿立方米，缺口增速有所减缓。

2021年以来，寒潮频发，国内大部分地区气温骤降，城燃补库及居民取暖需求大幅上升，天然气保障供应要求加大，在此情况下，我国天然气进口保持增长势头。同时，在我国"煤改气"政策和全国减排力度加大的推动下，我国天然气消费量增速高于天然气产量增速。

第 5 章

石油化工行业发展现状分析

5.1 石化产业总体发展趋势

石油化工行业是国民经济的支柱产业之一，产业上游主要是原材料的生产运输作业，包括油气开采和运输，中游是炼油和石油化工产品加工制造过程，下游为产品销售环节，其中炼油和石油化工产品加工制造是石油化工产业链的核心环节（图 5-1）。

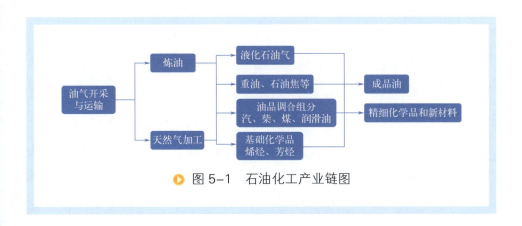

图 5-1 石油化工产业链图

截至2022年底，全球炼油能力达到51.2亿吨每年，石化龙头乙烯产业的全球产能规模达到2.2亿吨每年，全球最主要芳烃对二甲苯的产能达到7320万吨每年。全球炼化产能规模快速扩张并加快向东集中，亚太地区和中东地区的炼油能力在全球总能力中的占比已经升至46.4%，中国炼油能力在2021年达到9.1亿吨，首次超过美国成为全球第一的炼油大国，在2022年进一步增长至9.24亿吨每年。同时，全球乙烯产业格局也发生重大变化，截至2022年底，亚洲地区和中东地区乙烯产能全球占比升至55%，欧美地区缩减至37%，中国乙烯产能达到4953万吨每年，首次超越美国的4332万吨每年，跃升至全球第一。全球炼化行业低碳发展和转型升级加快，油品需求加速萎缩，烯烃、芳烃等下游化学品需求增长是未来石油需求增长的主要动力。

5.2 炼油工业发展现状

2022年我国净增炼油能力1260万吨每年，总能力达到9.24亿吨每年，升至世界首位。

从地区布局看（图5-2），华东、东北、华南三大炼油集中地区合计炼油能力为6.84亿吨每年，较上年提高0.13亿吨每年，占全国总能力的73.73%，较上年提高0.4个百分点。

从经营主体看，中国石化、中国石油、中国海油、中国中化、民企、外资及煤基油品企业等多元化主体参与的国内竞争格局继续发展。其中，中国石油和中国石化两大集团炼油能力从4.88亿吨每年升至5.08亿吨每年，占全国总能力的比例从53.5%升至55%；中国化工和中化正式重组为中国中化，炼油能力为6000万吨每年，超过中国海油的5200万吨每年，成为国内第三大经营主体；民营企业炼油能力基本维持在 2.7 亿吨每年，占全国总能力的比例下降 0.4 个百分点，降至 29.2%。

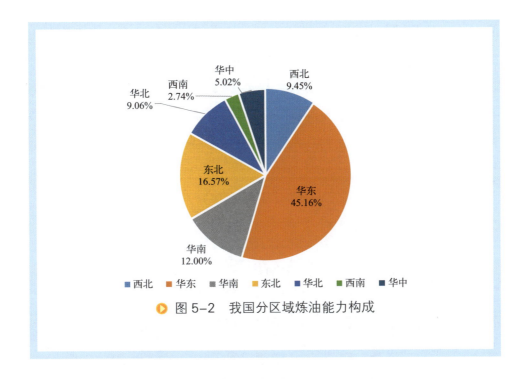

图 5-2 我国分区域炼油能力构成

中国炼油工业主要呈现以下几个特点。

（1）炼油能力继续增长，民企进一步崛起

炼油能力继续增长，民企进入新一轮产能整合。截至 2021 年底，中国炼油能力达 9.1 亿吨每年，较 2020 年净增 2520 万吨每年，略高于"十三五"期间年均增长 2350 万吨每年的幅度；新增炼油能力 3300 万吨每年，主要来自盛虹炼化、镇海炼化改扩建等；山东地方炼厂退出 3 家，合计产能 780 万吨每年。2022 年，中国炼油能力增长放缓，净增炼油能力 1260 万吨每年，总能力升至 9.24 亿吨每年，显著低于"十三五"时期的年均增量。其中，新增炼油能力 2000 万吨每年，主要来自广东石化；山东地方炼厂再退出 3 家，合计产能 740 万吨每年。

经营主体多元化进一步发展。如图 5-3，从经营主体看，以中石油、中石化两大集团为主，中海油、中国化工、中化、民企、外资及煤基油品企业等多元化主体参与的国内竞争格局进一步发展。其中，民企炼油能力达 2.48 亿吨每年，占比达到 28%。从大型炼厂数量看，全国千万吨级炼厂 35 家，合计炼油能力达 5.08 亿吨，占比达 55%。从炼厂规模看，国内炼厂平均规模 469 万吨每年，与世界炼厂平均规模 770 万吨每年仍有一定差距。中石化、中石油炼厂平均规模分别为 1025 万吨每年和 797 万吨每年。

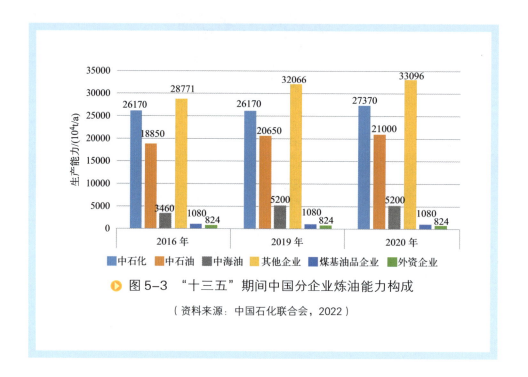

图 5-3 "十三五"期间中国分企业炼油能力构成

（资料来源：中国石化联合会，2022）

（2）炼油行业生产运行恢复良好，效益创历史最好水平

2022 年中国炼油行业原油加工量出现近 20 年来首次负增长，为 6.8 亿吨，同比下降 5%；炼厂平均开工率为 73.6%（图 5-4），较上年下降近 5 个百分点，结束了 2015 年以来的正增长。成品油产出方面，炼厂

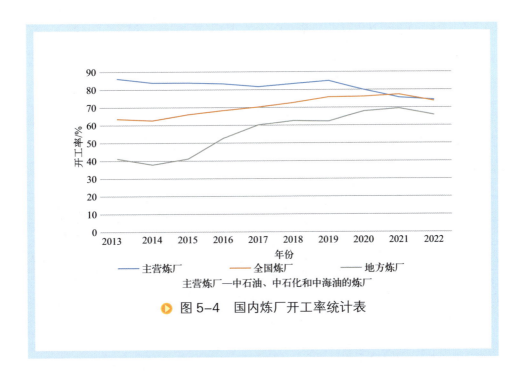

图 5-4 国内炼厂开工率统计表

"减油增化"加快推进，取得实效。民营新型"化主油辅"炼化一体化项目汽煤柴油收率均在50%以下，主营炼厂则通过调整现有装置来降低成品油收率。2022年中国炼油化工轻油、燃料油收率分别由上年的15.4%、6.1%升至17.3%、7.5%，汽柴煤油产量比上年下降7.7%，汽柴煤油收率下降1.7个百分点至58.76%。

（3）"十四五"期间国内炼油行业将持续高速发展

炼油产能置换速度加快。"十三五"期间，国内淘汰落后产能0.68亿吨每年，如果算上2015年淘汰的0.4亿吨，国内已累计淘汰炼油能力1.1亿吨每年。同时，国内新建/改扩建了8个千万吨级炼厂。"十四五"开局之年，主营炼厂在做大做强炼油的同时，着力于对现有装置进行结构调整，有序推进炼化一体化改造升级，多个炼油转型与结构调整项目投产、开建、获批或规划（表5-1），例如镇海炼化一期项目全面建成投产，是目前中国最大的炼化一体化基地。大型地方炼化一体化项目主导产能增长，继恒力石化、浙江石化的项目在"十三五"期间建成运行后，盛虹炼化公司的项目也已投运，大型地方炼化一体化项目总产能达到9300万吨每年，占总炼油能力的比例达到10.2%。传统地方炼厂落后产能加速淘汰，山东集中力量建设裕龙岛炼化一体化项目，并继续淘汰落后产能，2020—2022年累计淘汰落后产能2790万吨每年。

表5-1 中国部分炼油结构调整项目

项目	所属集团	地点	建设进度
镇海炼化一体化项目基地一期项目	中国石化	浙江	建成
北海炼化结构调整改造项目	中国石化	广西	建成
扬子石化炼油结构调整项目	中国石化	江苏	建成
安庆石化炼油转化工项目	中国石化	安徽	在建
广西石化炼化转型升级项目	中国石油	广西	建成
吉林石化炼油化工转型升级项目	中国石油	吉林	在建
茂名石化炼油转型升级项目	中国石化	广东	获批
巴陵石化与长岭石化炼油转型升级项目	中国石化	湖南	规划

2021年中国炼油企业加强市场导向，全面推进降本、提质、提量增效，炼油效益创历史最好水平。从全行业水平看，中国炼油企业实现吨油利润约381元，较2020年提高约258元每吨，较2019年提高约199元每吨。2022年因高油价下原油采购成本上升、汽柴油毛利率下降，加工量下降导致单位固定成本上升等因素制约，炼油效益大幅收窄，全年国内炼油企业实现吨油利润约140元，同比下降241元。

产业规模化、基地化、园区化建设加快。由国家发展改革委在《石化产业规划布局方案》中提出的发展七大石化产业基地在"十三五"期间初步形成规模。此外，中石化的茂湛一体化基地、中石油的揭阳大南海工业区、民企中荣盛的舟山绿色石化基地和南山的裕龙岛石化基地等在"十四五"期间也陆续投产。

炼厂装置结构调整、工艺技术水平提升加快。一是油品质量升级工作基本完成。一方面国内汽柴油质量标准从2016年的国Ⅳ升级至目前的国Ⅵ；另一方面，得益于国内炼厂提前布局低硫船用燃料油生产，其硫含量也已达到国际海事组织（IMO）规定的不超过0.5%的标准。二是炼厂装置加快结构调整。在国内成品油需求增速放缓，但化工品需求仍有一定增长的新形势下，大庆石化、洛阳石化、天津石化、安庆石化等多家炼厂投入资金对原有装置进行结构调整来"降油增化"。加氢裂化作为灵活调整产品结构和降低柴油收率的深加工装置，近年来占比不断提升。三是持续推动绿色智能发展。炼油行业完善绿色发展标准体系，加快绿色工厂园区标准建立，引导行业绿色化、低碳化发展。国内多家炼厂围绕"生产优化、智能运营、能源管控"等方面对生产智能化技术进行研发和示范。

（4）替代能源发展各异，氢能发展迈出实际步伐

2021年，替代能源发展不尽相同。稳步发展的有天然气和新能源汽车，天然气作为替代主力，替代成品油约2810万吨（表5-2）。新能源汽车方面，根据中华人民共和国公安部数据，截至2020年底，国内新能源汽车保有量达492万辆，接近500万辆，基本实现国务院《"十三五"国家战略性新兴产业发展规划》中新能源汽车规模应用的要求，替代成品油约400万吨。发展不及预期的有乙醇汽油、甲醇汽油和煤制油。乙醇汽油受限于原料不足、非粮乙醇技术暂不成熟等，推广计划调整为鼓励但不强制，全国覆盖不到一半。甲醇汽油推广仅限于一些资源丰富的地区，如山西、陕西等。煤制油方面，截至2020年底，煤制油产能1080万吨每年，低于《煤炭深加工产业示范"十三五"规划》中的1300万吨每年目标，目前有实质进展的项目仅有数个。加快发展的主要是氢能。国家相关部委密集出台政策引导并鼓励氢能和氢燃料电池技术的开发和发展，中国氢能产业迎来前所未有的发展机遇。国内大批企业尤其是中石化、中石油等央企加快布局氢能产业。

表5-2 车用替代燃料替代情况

年份	天然气 实物量 /10⁸m³	天然气 替代量 /10⁴t	燃料甲醇 /10⁴t 实物量	燃料甲醇 /10⁴t 替代量	生物柴油 /10⁴t 实物量	生物柴油 /10⁴t 替代量	煤制油 /10⁴t 实物量	煤制油 /10⁴t 替代量	燃料乙醇 /10⁴t 实物量	燃料乙醇 /10⁴t 替代量	电动汽车 实物量 /万辆	电动汽车 替代量 /10⁴t	共享出行 /10⁴t 实物量	共享出行 /10⁴t 替代量	氢能 /10⁴t	合计 /10⁴t 实物量	合计 /10⁴t 替代量
2017	292	2377	700	315	200	200	450	450	280	168	150	120		60		—	3690
2018	316	2572	770	340	200	200	500	500	330	198	261	185		60		—	4055
2019	340	2767	800	360	200	200	550	550	400	240	375	305		60		—	4482
2020	363	2957	900	405	200	200	700	700	400	240	500	403		60		—	4965
2021	345	2810	945	425	50	50	750	750	290	174	790	640		60	0.8		4910

5.3 乙烯工业发展现状

国内乙烯产量增速放缓。2022年，乙烯产能集中投放，产量增速逐月提高，如图5-5，截至2022年底，产量达2897.5万吨，较2021年提升72万吨。乙烯装置开工率连续两年维持在80%以上（图5-6），进口量基本稳定在200万吨每年左右（图5-7）。

图 5-5　中国乙烯生产与消费情况

图 5-6　2015—2022年中国乙烯装置开工率

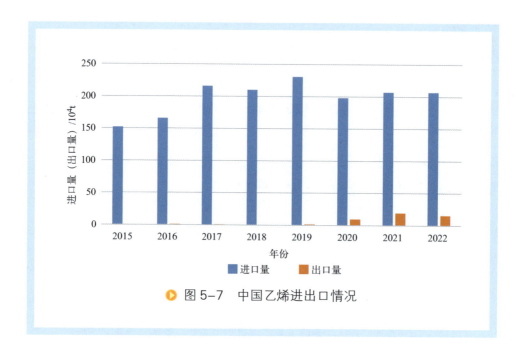

图 5-7 中国乙烯进出口情况

乙烯新增产能大增，气基产能迅速增长。2021年，国内乙烯新增产能高达535万吨每年，较2020年提高84万吨，全国总产能达到4153万吨每年。新增产能中，油基乙烯扩能342万吨每年，轻烃为原料的乙烯扩能225万吨每年，煤/甲醇基乙烯减少产能32万吨每年；新增产能中气基路线产能占比明显提高，而煤/甲醇基路线产能占比继续下降。2022年中国新增乙烯产能525万吨每年，总产能增至4678万吨每年，首次超过美国，成为世界乙烯产能第一大国。新增产能中气基乙烯产能新增125万吨每年，油基乙烯产能新增370万吨每年，煤基乙烯新增30万吨每年。2022年中国以轻烃为原料的乙烯产能占比从2021年的11.8%提高至13.1%，油基乙烯与煤/甲醇基乙烯产能占比分别下降至70.9%与15.9%（图5-8）。新增产能中，镇海炼化、盛虹炼化与浙江石化均采用石脑油为原料建设百万吨级乙烯装置，推动中国炼化一体化向成熟化、大型化迈进，装置平均规模总体呈增长趋势（图5-9）。连云港卫星石化125万吨每年乙烷制乙烯装置投产，继续推动气基乙烯产业发展。

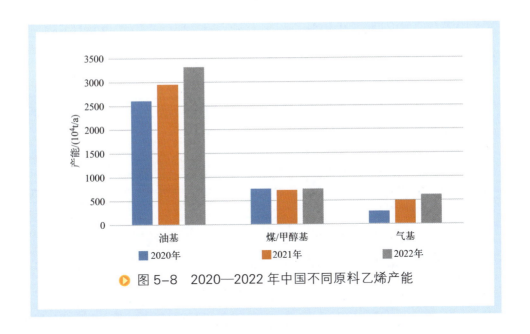

图 5-8　2020—2022 年中国不同原料乙烯产能

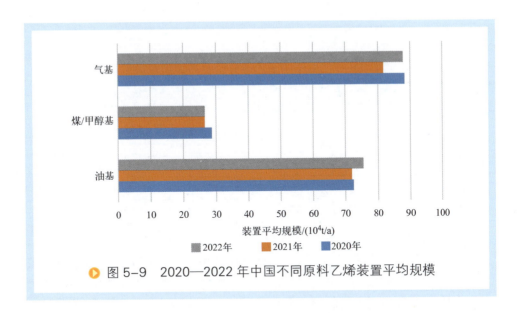

图 5-9　2020—2022 年中国不同原料乙烯装置平均规模

乙烯行业经营主体更加多元，装置平均规模持续上升。截至 2020 年底，民营乙烯产能已达到 873.5 万吨每年，占总产能的 24.8%，成为中国乙烯行业重要的参与主体。中化在泉州石化首次建设百万吨级乙烯装

第 5 章　石油化工行业发展现状分析

置，中石化、中石油、中海油合计乙烯产能占比从上年的62.9%下降至57.1%（表5-3）。外资权益产能377万吨每年，占乙烯总产能的10.7%。由于多套百万吨级乙烯装置投产，企业平均规模与装置平均规模明显上升，分别较上年提高1.8万吨每年和2.4万吨每年，达到62.8万吨每年和54.1万吨每年（表5-4）。

表5-3 中国乙烯产能分企业构成及占比情况

项目	2005年		2019年		2020年	
	产能/(10^4t/a)	占总能力之比/%	产能/(10^4t/a)	占总能力之比/%	产能/(10^4t/a)	占总能力之比/%
中石化	552.5	70.3	1101.5	35.9	1181.5	33.6
中石油	217.4	27.7	612.0	20.0	612.0	17.4
中海油	0	0	215.0	7.0	215.0	6.1
其他乙烯企业	16.0	2.0	1138.0	37.1	1509.5	42.9
全国总计	785.9	100	3066.5	100	3518.0	100

注：中石化、中石油、中海油产能包括外资权益产能。

表5-4 2019—2020年中国乙烯分企业产能装置数量与规模

企业	2019年				2020年			
	生产企业/家	生产装置/套	企业平均规模/(10^4t/a)	装置平均规模/(10^4t/a)	生产企业/家	生产装置/套	企业平均规模/(10^4t/a)	装置平均规模/(10^4t/a)
中石油	7	12	85.3	49.8	7	12	85.3	49.8
中石化	14	16	78.5	69.6	15	17	78.8	69.5
中海油	1	3	215.0	71.7	1	3	215.0	71.7
其他乙烯企业	28	28	40.7	40.7	33	33	45.7	45.7
全国	50	59	61.0	51.7	56	65	62.8	54.1

乙烯原料多元化、轻质化进一步发展。近年来国内新增产能中轻质原料路线占比明显提高，万华化学乙烯一体化项目是国内第一套以丙烷为原料的裂解装置，宝来利安德巴塞尔轻烃综合利用项目原料也以轻烃和外购丙烷、丁烷为主。在运国内炼厂继续优化乙烯原料，兰州石化24

万吨每年乙烯产能恢复项目将装置原有的 6 台 2 万吨每年乙烯产能毫秒炉更换为 3 台 4 万吨每年乙烯产能的轻质裂解炉，把天然气和液化气轻烃资源作为装置新增的优质裂解原料，使中国乙烯原料进一步优化，并向轻质化迈进。2020 年瓦斯油原料的占比较上年下降 3 个百分点，油田或炼厂轻烃、液化气占比也有所下降（图 5-10）。在优化乙烯原料的同时，有效降低了生产成本，提高了资源利用效率。

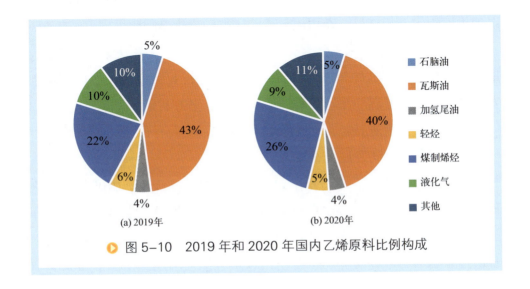

图 5-10　2019 年和 2020 年国内乙烯原料比例构成

乙烯技术创新取得明显进展。中国乙烯技术在传统路线与新型路线上均取得重大突破，中国油基乙烯技术经过引进、吸收、自主创新，已从跟跑来到并跑，走到世界前列。在煤制烯烃方面，中国独领风骚，走在了世界前列。在工程示范基础上，中国煤制烯烃技术创新进一步深化，中国科学院大连化物所自主研发的第三代甲醇制低碳烯烃（DMTO-Ⅲ）技术通过中国石油和化学工业联合会科技成果鉴定，完成了千吨级工业试验，使中国在甲醇制烯烃技术领域保持了持续的国际领先地位。

"十三五"期间，中国乙烯工业虽取得很大发展，产能接近美国而稳居世界第二，但行业发展仍面临"自主创新能力不足、终端行业需求分化、集约发展势头迫切、轻质原料供应风险较高"四大挑战，应给予高度重视。"十四五"期间，中国乙烯业应围绕构建"以国内大循环为主体、国内国际双循环相互促进的新发展格局"这一重大战略部署，按照"高端化、数字化、集群化、国际化"的思路抓好全产业链的转型升级，高质量发展，做好以下四方面工作，实现由大做强。

一是加快乙烯行业结构高端化升级，加快关键核心技术攻关。从产业链布局看，中国乙烯产业迫切需要发展差异化、高价值的下游产品，从规模化初级加工产品向高附加值化工产品转变，加大高技术含量、高附加价值的化工新材料、专用化学品的比例，探索高端化发展路线。

二是加快乙烯及下游行业智能化、绿色化升级。加快数字化发展，推动大数据、人工智能与以乙烯为龙头的石化行业深度融合；加快绿色发展进程，努力提高油基乙烯轻质原料占比，多方利用海外轻烃资源。

三是加快培育现代乙烯及配套产业集群。加大石化产业集群发展力度，提高跨产业协同发展水平。

四是推动乙烯及下游产业在更高层次上的对外开放。中国石化行业具有较强的产业基础，自由贸易和负面清单制度等协议内容将有效提升东亚区域经济一体化水平，为中国石化行业在贸易出口、石化项目投资、石化技术贸易、工程服务和装置出口等领域加强国际合作提供充分的制度保障。

5.4 芳烃产业发展现状

芳烃是化学工业最基本的原料之一，芳烃中的苯、甲苯、二甲苯（合称"三苯"）是石油化工重要的基础原料，市场消费量仅次于乙烯和丙烯。其中二甲苯存在三个异构体，分别为对二甲苯（PX）、邻二甲苯（OX）、间二甲苯（MX），又称为混合二甲苯。芳烃产业链诸多产品之中，甲苯、混合二甲苯自给率较高，在93%～96%之间；纯苯自给率大约在87%，PX是其中用量最大的，自给率在2020年以前一直低于60%，是芳烃行业的主要关注点。

大约99%的对二甲苯（PX）用于生产精对苯二甲酸（PTA），继而向下游延伸主要生产聚酯等。受制于项目投资、原料保障、担忧环保风险等诸多因素，产能扩增相对缓慢，近几年国内PX始终供不应求（图5-11），进口依赖度居高不下，严重制约了下游产业的可持续发展。如图5-12，2021年和2022年，国内PX进口量连续下降，2022年国内PX进口量1058万吨，较2021年同比下降307万吨，对外依存度降至30%，同比下降8个百分点。

图5-11 2015—2022年国内PX生产和需求变化情况

投资主体多元化。2018年国有企业占国内PX生产企业的59.6%，随着2019年大连恒力、浙江石化一期等装置相继投产，使得民营企业占比由2018年的33.2%上升至57.3%，合资企业占比为4.1%。未来伴随着PTA企业向产业链上游延伸的发展需求，民营企业将成为发展主力，投资主体趋于多元化。2018年和2019年国内PX竞争结构如图5-13所示（内圈为2018年，外圈为2019年）。

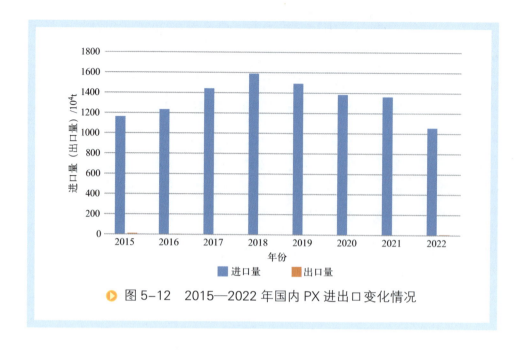

▶ 图 5-12　2015—2022 年国内 PX 进出口变化情况

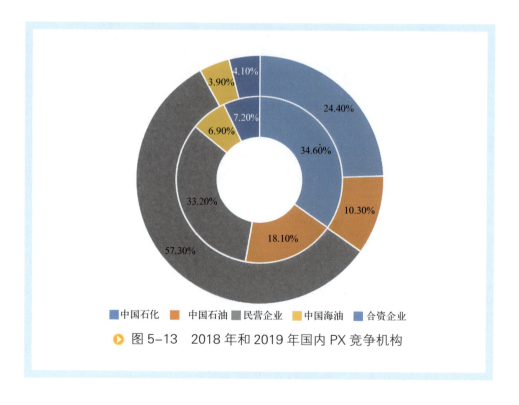

▶ 图 5-13　2018 年和 2019 年国内 PX 竞争机构

装置规模大型化。目前国内芳烃产业处于扩张和整合阶段，部分老、旧、小装置面临淘汰。国内产能低于 60 万吨每年的企业有 3 家，产能 60 万～100 万吨每年的企业有 11 家，产能高于 160 万吨每年的企业仅有大连恒力和浙江石化 2 家。未来几年，民营企业配套建设的 PX 项目将引领中国 PX 的进口替代。浙江石化炼化一体化项目（二期）、盛虹炼化一体化项目等建成投产，成为中国 PX 产能增长的主力。同时，中国石化、中国石油、中国海油以及中化集团等也将继续扩张 PX 产能，多个 PX 项目在 2024 年前建成投产，成为中国 PX 产能增长的重要力量。预计中国 PX 产能将很快突破 5000 万吨每年，将对进口货源形成巨大冲击。同时，市场竞争将更加激烈。

5.5 国内石油公司战略动向

解决油气核心需求是我们面临的重要任务；要加大勘探开发力度，夯实国内产量基础，提高自我保障能力；要集中资源攻克关键核心技术，加快清洁高效开发利用，提升能源供给质量、利用效率和减碳水平。石油能源建设对我们国家意义重大，中国作为制造业大国，要发展实体经济，能源的饭碗必须端在自己手里。

国内三大石油公司不断调整发展战略，实施驱动创新，推动主营业务高质量发展；持续深化改革，完成管网分离改革任务；加快绿色低碳转型，积极发展新能源业务；履行社会责任，扛起企业担当。

（1）调整完善发展战略

随着全球能源转型的加快推进，"双碳"目标的提出，数字化、智能化等在油气行业的加快应用，国内三大石油公司及时调整完善发展战略，均将探索绿色低碳商业模式作为公司发展战略之一，同时强调创新发展的重要性。

中石油对现行战略内涵及外延进一步完善和拓展：一是更加突出创新驱动；二是更加突出资源的低成本、多元化、可持续；三是更加突出市场导向；四是更加突出国际化经营能力；五是更加突出绿色低碳。

中石化践行新发展理念，落实高质量发展要求，着力构建以能源资源为基础，以洁净能源和合成材料为两翼，以新能源、新经济、新领域为重要增长点的"一基两翼三新"发展格局，努力实现更高质量、更有效益的发展。

中海油主动融入国家发展战略，提出"1534"发展总思路。"一个目标"是建设中国特色国际一流能源公司；"五个战略"是创新驱动、国际化发展、绿色低碳、市场引领、人才兴企；"三个作用"是中海油要争做推进"卡脖子"技术攻关的先锋队，争做油气上产的主力军，争做国民经济持续健康发展的"稳定器""压舱石"；"四个跨越"是要实现从常规油气到非常规油气的跨越，从传统能源到新能源的跨越，从海上到陆地的跨越，从传统模式到数字化的跨越。

（2）实施创新驱动，推动主营业务高质量发展

① 围绕产业链部署创新链，全面实施创新战略。国内三大石油公司大力提升创新能力，利用技术纽带推进开放式创新，在科技创新和数字化建设方面成效明显，如表5-5所示。

表5-5 国内三大石油公司创新发展重点举措

公司简称	举措
中石油	自主研发利用微生物勘探油气的新方法，获得国家发明专利授权
	中国石油测井公司完成首口随钻测导作业，为油田发展提供了全新技术支撑
	携手建设银行推出海南省首家"无感支付"加油站，车主登录手机银行绑定车牌，就可以在该站点实现自动缴费
	中国石油规划总院正式启动油气业务链优化和物联网两个重点实验室运行提升项目，支撑集团公司勘探开发、炼化、销售、管道业务发展所需要的物联网技术实验环境

续表

公司简称	举措
中石化	重点项目"中国石化复杂储层岩石物理应用基础研究"启动
	自主研发生产出聚乙烯滚塑专用料,可广泛用于制造船艇等户外滚塑产品材料,填补国内空白
	已有3万座加油站开通"一键加油"服务
	深入推进"站级一体化"建设,智慧加油站实现"智能加油机""一体化桌面收银POS机""智能手持POS机""车牌支付""人脸支付"等功能
	首个使用自动导引车(AGV)技术的智能物资仓库在上海石化投入使用,实现了仓储模式从"人找货"到"货找人"的转变
中海油	"海油商城"累计交易额突破千亿元,运用互联网应用手段,提高用户黏度

在科技创新方面,三大石油公司持续强化勘探开发领域关键核心技术与装备技术攻关,提升自研产品技术能力和作业规模,加快炼化领域核心技术突破,向高科技合成材料及高端化工方向发力,发展清洁炼化项目。

在数字化建设方面,三大石油公司加强云平台、物联网、5G、大数据、人工智能等新技术与业务的深度融合,加快建设"智慧油田""智慧炼厂""智慧加油站"。将数字化及物联网技术应用于智能油气田建设,提升作业时效,降低勘探开发成本。全面推行智慧加油站建设,顺应当前零售市场支付智能化、便捷化和移动化的趋势,推行"一键加油"及"无感支付"等服务,全力打造现代化"人-车-生活"智慧化加油站,提升客户体验感。运用"大数据"实时统计油品库存、发油量、进站率等经营指标,提升加油站运行管理效率。

② 多措并举推动主营业务高质量发展。突出有效益的勘探开发,稳油增气降本成效显著。国内三大石油公司转变发展理念,在勘探开发方面由粗放型向精细化转变,由投资拉动向创新驱动转变。保持高质量勘探开发力度不减,深化国内风险勘探和集中勘探。三大石油公司在"稳油"的基础上,把加快天然气发展作为构建清洁低碳、安全高效现代能源体系的重要举措和主攻方向,同时加大降本增效力度,多措并举压控

生产管理成本。

炼油与化工坚持以市场为导向，增产高附加值产品。在炼油方面，国内三大石油公司以市场需求为导向，坚持产销一体化协调，优化原油资源配置，优化装置生产运行和产品结构，灵活调整柴汽比，努力增产高效产品，降低加工成本，统筹国内、国际两个市场，维持较高负荷水平，推进价值链效益最大化。在化工方面，国内三大石油公司深化原料结构调整，不断降低原料成本，提高高附加值产品比例，向高端化工和精细化工产品倾斜，加快先进产能建设，积极推进乙烯、炼化一体化重点项目建设。

扩展销售渠道，开辟量效新增长点。国内三大石油公司积极应对成品油市场严峻形势，加强市场研判，发挥一体化优势，坚持量效兼顾，加强产销衔接，全力拓市增效，努力推进重点区域扩销上量。一是积极开拓天然气终端市场。二是优化成品油出口节奏，推动国内国际市场一体化协同。中石油2020年首次向巴基斯坦供应欧V标准汽油，首次将大庆炼化和大庆石化生产的成品油装船出口至新加坡。三是在原油价格低迷的情况下，非油业务成为国内石油公司的重点发力方向。

国内三大石油公司炼油化工重点举措如表5-6所示。

表5-6 国内三大石油公司炼油化工重点举措

公司简称	典型举措
中石油	实施"减油增化"，炼化结构调整稳步推进；有序推进广东石化炼化一体化、塔里木和长庆乙烷制乙烯等重点项目建设投产
	乌鲁木齐石化生产的防水卷材沥青销售外运，加工转化了低附加值产品，填补国内空白
中石化	在南港以化工为核心，规划建设120万吨每年乙烯及下游高端新材料产业集群项目
	洛阳炼厂新建的渣油加氢处理装置投产，产能为260万吨每年，将提高重油的采收率、增加高附加值成品油产量
	扬子石化-巴斯夫有限责任公司扩大了新戊二醇产能，扩建完成后总产能达到8万吨每年
	中科炼化项目正式投产，生产国Ⅵ汽柴油、航煤以及高端化工产品，年产值将超600亿元

续表

公司简称	典型举措
中石化	近2000吨福建联合石化生产的高端食品级透明料聚烯烃3248R新产品投放市场
中石化	加快海南炼化100万吨每年乙烯及炼油改扩建项目建设步伐，直接拉动超1000亿元下游产业
中海油	中海壳牌惠州三期乙烯项目在广州、北京、荷兰海牙三地举行战略合作框架协议"云签约"仪式。第三期项目新增150万吨每年乙烯规模，总投资约56亿美元，预计年产值约382亿元，以乙烯裂解装置为核心，引进国际先进技术生产具有高附加值、高差异性、高竞争力的石化产品，已正式开工建设

（3）持续深化改革，完成管网分离改革任务

三大石油公司按照国企改革顶层设计，持续推进公司治理体系和治理能力现代化，同时落实中央企业改革三年行动工作部署视频会议精神，先后召开改革三年（2020—2022年）行动工作部署会，形成改革三年行动实施方案。

三大石油公司积极配合国家管网分离改革行动，先后向国家管网公司转让旗下油气管道等资产，推动管网分离任务获实质性进展。中国海油率先与国家管网公司签署油气基础设施项目管理权移交协议，第一家移交油气基础设施项目管理权。此后，中国石油和中国石化同时发布了转让管道资产的相关公告，并于2020年9月30日将主要油气管道资产交割至国家管网公司。

（4）加快绿色低碳转型，积极发展新能源业务

在国家提出"二氧化碳排放力争于2030年前达到峰值，努力争取2060年前实现碳中和"的"双碳"目标后，国内三大石油公司将发展新能源和替代能源视为推动绿色低碳转型发展的新动能，将新能源、新经济作为新增长点，在清洁能源、绿色产品、资源能源利用、污染物减排、温室气体控排、绿色文化培育等方面取得丰硕成果。风电、氢能和碳中和是三大石油公司重点布局方向，同时积极推进光伏、地热能、生物燃料、充（换）电站等新能源和替代能源技术及业务的有序发展（表5-7）。

表5-7　国内主要能源公司新能源布局情况

风电	中石化新星公司将开发位于陕西渭南市大荔县的分散式风电项目，总装机容量20MW，将是中石化首个风电项目； 中海油在战略中承诺未来将其年度资本支出的3%～5%用于海上风电开发； 中海油2020年首个海上风力发电项目并网发电，规划装机容量300MW，年上网电量达8.6亿千瓦时
氢能	中石油合资公司上海中油申能氢能科技有限公司搭建起以氢能为主的合作新平台，建设临港新片区首座油氢合建站； 中石油、中石化支持北京市及冬奥会氢能供应保障工作，布局高速氢走廊，构建氢能产业链和自主核心技术体系； 中石化在京举办氢能发展战略研讨会，围绕氢能和燃料电池技术进步、产业发展等重大战略问题作交流报告； 中石化联手广州市黄埔区、广州开发区打造氢能汽车应用发展基础设施先行区域； 中海油将发展海上风电绿色制氢加入战略规划，通过发展海上风电绿色制氢加快能源转型升级，与林德（Linde）签署合作意向书，共同投资和探索中国氢能产业在工业领域的应用
光伏	中石化投资入股凤阳硅谷智能有限公司，布局超薄光伏及光电显示特种玻璃产业链； 中石化充分利用加油站屋顶闲置资源，将光伏发电与加油站有机结合，实现建筑节能，缓解用电需求，降低能耗成本
地热	中石化新星公司中标雄安新区荣东片区地热供暖制冷委托建设和运行管理项目，将提供1200万平方米的地热供暖制冷服务
碳中和	中石油第一个碳中和林——大庆油田马鞍山碳中和林揭牌，标志着中石油坚决贯彻落实2060年实现碳中和的目标； 中海油与壳牌东方贸易公司签署采购两船碳中和LNG资源的购销协议，首次为中国大陆引进碳中和LNG资源； 中石化与国家发展改革委能源研究所、国家应对气候变化战略研究和国际合作中心、清华大学低碳能源实验室三家单位分别签订战略合作意向书，共同研究能源化工行业碳达峰和碳中和的战略路径

第 6 章

科技支撑石油天然气化工行业低碳转型

石油化工行业是能耗和碳排放大户，是全球工业领域碳减排的重点行业。低碳转型举措需要持续推进，加快低碳技术的研发和应用是关键。提高油气开采效率、绿氢保障、碳捕集利用与封存（CCUS）、电气化实施等技术的升级和原油直接制化学品等颠覆性工艺技术的突破将成为石化行业实现碳中和的重要路径。

6.1 石油天然气开采技术

我国油气勘探开发已全面进入深层、深水、非常规领域。深层、深水、非常规领域的油气资源拥有巨大的发展潜力，但是工程技术难度大，地质赋存规律与开发生产规律科学认知程度低，所需技术装备尚在发展，是成本高企、投资巨大的领域。高度重视发展新理论、新技术，形成新一代适应深层、深水、非常规油气勘探开发的理论、技术、装备与施工作业队伍能力，是实现高效低成本开发的关键。

6.1.1 提高采收率技术

（1）CO_2 捕集、封存和提高采收率技术

世界上大部分油田仍采用注水开发，面临着需要进一步提高采收率和水资源缺乏的问题。国外近年来大力开展二氧化碳驱油提高采收率技术的研发和应用，不仅能满足油田开发的需求，还可以解决二氧化碳的封存问题，保护大气环境。

如图 6-1，把二氧化碳注入油层中可以提高原油采收率。由于二氧化碳是一种在油和水中溶解度都很高的气体，纯度在 90% 以上即可用于提高采油率，当它大量溶解于原油中时，可以使原油体积膨胀，黏度下降 30%～80%，还可以降低油水间的界面张力，增加采油速度，提高洗油效率和收集残余油。与其他驱油技术相比，二氧化碳驱油具有适用范围广、驱油成本低、采收率提高显著等优点。二氧化碳驱油一般可提高原油采收率 7%～15%，延长油井生产寿命 15～20 年。据国际能源机构评估，全世界适合二氧化碳驱油开发的资源约为 3000 亿～6000 亿桶。

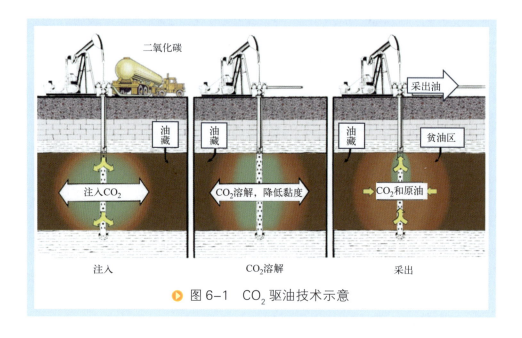

图 6-1 CO_2 驱油技术示意

二氧化碳可从工业设施（如发电厂、化肥厂、水泥厂、化工厂、炼油厂、天然气加工厂等）排放物中回收，既可实现温室气体的减排，又可达到增产油气的目的。不仅适用于常规油藏，尤其对低渗、特低渗透油藏，可以明显提高原油采收率。

中国石油吉林油田创新形成了陆相油藏二氧化碳捕集埋存与提高采收率（CCUS-EOR）全产业链配套技术系列（图6-2），建成了国内首个全产业链、全流程CCUS-EOR示范项目。该项目是全球正在运行的21个大型CCUS项目中唯一一个中国项目，也是亚洲最大的EOR项目，覆盖地质储量1183万吨，年产油能力10万吨，年二氧化碳埋存能力35万吨，累计埋存二氧化碳225万吨。

▶ 图6-2 吉林油田CCUS-EOR现场

二氧化碳驱油技术在中国尚未成为研究和应用的主导技术。可以预测，随着技术的发展和应用范围的扩大，二氧化碳将成为中国改善油田开发效果、提高原油采收率的重要资源。大庆油田已将二氧化碳驱油技术纳入战略储备技术，扩大二氧化碳产能建设和驱油试验区规模，并逐步将试验区从外围油田向老区油田延伸，大庆油田二氧化碳驱油技术攻关试验累计增油已超过4000吨。

（2）蒸汽辅助重力泄油技术

蒸汽辅助重力泄油技术（steam assisted gravity drainage，SAGD）是一种应用于重质油藏的热采技术，采用蒸汽注入和重力排油的方式提高重质油的流动性和采收率（图6-3）。

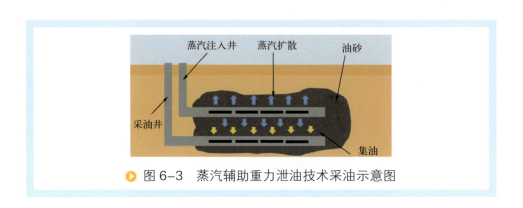

图6-3 蒸汽辅助重力泄油技术采油示意图

在SAGD中，注入的高温高压蒸汽能够提供大量热量，加速油藏内部的热量传递和扩散。当蒸汽渗透到油藏中后，会与油层中的水和油发生热力作用，使油层温度升高，从而降低油的黏度，使油更容易被采集。SAGD中，蒸汽的温度、压力及注入速率等参数的选择都对开采效果有很大影响。相对于其他热采技术，SAGD技术具有热效率高、能耗低、采收率高等优点，主要应用于含有大量重质油、稠油、油砂等资源的油藏，目前在国内外广泛应用。国内辽河油田已实现将SAGD开发深度从300米拓展至1000米，中深层SAGD的采收率、百米水平段日产油等指标均达到国外浅层SAGD开发水平，最终采收率可达70%，较原来的吞吐开发方式提升了40个百分点。

（3）RECHARGE HNP增强吞吐技术

美国日产化学公司和Linde公司合作开发了基于纳米颗粒的RECHARGE HNP增强吞吐技术（图6-4），利用CO_2或N_2推动纳米颗粒进入更深层次的毛细裂缝及微空隙中，注入的气体通过与布朗运动的分散颗粒发生协同作用，进入岩石和原油界面，从而将更多的剩余油剥离下来，适用于所有类型的油井或气井。

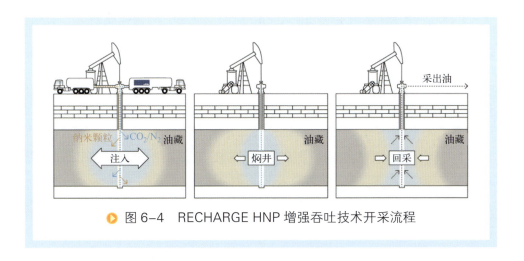

图 6-4 RECHARGE HNP 增强吞吐技术开采流程

采用该技术单井产量增产率从 12% 提高到 564%，与蒸汽吞吐技术相比，同样需要经过注入、焖井和回采三个步骤，但焖井时间可以大大减少，因而投资回收期可缩短到 60~90 天。

（4）减氧空气驱提高采收率技术

以空气为介质的空气驱技术（图 6-5）具有易注入、气源充足、低成本、环保等明显优势，国外空气驱技术现场应用取得了较大成功，且

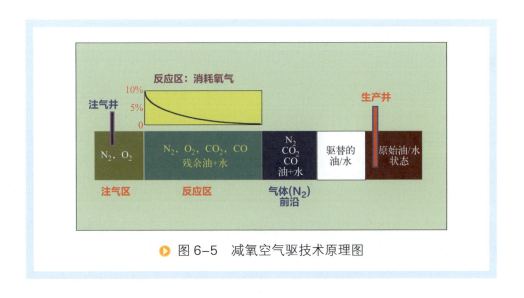

图 6-5 减氧空气驱技术原理图

第 6 章 科技支撑石油天然气化工行业低碳转型

经济效益较高。国内陆相沉积油藏非均质性严重，气窜风险较大，采用直接注入方式，空气与天然气在井筒和地面管线中混合，容易引起爆炸，为了降低爆炸风险和管柱腐蚀，可考虑减氧空气驱。

减氧空气驱技术在长庆、吐哈等油田工业化应用取得了突破性进展，采收率提高10%以上，适用于低渗透油藏和高温高黏油藏。该技术可满足低/特低/超低渗透油藏、复杂断块油藏、高温高盐油藏、潜山油藏应用要求，空气/减氧空气是低成本的驱替介质，是未来20年具有发展潜力的战略性技术。

6.1.2 压裂技术

（1）天然气发电压裂技术

水力压裂主要用于致密页岩矿床，目前美国65%的原油和70%的天然气采用这种方式生产，作业中常用的高压压裂泵通常由柴油发电机或往复式柴油发动机提供动力，井垫上的其他设备通常由柴油发动机或电动机驱动。仅柴油燃料的成本就高达120万美元每月，许多石油和天然气公司寻求电气化替代。一个相对较新的趋势是采用电气化压裂车队，以及在牵引拖车上安装由模块化燃气轮机驱动的电动压裂泵。典型的柴油动力车队由20辆或以上拖车组成，而同等的电气压裂系统可能仅需要8辆。

与柴油动力装置相比，电气压裂还具有其他优势：占地面积更小；先进的交流电机可确保更高的可靠性；马力更大，压裂效率更高；现场使用寿命更长，更能抵御恶劣的工作条件并能增加服务强度；现场/远程操作设备人员更少；通过预测分析实现自动化和集中控制。

Evolution公司开发的天然气发电压裂技术和专业的压裂队伍解决了传统柴油发电技术带来的许多问题，为井场发电提供了新的选择（图6-6）。2017年8月，Harvey飓风袭击了得克萨斯州墨西哥湾海岸线中部Eagle Ford地区新部署的发电和压裂设备，风速高达233 km/h，降雨量超过 0.91m。飓风过去两天后，工作人员发现井场没有任何明显的设备损坏。进行安全检查后，打开天然气管线，使用定制的涡轮发电机供电，瞬间恢复了压裂作业。

图 6-6　Evolution 公司提供的天然气发电压裂现场

（图源：Evolution Well Services）

为了最大限度地提高效率并增加正常运行时间，Dynamis 和 Evolution 公司合作，使用 GE LM2500+G4 涡轮发动机定制的 6 个涡轮发电机组，为压裂提供更坚固、可快速部署的组件。2018 年，该发动机的可靠性等级为 99.9%；发电机组具有高功率密度，在适合道路宽度的尺寸下，功率可达 36MW；平均设备移动时间缩短 50% 以上，可以提前 2～4 天进行生产。

使用天然气代替柴油不仅节约了成本，排放、健康、安全和环境问题也得到了很大改善。Evolution 已经减少了近 204t 的 CO_2 排放，碳氢化合物（包括 CH_4）排放比美国环境保护署（EPA）2016 年 3 月制定的 Ⅳ 级标准低 95% 以上。自 2016 年开始商业运营以来，Evolution 节约了近 53000m³ 的柴油，压裂车队的拖车数量不到传统压裂车队数量的一半，减少了 50% 的牵引设备。近来，Dynamis 和 Evolution 致力于向各个服务商提供发电来改善井场运营。

（2）Simul-frac 压裂技术

哈里伯顿公司的 Simul-frac 压裂技术（图 6-7）可以实现一套压裂机组同时对两口或两口以上的邻近平行井进行压裂，得到两套以上拉链式压裂同等的效果，减少作业天数，提高投资回报率。该技术具有消除时间空闲、实现最佳性能、提高作业速度、专业防砂管理、稳定控制系统和可靠 HSE（健康、安全、环境）管理等一系列优点。

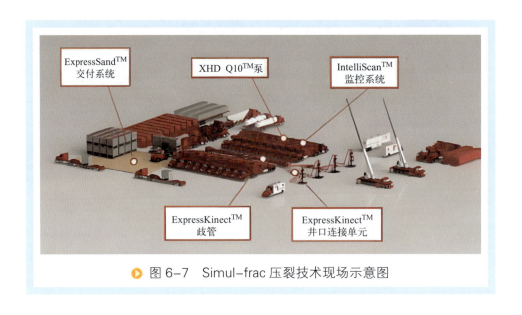

图 6-7 Simul-frac 压裂技术现场示意图

技术最新进展：① ExpressKinect™ 歧管通过单泵连接，在 5min 内完成井口切换，降低钻机复杂度，从而实现最高作业效率和安全性；② ExpressKinect™ 井口连接单元通过单线安装到井口，可消除歧管拖车和井口之间高达 85% 的高压，大幅缩短钻机安装时间和复杂性，使操作更安全高效；③ 单线钻机能够到达多个油井，并在 15000psi（103.4MPa）下以 120 次 /min 的速度运转，降低了拉链式歧管的需要；

④借助 ExpressSand™ 交付系统，使用集装箱装砂运输可实现最高效率并减少 HSE 暴露；⑤ IntelliScan™ 监控系统可实时进行泵运行状况监控；⑥ XHD Q10™ 泵是专为页岩设计的坚固型压裂泵。除通过供应链提高效率外，简化的支撑管理系统极大地提高了井场的 HSE 管理和设备可靠性。与传统的气动拖车相比，ExpressSand™ 系统旨在将卸载时间从数小时缩短到数分钟。

6.1.3 天然气水合物勘探技术

天然气水合物是一种非常有前途的天然气资源，其储量巨大，可以作为替代传统燃料的新能源，但其开采技术不成熟，存在一定的环境风险。

目前，天然气水合物开采技术主要包括热解法、减压法和化学法。其中，热解法是最常用的一种方法，通过加热水合物使之分解，释放出天然气。减压法则是通过减小水合物周围的压力，使其分解，释放出天然气。化学法则是通过添加化学物质，降低水合物分解温度和压力，促进水合物的分解和天然气的释放。很多国家都在加强对天然气水合物开采技术的研发，其中日本是试采和商业化开采最为活跃的国家之一。目前，日本已经建立多个试采平台，实现小规模的商业化开采。我国目前也已经建立了天然气水合物精细勘探技术体系和试采目标综合评价系统，创新开采技术适应性评价方法，创建了试采安全钻井工艺、出砂管控、试采工艺、平台优化设计技术体系和试采四位一体环境监测体系，在南海神狐海域已实现两轮成功试采，在钻采技术和核心装备攻关上均有所突破，产气规模和开采效率均得到提升。然而，天然气水合物的开采仍然存在一些挑战，如开采成本较高、技术难度大、环境风险高，试采技术未来一段时期仍是天然气水合物开采的主要手段。未来要继续加强研究和开发，不断创新和改进试采技术，推动天然气水合物开采技术的创新和进步。

6.1.4 人工智能技术

（1）智能检测机器人

道达尔公司认为智能机器人是未来重要的油气生产设备，将实现全年无休运转。道达尔公司的油气作业现场自主机器人（ARGOS）可在潜在爆炸风险区域进行数据测量及异常探测。ARGOS项目计划用5年时间研发2种应用于Shetland净化厂的智能机器人，一种是监测机器人，已在2019年9月应用于Shetland净化厂；另一种是操作机器人，尚处于开发阶段。智能机器人可在气体泄漏监测、设备完整性及腐蚀测试等任务中实现规模化应用。智能机器人的应用可提供大量宝贵的数据及无限的可能性，可视为数字化领域的革命性产物，是道达尔公司数字化环境中极其重要的一环。

（2）智能化学示踪技术

挪威RESMAN公司研发的智能示踪技术可准确量化各储层的流量，并检测水突破的位置。功能包括：①量化各储层石油流入贡献；②监测水突破位置；③监控和保证流入量，具有流量控制阀和封隔器功能，保证多层和区域流入的一致性。

使用RESMAN智能示踪技术获得的信息相当于生产日志，却没有作业的风险和成本。RESMAN智能示踪技术具有以下优势。①无风险。无电缆，无连接，无干预，并且完井设计无重大变化。②寿命长。RES·OIL可以达到10年的使用寿命，RES·H_2O可以保持更长的寿命。③经济高效。无需额外的钻机时间和昂贵的完井硬件，并且在井场不需要额外的人员。④对HSE友好。RESMAN示踪剂的使用浓度极低（低至10^{-12}），不使用放射性元素。⑤坚固。系统可抵抗恶劣的井下条件和高压。

6.2 石油炼制技术

炼油行业面对油品需求不断萎缩、化学品需求不断增长的产业发展现实需要，应不断深化推进"减油增化"措施，促进行业产业结构调整。此外，在"双碳"目标的驱动下，行业绿色低碳发展形势紧迫，应有步骤、分阶段地实施绿色电力替代技术、节能降耗技术和颠覆性的工艺流程再造技术，助力产业绿色化、高端化转型升级目标的实现。

6.2.1 化工行业电力替代技术

石化行业碳排放除了由化石能源燃烧引起的直接碳排放，还包括外购电力引起的间接碳排放，该部分碳排放占石化行业总排放的10%左右。降低电力引起的碳排放主要包括两方面措施：一是应用节能新技术和新设备以及进行电力设施的优化；二是采用新型的电力系统，这也是最关键的手段。随着以新能源为主体的新型电力系统建设目标的提出，我国电网会不断地向清洁化发展，石化行业由电力引起的碳排放将逐渐降低。

据国家统计局公开信息，2021年我国电力结构中以煤炭为主的火力发电约占71.13%。据预测，2050年后我国电网中风、光发电占比将大幅度提升，均在30%以上，水电和核电占比保持在10%左右，火电占比低于9%。至2060年，国家电网碳排放因子会降低97%左右，届时石化行业由电力引起的间接碳排放将比当前降低97%左右。

如图6-8，石化企业可采取的路径有两个基本方向。一是做大"分子"，即在总能耗不变的情况下提升能耗中的电能比例。电替代主要分为电的动力替代和热力替代，动力替代主要指电驱动、真空泵、液环泵等动力应用，热力替代主要指电伴热、电锅炉、电加热器和电加热炉的应用。增加电能的其他应用还包括采用电能的新工艺技术，如电解水制氢和电裂解制烯烃等工艺。二是做小"分母"，即降低全厂或者装置的总能源消耗，特别是非电力能耗。实施节能改造也是提高企业终端电气化率的重要手段，特别是对于炼油和乙烯能效尚未达标的石化企业，应首选节能类的改造替代路径，重点考虑低温热高效利用、热泵应用等节能措施。

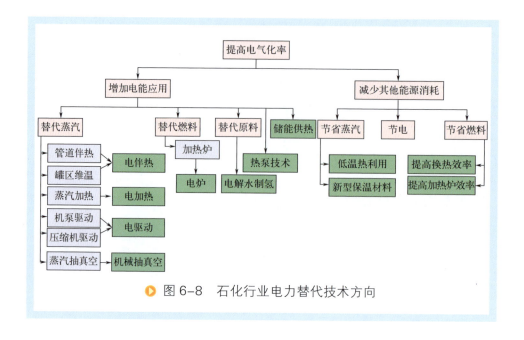

图 6-8 石化行业电力替代技术方向

6.2.1.1 蒸汽裂解装置电气化技术

基础化学品生产中，蒸汽裂解装置的作用至关重要，将碳氢化合物分解成烯烃和芳烃需要大量能量，采用电力替代传统化石燃料气体，开发蒸汽裂解装置电气化新技术，可解决依靠化石燃料燃烧产生的二氧化碳排放问题。随着能源电网朝着以可再生能源为主的方向发展，利用可再生电力加热蒸汽裂解炉或成为化学工业减少碳排放的主要途径之一。

未来电裂解炉效率和控制系统、炉体材料都是需要关注的重点。

（1）电裂解炉效率和控制系统

裂解炉是整个石化价值链中最大的二氧化碳排放源之一（图 6-9），电裂解炉是实现蒸汽裂解电气化的核心设备，电裂解炉的技术开发应综合考虑原料组分、能耗、收率、经济性等问题，其中提高效率降低能耗、与现有工艺控制系统融合等问题是未来需要解决的关键技术和主要研究方向。

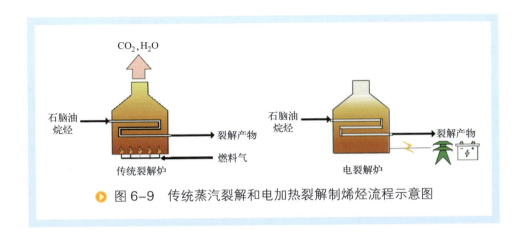

图 6-9 传统蒸汽裂解和电加热裂解制烯烃流程示意图

国内外裂解技术主要专利商（如 Linde）和许多裂解炉使用者（如壳牌、陶氏化学等）都在加速开发蒸汽裂解装置的电气化新技术。2020 年 6 月，陶氏化学公司与壳牌公司宣布了联合开发协议，双方在电气设计、冶金和计算流体动力学等方面取得进展，验证了低碳排放优势和电加热元件耐用性，并与荷兰应用科学研究组织（TNO）和可持续工艺技术研究所（ISPT）合作，加快电裂解技术的开发。目前双方正在评估建设一座电裂解试验工厂，预计 2025 年启动。2024 年 3 月巴斯夫、沙特基础工业公司与林德公司联合开发的全球首座大型电加热蒸汽裂解炉示范装置已在巴斯夫德国路德维希港一体化生产基地投产，这项新技术通过使用可再生能源发电，有望至少减少乙烯生产中 90% 的二氧化碳排放量。

热效率是评价裂解炉运行状况和节能降耗水平的重要指标，电裂解炉与传统裂解炉不同，不包含燃烧系统等，主要效率集中在电加热炉管的分布及型式设计，同时自动化控制系统也是提高炉效率的有效辅助手段。

（2）电裂解炉材料

裂解炉连续运行时间长，服役环境恶劣，单台裂解炉生产能力高，对炉管和炉体材质要求高。除了在长寿命和大功率电热炉的研究开发上寻求技术突破以外，还需在新型高效电热体材料、先进控制系统等方面做深入研究。电裂解炉由于受热特点、加热方式与传统裂解炉不同，对裂解炉的材料要求高，应充分研究双相钢、新型陶瓷材料等的适用性，确保电裂解炉长周期、安全稳定运行。

电裂解炉在高温、交变热应力和腐蚀介质的作用下长期工作，炉管材质、炉衬、保温隔热材料、涂层材料的选择是保证裂解炉高效稳定运行的关键因素，要求其具有良好的抗渗碳性能、耐腐蚀性能、高温蠕变断裂性能、抗热疲劳性能、抗氧化性能、导热性能以及铸造和焊接性能。

6.2.1.2 燃料型加热炉改电炉技术

燃料型加热炉每年大量排放二氧化碳，燃油燃气炉成本高，天然气供应量受限，难以实现大规模应用。电炉以占地面积小、无三废排放、热效率高等特点，在未来化工行业发展中占有优势。

燃料型加热炉电气化改造和大功率电炉规模化应用技术（图6-10）是指对现有燃料型加热炉进行技术改造，提高电炉适用性和推广可行性，尤其是大功率锅炉的替代，降低化工行业蒸汽成本。

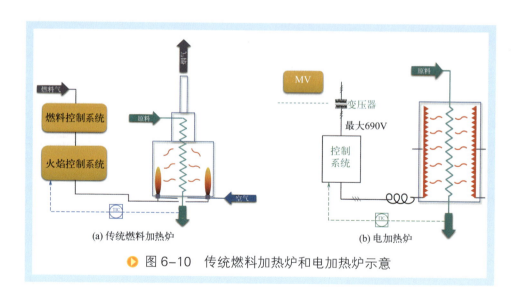

▶ 图6-10　传统燃料加热炉和电加热炉示意

蓄热式电锅炉是电炉的一种重要炉型，加入储能系统构成储能协调蓄热式电锅炉可消纳弃风弃光，利用谷值电（即用电低谷时段启动电锅炉加热，平段保温，高峰不用电）或可再生电力，降低运行费用，同时对电网的供电起到"移峰填谷"的作用，同时解决污染、锅炉效率低和运行费用高的问题，降低企业生产成本。蓄热式电锅炉能够提高电锅炉功率调节速度，解决可再生电力快速波动不匹配等问题是未来蓄热式电锅炉的主要研究方向。

燃煤燃油锅炉电气化改造和大功率电炉的规模化应用是提高电气化率的关键，电炉相对燃煤燃油锅炉来说没有燃烧单元，依靠电气元件通电后达到加热目的，改造技术复杂且目前改造成本高。电锅炉的加热方式有电磁感应加热和电阻式管状电加热元件加热两种，其中电阻式管状电加热元件加热方式热效率相对电磁感应加热方式效率高，但若大规模大功率应用，效率仍有较大的提升空间。因此，未来电锅炉的推广应用应重点关注煤油炉设备改造技术和电炉效率提高技术。

6.2.2 原油直接制化学品技术

原油直接制化学品技术（COTC）将最大限度利用石油的资源属性，与可再生能源相集成，颠覆了传统炼油/炼化一体化的工艺流程，将传统的"以油为主"过渡到"以化为主"的产业结构模式，理想的化学品收率可达 70%～80%，是石油化工未来的重点发展方向。

COTC 代表性技术有埃克森美孚技术和沙特阿美技术。

埃克森美孚技术创新点在于完全绕过常规炼油过程，将原油直接在蒸汽裂解炉中裂解，工艺流程大为简化。2014 年新加坡裕廊岛建成了全球首套商业化原油直接裂解制轻质烯烃装置，乙烯产能为 100 万吨每年，该装置以布伦特轻质原油为原料，将约 76% 的原料蒸汽裂解生产化学品。

沙特阿美使用一体化的加氢处理、蒸汽裂解和焦化工艺直接加工阿拉伯轻质原油，将 85% 的原料蒸汽裂解生产化学品，乙烯收率约 20%，化学品收率约 50%，该技术可将基本石化原料收率提高到 70%～80%，目前正在筹建工业化装置。沙特阿美正在同时研发热原油制化学品（TCTC）和催化原油制化学品技术（CCTC），沙特阿美韩国子公司S-Oil位于蔚山（Ulsan）的原油直接制化学品项目开工，计划2026年完工。该项目总投资约70亿美元，石化产品合计产能3.2Mt/a，将首次利用阿美和美国鲁姆斯公司TC2C™的原油热解制化学品技术（图6-11）。TC2C™技术将鲁姆斯乙烯技术、沙特阿美公司的分离和催化剂技术以及美国雪佛龙鲁姆斯全球公司（CLG）的加氢处理催化剂和反应器技术相结合，采用独特的一体化工艺将原油转化为高价值化学品，其中化学品收率高于70%。与其他原油直接制化学品技术相比，TC2C™技术无需原油常减压精馏装置，简化了原油转化过程，提高了化学品收率和能源效率，可降低成本30%～40%，减少CO_2排放量，同时TC2C™技术可处理低价值的淤浆油和热解油等，并最大限度地提高烯烃、芳烃产量。S-Oil公司石化产品收率将增加一倍（按体积计），从目前的12%增至25%，有望提高公司市场竞争力的同时降低运营成本。印度信实、日本住友等多家企业也投入原油制化学品项目的研发。

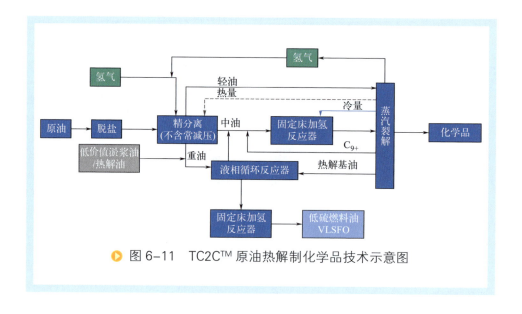

图6-11　TC2C™原油热解制化学品技术示意图

在我国，中石油、中石化、中海油等大型企业，中国科学院过程工程研究所，中国石油大学（华东）也相继开展研发工作。中海油天津化工研究设计院有限公司与中海油分子工程与海洋油气资源高效利用实验室基于分子工程理念开发了碱催化原油（重油）直接制化学品（DPC）技术，小试和中试试验表明，DPC 技术可以实现环烷-中间基原油中重质馏分的全部转化，具有干气和焦炭产率低、低碳烯烃和芳烃收率高的特点。未来 COTC 技术商业化将带来全球石化行业竞争格局的重大转变。

6.2.3 催化裂化烯烃定向转化技术

中国石油石油化工研究院通过强化催化裂化反应器中烯烃裂化反应和环烷烃的氢转移反应，开发了催化裂化烯烃定向转化技术（CCOC），开辟了一种新型汽油降烯烃的反应模式，技术对重油催化裂化主反应无不利影响，在汽油馏分烯烃含量大幅度降低的同时，维持辛烷值不变及尽可能小的汽油损失，成功破解了降烯烃和保持辛烷值这一制约汽油清洁化的科学难题。

CCOC 技术实现了降烯烃催化剂和降烯烃工艺的组合应用，首先通过采用硅铝羟基聚合反应控制及酸性位定向引入技术，低成本合成了大孔酸性载体材料，辅以离子配位改性技术，经减活处理后的材料比表面积保留率由 20% 提高到 85%，进而将烯烃含量高的催化汽油在催化提升管的特定位置与新型高活性催化剂在高温段进行大剂油比的裂解反应，实现汽油烯烃定向转化和对重油裂化反应的调控，在降低汽油烯烃含量的同时，保持汽油辛烷值基本不变。该技术在庆阳石化、兰州石化等企业已成功实现工业应用，汽油烯烃下降 5～12 个百分点，辛烷值基本保持不变，油品质量满足国ⅥA 和国ⅥB 车用汽油标准。

6.2.4 低能耗柴油液相加氢精制技术

柴油加氢精制是指在一定温度、压力和催化剂条件下,通过向催化柴油中加入过量的氢,以除去油品中的硫、氮、氧杂原子以及金属杂质,并使烯烃饱和,从而达到改善油品性能的目的。传统的柴油加氢精制装置氢油体积比较高,氢气单程转化率低,导致氢气循环量较大,维持氢气循环消耗的能量占柴油加氢装置总能耗的50%左右,造成能量的不必要消耗。

柴油液相加氢精制技术省去了循环氢压缩机,在保证反应性能的前提下,显著降低了柴油加氢装置的能耗。相比传统的滴流床柴油加氢精制技术,可实现装置能耗与碳排放降低50%以上。

目前国产化应用的柴油液相加氢技术主要包括中石化洛阳工程有限公司与抚顺研究院共同开发的液相循环加氢(SRH)系列技术(图6-12)和中石化研究院与中石化工程建设公司开发的连续液相柴油加氢(SLHT)技术(图6-13)。SLHT技术改变了进料方式,不再采用反应器

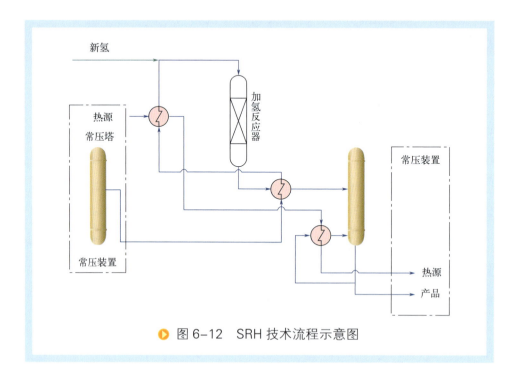

图 6-12 SRH 技术流程示意图

顶部进料，将国外液相加氢技术常用的下行式反应器改为上行式反应器，避免了气体流量小时气体浮力对反应器液位的影响，从本质上解决了液位控制的难题。新一代SRH技术将反应产物的大部分热量换热至原料中，取消了反应进料加热炉，大幅降低了装置占地面积，同时通过优化换热夹点，提高换热效率，增加进入分馏系统热量，提高了能量利用率。

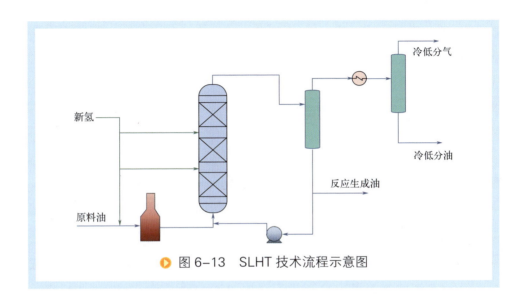

图 6-13　SLHT 技术流程示意图

6.2.5　石脑油与CO/CO_2耦合制芳烃技术

芳烃是用途广泛的一类基础化学品，目前主要通过石油资源生产。鉴于我国"富煤贫油"的能源禀赋现状，开展以煤为原料生产芳烃的研究具有重要的战略意义。以甲醇为代表的碳一化合物转化制芳烃的研究作为煤基芳烃的重要技术路线得到了广泛关注。

煤经甲醇制芳烃技术中由于氢转移反应的影响，芳烃的生成伴随着烷烃的生成，芳烃的选择性不高，制约了煤制芳烃技术的发展。为克服此难题，开展了甲醇-CO/CO_2的碳一化合物耦合制芳烃研究并取得了相关进展：首次发现在H-ZSM-5分子筛上甲醇与CO可以发生耦合反应，获得 80% 芳烃选择性，而且轻质芳烃（苯、甲苯和二甲苯）的选择性高达 65%。将上述研究成果进一步拓展，中国科学院大连化学物理研究所的研究团队采用酸性分子筛作为催化剂，将 CO_2 直接与轻质烷烃（石脑油）发生催化耦合反应，促进芳烃的生成，产物中芳烃选择性高达 80%。在特定条件下，约 75% 的 CO_2 转化为 CO，约 25% 的 CO_2 碳原子直接进入芳烃产物。

目前该技术已经完成实验室小试，正在开展催化剂放大实验以及研究如何进一步提升系统热耦合利用效率。

6.2.6 余热深度回收利用技术

炼油厂的余热是工艺设备分散布置导致装置间热量、物质不平衡的必然产物，炼厂余热主要指高于油品储存或工艺过程加热实际所需温度却未被利用的热量，可以全年连续或者间断提供。如何利用这部分能量是石油化工装置节能提效的关键技术之一。

目前，高温余热的利用技术已经成熟，低温余热利用技术尚不成熟，大量低温余热未能充分利用而造成能源浪费。在实际生产中，大量 85～150℃的低温余热不但得不到充分利用，还需要额外消耗空气或水对其冷却。如何充分利用低温余热是各炼厂降低能耗、节能挖潜的重要课题。

目前，低温余热的主要利用方式可分为同级利用和升级利用两种。①同级利用主要指用于炼油装置和物料的加热，如：仪表的伴热和塔底重沸器、油罐管道的加热以及生活采暖等；动力系统除盐水、新鲜水和低温加工装置原料、储运过程中油品的加热。②升级利用主要包括利用低温余热进行发电、制冷和海水淡化等。如何经济有效地将余热采集起来，并实现长距离输送、成套调配等，同时攻克材料性能、封装工艺等技术瓶颈，对换热设备及换热工质进行改进，都是有待解决的重要方向。

例如，某海岛炼油厂建了一套海水淡化装置，将该装置生产的部分淡水依次通过汽油冷却器、柴油冷却器、石蜡油冷却器和沥青冷却器换热升温，最终被加热成150℃、压力不小于0.5MPa的过热淡水，进入闪蒸器，部分快速地汽化，产生的初始蒸汽作为低温多效海水淡化装置蒸发器的动力蒸汽实现同级利用（如图6-14）。

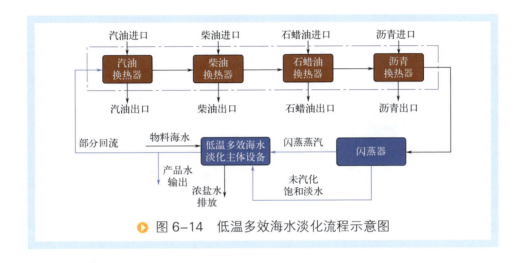

图6-14 低温多效海水淡化流程示意图

另一个典型的低温余热升级利用技术是有机工质朗肯循环（ORC）低温余热发电技术，其利用有机工作介质将余热流体中所携带的低品位热能回收，再利用膨胀机对外膨胀做功，膨胀功通过发电机转换为高品位电能，可以应用于热源温度较低的余热回收系统，具有流程简单、发电效率较高等特点。典型工艺流程如图6-15所示，主要设备包括：蒸发换热系统、膨胀发电机组、循环水系统和辅助系统等。

6.2.7 分离系统智能优化技术

石化行业包含众多复杂度极高的分离系统，除了龙头装置常减压装置之外，催化裂化、延迟焦化、加氢裂化等装置也都包含处理量大、结构复杂且工况变化频繁的复杂分离系统，其能耗占全厂总能耗的30%～50%，是石化企业节能降碳的重要优化环节。目前采用的分离系

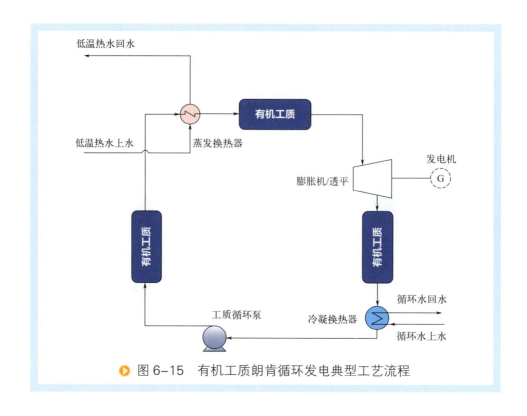

图 6-15 有机工质朗肯循环发电典型工艺流程

统节能优化策略包括高效塔内件开发、先进膜分离材料应用、不同分离技术耦合、分离设备的大型化等。随着石化行业自动化水平的提升，多数加工装置都实现了自动化控制，但控制参数及工艺设定值仍然以经验或半经验为主，对装置稳定运行及产品分布造成较大风险。随着人工智能和大数据技术的发展与应用，石化行业的智能化解决方案也越来越受到重视。采用人工智能和大数据挖掘手段，针对石化行业的复杂分离系统进行模拟与优化，对于石化企业提质增效、节能减排、技术创新均具有积极作用。

分离系统智能优化技术采用基于人工智能驱动的工艺优化算法，将工艺机理模型、人工智能模型和高效优化算法有机结合，在保障模型精确度和收敛性的前提下，提高模型运算速度，对生产工况和优化目标的调整给予及时响应，提供经济效益最大化（考虑能耗指标）的运行优化方案。

6.3 原料/燃料替代技术

6.3.1 化工行业绿氢替代技术

石化氢产业链发展的关键在于低碳和低成本，需要落实到氢气生产、储运和应用各环节。

氢气生产方面，目前我国主要以煤制氢为主，约占 62%；天然气制氢占比为 19%；石油制氢和工业副产气制氢占比为 18%；电解水制氢仅占 1%。"双碳"目标约束下，能源结构不断调整，可再生能源等绿色能源占比不断提高，电解水制氢等绿氢比例在氢气来源占比中将不断提高。石化产业和氢能产业链具有天然的联系和协同发展的优势，氢气既是石化产业的产品也是加氢等环节的原料，绿氢替代灰氢实现在石化行业的大规模应用是石油化工行业脱碳的必然选择，替代场景的选择与企业用氢规模、风光资源条件和地区产业布局等息息相关。

对于大型炼化企业或生产基地，按照"氢电一体、绿氢减碳"的发展方向，依托炼化基地大力开展集中式风电、光伏开发，布局大型可再生能源发电 - 制氢 - 储氢 - 利用项目。新疆库车 2 万吨每年绿氢项目已于 2023 年 6 月产出绿氢，项目所制绿氢就地供应塔河炼化替代天然气制氢，用于炼油加工，实现现代油品加工与绿氢耦合低碳发展（图 6-16）。项目通过自建电力专线，利用光伏发电直接制氢，同时建设储氢球罐实现氢储能以解决新能源发电不稳定性，保证下游用户用氢稳定性。鄂尔多斯 3 万吨每年绿氢项目已于 2023 年 2 月启动建设，项目通过风光耦合所制绿氢就地供应中天合创生产高端绿色化工材料，实现绿电绿氢耦合煤化工绿色低碳发展。乌兰察布一期 10 万吨每年（远期 50 万吨每年）绿氢项目所产绿氢通过 1100 多公里的管道输送至京津冀地区，市场覆盖北京燕山石化、石家庄炼化、天津石化等京津冀地区炼化企业，用于替代现有的化石能源制氢以及管道沿线的交通、工业用氢等，助力实现京津冀地区绿色低碳发展。

图 6-16　新疆库车绿氢示范项目制氢厂现场

对于用氢量小的化工企业，灵活分布式甲醇制氢、天然气制氢优势比较明显，可以利用现有的储氢基础设施和水、电等公用工程条件，减少建设成本，降低氢气成本，也可以减少因氢气运输增加的成本和安全风险。2022年11月，由青岛阳氢集团有限公司生产的全国首套量产型（200kg/d）甲醇制氢-加氢一体站在青岛市城阳区下线，并完成装机启动运行。2022年底由中国石化石科院自主研发的分布式甲醇制氢系统在中石化北方能源有限公司大连盛港加氢站内完成调试（图6-17），成功产出纯度99.999%的高纯氢气，该系统主体装置占地仅64平方米，为国内最小，同时集成了甲醇重整、催化氧化、过程强化、系统集成等多项科技创新成果。

分布式电解水制氢也是化工企业可以选择发展的模式，其主要成本是电力成本，由于电价不同，电力成本在总成本中的占比为70%～85%。化工企业分布式电解水制氢装置电力来源在考虑网电的同时，也可通过"可再生能源发电-电解水制氢-氢气应用"一体化模式就地发电制氢，以进一步降低电解水制氢成本，推动"绿氢"与化工生产融合发展。

> 图 6-17　中国石化首套分布式甲醇制氢系统

储氢方面，炼化行业将更多采用物理储氢方式，包括高压气态储氢、低温液态储氢等。高压气态储氢的成本较低，放氢较易，但其对耐高压容器和零件要求高，安全性较差。储氢罐内压力太高造成压缩过程能耗较大，使用过程中容易出现泄漏，存在安全隐患；过高的压力给氢气压缩、转换、连接部件等提出了更为严格的标准，解决泄漏、压缩转换过程部件的长周期可靠性是未来研究方向。液氢储存能耗较高，其经济性与储量的大小密切相关，实际应用中为了维持低温、高压的存储条件，对储罐材质要求高，需要配套冷却设备等，罐体的绝热材质、结构及配套的冷却设备是未来重点研究方向。新疆库车绿氢示范项目设置了10台 $2000m^3$ 气态储氢球罐，储氢能力 $21×10^4m^3$（标况），用来匹配 $2×10^4t/a$ 的电解水制氢系统。

运氢方面，在石化工业中氢气主要用于加氢脱硫和氢化裂解等装置来提炼原油，未来可再生能源制氢大规模开展以后，化工行业用氢可依靠管网输送绿氢。纯氢管道输送具有输氢量大、能耗小和成本低等优势，是实现氢气高密度、长距离运输的重要方式。但由于氢脆现象对钢材的要求高，氢气管道初始投资建设高，经济性好、性能优越的氢气管道输送新材料是未来管道输氢技术重要攻关方向。

6.3.2 电解海水制氢气技术

电解方法制氢依赖于高纯度的水,生产成本高,而且需要解决海水的腐蚀性问题。电解海水制氢技术(图6-18)节约了原料成本,燃烧时不产生污染物。采用新型催化剂将碳酸盐和硫酸盐分子整合在镍阳极上的铁镍涂层中,可解决海水腐蚀金属的问题。

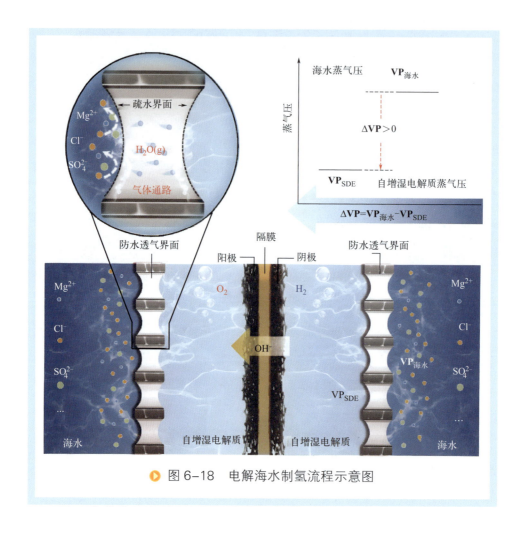

图6-18 电解海水制氢流程示意图

近日,由中国科学院大连化学物理研究所研究员王二东团队研发的 $1m^3/h$(标况)直接电解海水制氢装置(图6-19),完成了2000小时连续稳定运行，电解槽平均直流电耗 H_2（标况）4.04kW·h/m³，实现了标方氢每小时级直接电解海水制氢装置长时间稳定运行。

图 6-19　大连化物所新型直接电解海水制氢装置现场图

电解海水制氢技术的关键在于电极催化剂制备，以有效防止氯离子穿透造成电极腐蚀等。电极材料和膜材料是实现海水电解的关键问题，优化电解槽和电极材料从而提升性能并降低成本。氢气的安全储存与运输、电解海水制氢与后续氢利用过程的集成技术、低温低成本催化剂开发以提高能量转化效率和长周期稳定性，开发高效、稳定、廉价的海水电解技术是未来的发展重点。

6.3.3　生物航煤生产技术

生物燃料包括生物乙醇、生物丁醇、生物汽油、生物柴油和生物航煤等。全生命周期研究表明，采用可持续的航空燃料依然是航空运输业应对碳减排的主要选择。预计到 2030 年生物航煤使用比例将占航空煤油的 20% 以上。生物航煤是利用多种动物油脂为原料，采用加氢、催化技术等生产航空煤油，不仅可以降低碳排放，也为拓展非石油资源生产航空煤油提供新途径。同时，以木质纤维素等为原料合成高密度航空燃料与普通航空煤油相比，高密度航空煤油具有更高的密度和较低的凝固点，既可以作为现有化石基燃料的补充，也可作为添加剂改善其他航空燃料。

目前大部分生物航煤技术处于实验室小试阶段，需要对溶剂、催化剂及反应工艺等不断优化改进，未来扩展原料来源、提高装置适应性和长周期运行能力、提高技术经济性将是重点关注问题。2022 年 6 月中国首套生物航煤工业装置在中国石化镇海炼化首次产出生物航煤，该套生物航煤工业装置采用中国石化石油化工科学研究院自主研发的技术，以餐饮废油为原料，年设计加工能力为 10 万吨。

6.3.4 生物柴油技术

生物柴油是以生物质为原料经过化学反应得到的适合于压燃式发动机或加热用的生物液体燃料（图 6-20）。生物柴油的主要成分为脂肪酸甲酯和脂肪酸乙酯，既可以单独使用，也可以与石油炼制的车用柴油调和使用，是典型的绿色能源。在当前"碳达峰、碳中和"的背景下，生物

图 6-20 生物柴油全生命周期示意图

柴油由于具有原料来源广泛、燃料燃烧性能好、环保性能强及可再生等特性，拥有广阔的发展前景。无论是推动新型能源的更替，还是减轻对环境的污染都具有重要的战略意义。

生物柴油生产中，油脂原料经过预处理脱除部分杂质后进行加氢处理反应，在加氢处理反应过程中脱除原料中的O、S、N及其他杂原子，然后采用异构化反应来调整产品的凝固点。加氢法生物柴油与石油基柴油烃组成类似，可以任意比例调和，而且加氢技术制备的烃基生物柴油具有热值高、十六烷值高、低温流动性好等优点。与化石能源相比，烃基生物柴油具有实现可持续发展的独特优势，可与现代交通运输体系相融合，减少对化石能源的依赖。与石油基柴油相比，以废弃油脂生产的生物柴油全生命周期碳减排可达80%以上，在实现碳减排等方面具有重要意义。

6.3.5 生物基润滑油技术

我国润滑油生产和消费量巨大，98%以上由传统石油加工过程制备，润滑油泄漏、溢出、蒸发或不当处理会对自然环境造成严重污染。随着环境保护受到广泛重视，生物基润滑油因具有可再生、可生物降解、可适用于环境敏感区域的优点，成为润滑油行业的新增长点。

根据咨询公司Kline的最新预测，至少在未来10年里，14个主要市场的生物润滑剂需求将超过润滑剂整体需求增长，中国、加拿大和欧洲部分地区的需求预计将以更高的速率增长。Kline公司预计，未来10年美国、加拿大、巴西、法国、德国、意大利、英国、北欧各国、中国和韩国的生物润滑剂需求将以3.5%的复合年均增长率增长。这些地区的润滑剂需求总计占全球成品润滑剂需求的53%。

目前，生物润滑剂占成品润滑剂的比例不足2%。美国在生物润滑剂消费方面全球领先，其他依次是德国、韩国、加拿大和中国。从地区来看，北美占生物润滑剂总消费量的一半以上，欧洲占四分之一以上，亚太地区领先于南美。在我国，由石科院研制的生物基 GF-5 汽油机油采用生物基润滑油及功能添加剂高效复配技术，通过了理化性能测试、模拟评定测试和全部 7 个标准发动机评定试验，是目前我国唯一的具有核心自主知识产权的生物基 GF-5 发动机油技术；生物基液压油综合性能完全满足 ISO 15380 中 HEES 类别的全部指标要求，部分性能远优于指标要求。生物基汽油机油、生物基液压油全部通过生物毒性实验，生物降解率高于 60%。生物基润滑油技术不仅可以减少石油依赖，还可大幅降低产品生命周期碳足迹。

6.4 天然气转化利用

天然气直接或间接生产低碳原子数有机化工产品具有天然的优势，相比煤化工和石油化工具有产业链短、投资低和碳排放少等明显优势。天然气作为经济环保的绿色能源和化工原料，已经在全球引起广泛关注和推广使用。"双碳"目标下，天然气利用方式需要从传统燃料燃烧的有碳排放方式，转换为化工和材料为主的零碳排放方式。天然气化工利用技术包括直接利用和间接利用技术，通过重整制合成气后再进行化工利用的间接利用技术是最成熟、工业应用最广泛的天然气化工技术路线，但存在路线长、能耗相对高等问题，未来天然气化工将转向直接有效、过程绿色的转化利用。

6.4.1 天然气费−托合成制燃料/化学品技术

天然气经蒸汽重整等转化为合成气后，利用费-托合成技术将合成气（一氧化碳和氢气的混合气）在催化剂作用下转化为碳氢化合物，产物主要为直链的烷烃和烯烃（图 6-21）。随着石油资源的日益短缺，以及合成气来源的多样化，由费-托合成过程制备液体燃料和化学品受到越来越多的重视。近年来，我国费-托合成技术水平和产业规模进一步提升，但仍然存在一些问题，如能耗高、产物的选择性较差等。

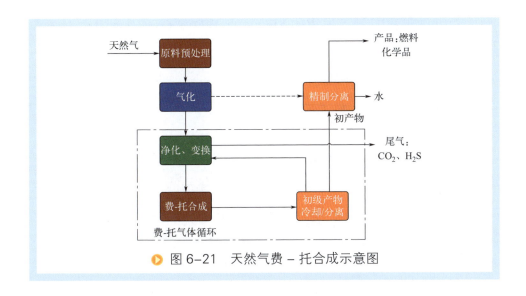

图 6-21　天然气费–托合成示意图

费-托合成反应的催化剂有铁催化剂和钴催化剂，铁催化剂具有高时空产率，而钴催化剂具有较高的选择性和稳定性。费-托合成技术核心是催化剂选择性的调控，即抑制甲烷等副产物的生成和提高目标烃类的含量。中国科学院山西煤化所提出光催化费-托合成，即通过施加光外场能够在较低温度下实现一氧化碳高效转化和产物选择性的控制。

开发高活性、高选择性费-托催化剂，提高铁基和钴基费-托合成催化剂的原料适应性、抗毒性能，并提高工业应用中的经济性是未来攻关重点。同时，非常规天然气和生物质资源的开发也推动了应用于小型费-托合成装置的钌基催化剂的研发，而控制选择性和改善稳定性是钌基催化剂设计的核心问题。

6.4.2　甲烷临氧反应制烯烃技术

甲烷临氧直接偶联合成乙烯和丙烯即甲烷氧化偶联（oxidative

coupling of methane，OCM）可在较温和的条件下进行。早在 1982 年，Keller 和 Bhasin 首次报道了 OCM 反应，随即引起了全世界催化学家的极大研究热情。到目前为止，已报道的 OCM 催化剂可达成百上千种，其中在 1992 年我国学者报道的 $Mn_2O_3\text{-}Na_2WO_4/SiO_2$ 催化剂是最具工业应用前景的催化剂：甲烷转化率可达 20%～30%，乙烯等烃类选择性可达 60%～80%。尽管如此，甲烷氧化偶联反应仍未实现工业化，主要原因一方面是烃类产品收率还不够理想，另一方面是反应温度仍然较高（800～900℃）。

为了降低 $Mn_2O_3\text{-}Na_2WO_4/SiO_2$ 催化剂的反应温度，科研人员开展了大量的研究，如图 6-22，通过改变载体、催化剂活性组分含量等降低反应温度，传统 $Mn_2O_3\text{-}Na_2WO_4/SiO_2$ 催化剂中的化学循环为"$MnWO_4 \rightleftharpoons Mn_2O_3$"，该循环只能在高温条件下实现，最新研究使用 $MnTiO_3$ 的生成代替了 $MnWO_4$，实现了"$MnTiO_3 \rightleftharpoons Mn_2O_3$"低温化学循环，能够将反应温度降至 650℃，并仍可获得 20% 以上的甲烷转化率和 60% 以上的乙烯等烃类选择性。

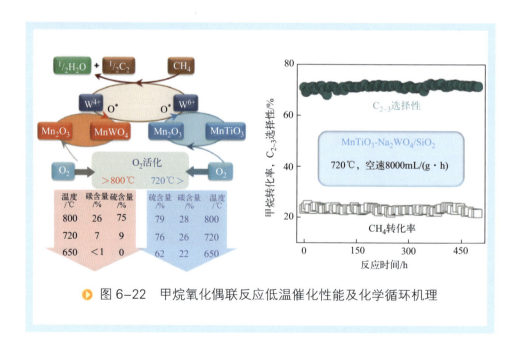

图 6-22　甲烷氧化偶联反应低温催化性能及化学循环机理

催化剂低温活性和稳定性问题是未来关注的重点,提高甲烷转化率和 $C_2 \sim C_3$ 选择性。

6.4.3　甲烷无氧芳构化技术

甲烷是天然气和煤层气的主要组分,分子构型高度对称,是自然界中最为稳定的碳氢化合物之一。长期以来,甲烷直接催化转化制备高品质液体燃料和化学品一直是化学研究的热点。甲烷直接催化脱氢转化为芳烃技术是指在无氧和连续流动下,甲烷在催化剂上直接转化为芳烃和氢。

甲烷无氧芳构化最早由大连化物所开始研究,近年来在世界范围内掀起了研究热潮,选择合适的催化剂体系可以使甲烷在较低的温度下(500~700℃)即可转化为苯等芳烃。该技术的开发对天然气的综合利用有重大的现实意义,能够最大化提高碳原子利用率,减少二氧化碳排放。

开发低温高效长寿命的催化剂、提高甲烷制芳烃的单程转化率、优化反应器模型开发、优化工艺流程、推动工业化进程,是该技术目前最主要的攻关方向。

6.4.4　甲烷无氧活化直接制烯烃技术

在"碳达峰、碳中和"的背景下,甲烷无氧直接制备烯烃/芳烃具有零二氧化碳排放、100%碳原子利用和富产氢等优势,是碳一化学和催化领域中的热点研究课题。甲烷无氧催化转化技术实现了甲烷在无氧条件下选择活化,一步高效生产乙烯等高附加值化学品。理论上讲,甲烷无氧催化转化技术规避了合成气环节,极大地降低了能耗,简化了工艺路线,CO_2 排放接近于零,碳原子利用效率达到了100%。

甲烷无氧催化转化技术实现高选择性甲烷转化,催化剂稳定性高,在天然气转化领域具有里程碑意义。在单管试验基础上,通过活性中心和反应机理研究,提高催化剂稳定性、甲烷单程转化率,提高催化剂对杂质物质的耐受程度,降低原料预处理要求,简化工艺流程;研究积炭形成机理,解决积炭导致的催化剂快速失活等问题,开发能够降低积炭形成速率、降低催化剂失活时间的高效催化剂是未来技术的主要研究方向。同时注重开展中试和工业试验装置建设,为工业推广应用奠定基础。

6.4.5 甲烷干重整制合成气技术

甲烷(CH_4)和CO_2是影响全球气候变化的主要温室气体,使用甲烷-二氧化碳干重整技术提供了一条转化CH_4和CO_2这两个难活化资源的技术路线,对于高效利用碳资源以及减缓温室气体排放具有重要的现实意义和经济价值(图6-23)。该技术利用CH_4和CO_2直接合成氢碳比小于1的合成气,可作为羰基合成或费-托(F-T)合成原料,也适用于合成气直接制烯烃(FTO)的路线,弥补了甲烷水蒸气重整过程中合成气氢碳比较高的不足。

▶ 图6-23 CH_4和CO_2干重整制合成气技术

化石能源的易获取性和低成本使得其耦合 CO_2 的转化利用技术近年来飞速发展，以天然气/非常规天然气、焦炉气、工业弛放气等富甲烷气与 CO_2 干重整为核心的转化利用技术在近期内会产生巨大碳减排潜力和经济效益。甲烷-二氧化碳干重整制备合成气主要优势为：①该过程将天然气化工大量存在的 CH_4 和 CO_2 转化为具有高附加值的化学品，具有巨大的经济效益；②该过程同时利用了 CO_2 和 CH_4 两种温室气体，具有一定的环保效益；③通过甲烷-二氧化碳干重整反应得到的合成气具有较低的氢碳比，有利于下游的工业应用。中国科学院上海高等研究院、潞安集团和荷兰壳牌公司三方联合开展了甲烷-二氧化碳干重整制合成气关键技术的研究，实现了全球首套甲烷-二氧化碳干重整万方级装置稳定运行，装置日转化率为60吨 CO_2，具备了工业化示范应用的条件，具有完全自主知识产权，技术处于国际领跑地位。该技术制备的合成气成本在500～600元每吨，与煤制合成气技术成本相当，较传统的水蒸气重整合成气降低20%。以甲烷-二氧化碳干重整耦合合成气直接制烯烃的情景分析为例，2020年各类烯烃产量约为740万吨，同时直接消耗 CO_2 约1020万吨。

未来应深入认识催化剂结构和性能与规模生产工艺参数之间的关系，实现耐高温、抗积炭、高效移热反应器开发优化，实现干重整技术的规模化应用。

6.5 石化行业碳捕集、利用与封存技术

碳捕集、利用与封存技术（CCUS）是石化行业绿色低碳发展的重要抓手，本节主要介绍 CO_2 地质封存利用、矿化封存利用、深海封存技术以及捕集利用技术在石化行业的开发应用进展。

总体来说，石化行业 CO_2 地质封存利用技术中，二氧化碳气驱强化

采油（CO_2-EOR）技术成熟，已有几十年的应用历史，是目前唯一达到了商业化利用水平，同时实现 CO_2 封存和经济收益的有效办法。CO_2 深海封存技术理论上潜力巨大，但仍处于理论研究和模拟阶段，不仅封存成本很高，在技术可行性和对海洋生物的影响上还需要更进一步的研究。CO_2 规模化利用技术（包括化石能源耦合 CO_2 的转化利用技术、零碳能源耦合 CO_2 的转化利用技术以及温和条件下 CO_2 直接转化利用技术等）近年来飞速发展，并可能在近期带来巨大碳减排潜力和经济效益。

国内三大石油公司中国石油、中国石化、中国海油都对该项技术充分重视并进行了相关部署。中国石油召开 CCS/CCUS 工作专题会，组织推动 300 万吨 CCUS 规模化应用示范工程建设，加强 CCUS 产业布局，加快 CCUS 规模化应用，推动油气业务向绿色低碳发展，力争 2025 年注入二氧化碳达到 500 万吨，产油量达到 150 万吨。中国石化方面，2022 年 1 月，我国首个百万吨级 CCUS 项目——齐鲁石化 - 胜利油田 CCUS 项目建成中交；华东油气田液碳公司与南化公司合作建设的 CCUS 示范基地分两期建成了 10 万吨每年的捕集装置。2021 年 8 月，中国海油首个海上二氧化碳封存示范工程在南海珠江口盆地正式启动，把海上恩平 15-1 油田群开发伴生的二氧化碳永久封存于 800 米深海底储层，每年封存约 30 万吨，总计超 146 万吨；2022 年 3 月将 CCUS 专项纳入集团公司"十四五"重大科研项目，将重点开展海上 CCUS 全流程技术示范项目。

从国际来看，欧美油气巨头的转型技术路径无一不涉及 CCUS 技术，壳牌宣布计划从 2024 年到 2025 年每年投资高达 10 亿美元用于氢能和 CCS 技术；雪佛龙计划未来 8 年投入 100 亿美元用于可再生燃料、氢能和 CCUS 等业务；埃克森美孚计划将 2027 年的低碳预算提升至公司总投资水平的 25%，并计划将 2030 年可再生燃料总产能提升至 20 万桶油当量每日。中东沙特阿美等石油公司也在推进 CCUS 技术，捕集的二氧化碳部分用于提高采收率，部分用于生产蓝氢。目前沙特阿拉伯、阿拉伯联合酋长国和卡塔尔的碳捕集能力超过 400 万吨每年，约占全球碳捕集总量的 10%。

第 7 章

石油天然气化工行业发展路线图

　　石化行业产品覆盖面广、产业关联度高，是支撑国民经济发展的基础性产业，同时也是典型的高耗能高碳排放行业之一，行业二氧化碳年排放量占全国总量的 4%～5%。

　　石油化工过程中二氧化碳的排放源可分为直接排放和间接排放两大类。直接排放分为燃烧排放、工艺排放和逸散排放，燃烧排放包括锅炉、加热炉、汽轮机和火炬等固定源的二氧化碳排放，工艺排放包括催化裂化、催化重整、制氢等装置生产过程中排放的二氧化碳，逸散排放主要指生产过程中各设备因泄漏导致的排放。间接排放是指外购的电、蒸汽因消耗化石燃料而产生的排放。

　　从政策角度看，2021 年 10 月，国务院印发《2030 年前碳达峰行动方案》，针对石化行业低碳行动明确提出，优化产能规模和布局，加大落后产能淘汰力度，有效化解结构性过剩矛盾；严格项目准入，合理安排建设时序，严控新增炼油和传统煤化工生产能力；引导企业转变用能方式，鼓励以电力、天然气等替代煤炭；调整原料结构，控制新增原料用煤，拓展富氢原料进口来源，推动石化化工原料轻质化；优化产品结构，促进石化化工与煤炭开采、冶金、建材、化纤等产业协同发展，加强炼厂干气、液化气等副产气体高效利用；鼓励企业节能升级改造，推动能量梯级利用、物料循环利用；到 2025 年，国内原油一次加工能力控制在 10 亿吨以内，主要产品产能利用率提升至 80% 以上。

2021 年 10 月，中共中央、国务院正式公布《关于完整准确全面贯彻新发展理念做好碳达峰碳中和工作的意见》，对未来四十年的碳中和工作进行了系统谋划和总体部署，明确 2025 年、2030 年、2060 年作为重要的转型时间节点，并设定了推进建设低碳循环发展经济体系、降低碳强度、提升非化石能源消费比重等低碳发展目标。

2022 年 2 月，国家发展改革委等四部委印发《高耗能行业重点领域节能降碳改造升级实施指南（2022 年版）》，明确提出推动炼油行业节能降碳改造升级，举措包括加强前沿技术开发应用，推动渣油浆态床加氢等劣质重油原料加工、先进分离、组分炼油及分子炼油、低成本增产烯烃和芳烃、原油直接裂解等深度炼化技术开发应用。绿色工艺技术，如采用智能优化技术，实现能效优化；采用先进控制技术，实现卡边控制。重大节能装备，如开展高效换热器推广应用，通过对不同类型换热器的节能降碳效果及经济效益的分析诊断，合理评估换热设备的替代/应用效果及必要性，针对实际生产需求，合理选型高效换热器，加大沸腾传热，提高传热效率。能量系统优化，如推动蒸汽动力系统、换热网络、低温热利用协同优化，减少减温减压，降低输送损耗；推进精馏系统优化及改造，采用智能优化控制系统、先进隔板精馏塔、热泵精馏、自回热精馏等技术，优化塔进料温度、塔间热集成等，提高精馏塔系统能量利用效率。氢气系统优化，推进炼厂氢气网络系统集成优化。采用氢夹点分析技术和数学规划法对炼厂氢气网络系统进行严格模拟、诊断与优化，推进氢气网络与用氢装置协同优化，耦合供氢单元优化、加氢装置用氢管理和氢气轻烃综合回收技术，开展氢气资源的精细管理与综合利用，提高氢气利用效率，降低氢耗、系统能耗和二氧化碳排放。

中国石化行业在"十三五"期间开启了以规模化和炼化一体化为主要方向的产业升级，但炼油规模扩大和乙烯产能增长等因素导致石化行业能源消费总量呈现上升态势（图 7-1）。《"十四五"工业绿色发展规划》

提出，到 2025 年，乙烯等重点产品单位能耗需达到世界先进水平，石化行业资源利用水平明显提高，助力推进完善绿色制造体系。

图 7-1　2010—2020 年中国石化行业能源消费情况

在"碳达峰、碳中和"的"双碳"目标约束下，石化行业不断优化产业与产品结构的同时，石油天然气化工行业减碳应坚持源头减碳、过程降碳、末端固碳方针，重点考虑石油炼制工艺流程再造、原料/燃料替代、CCUS、节能与过程强化技术等几个方向（图 7-2）。

2020—2030 年，重点推广过程强化等提质增效技术。

2030—2035 年，重点推广生物质等原料替代技术和工艺流程再造技术；推广石化行业电气化应用技术；提升 CCUS 技术部署规模，这期间可推广以燃烧后化学吸收为主的石油化工 CCUS 技术。

2035—2050 年，生物质等原料替代技术、工艺流程再造技术和 CCUS 技术在整个石化行业实现大规模商业推广，在石油化工行业侧重推广燃烧后化学吸附等技术；随着制氢-储氢-运氢技术的逐渐成熟，重点发展绿氢替代技术；大力发展捕集 CO_2 制备化学品、捕集 CO_2 矿化利用等捕集 CO_2 替代技术，实现化工行业的原料零碳化。

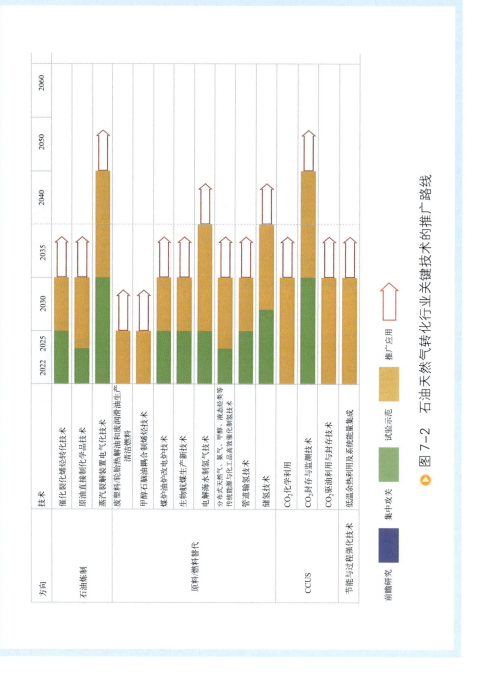

图 7-2 石油天然气转化行业关键技术的推广路线

2050—2060 年，持续推广电气化应用、原料替代、CCUS、工业流程再造、回收与循环利用等技术，实现化工行业近零排放。

不同产品的技术类型与技术成熟度差别较大，需根据各行业的实际情况进行部署。

第8章

"碳达峰、碳中和"目标下石油天然气行业发展展望

8.1 开采行业

（1）数字化、智能化技术加速渗透油气行业

2019年，数字化、智能化技术加速渗透油气行业。云计算、机器学习/人工智能及物联网是"油气工业4.0"的三大主题。云计算侧重于平台的部署以及与石油行业的结合和应用，相对于传统平台运行效率大幅提高。机器学习/人工智能侧重于油气行业数据的分析与利用，中国石油勘探开发研究院利用循环神经网络方法对5000多口井的数据进行分析，有效选取了举升方法，计算结果与现场实际的符合率达到了90.56%。物联网侧重于网络安全及无人机的应用，在网络安全问题分析的基础上，进行身份和访问管理框架设计，规避相应风险。

（2）纳米驱油技术将成为低渗透油藏长期稳定的利器

低渗透-致密油田注水补充能量困难，近1/3储层无法实现水驱，稳

产难度越来越大。纳米驱油技术可以减弱水分子间的氢键缔合作用力，更容易注入毛细管，注水可以波及普通水无法注入的低渗透区域，是低渗透油田大幅扩大波及体积的潜力所在。该技术可大幅度提高可采储量，成为低渗透油藏长期稳产的利器。

8.2　炼化行业

　　碳达峰、碳中和目标下，我国炼化行业面临发展与减碳双重挑战。一方面，随着经济发展和市场需求变化，化工品及新材料的需求持续快速增长，推动产能快速增长。"十四五"期间，我国仍将有多个炼化一体化项目建成投产，预计2025年我国炼油能力达9.8亿吨，乙烯总产能突破5000万吨，成为世界第一大炼油和乙烯生产国。另一方面，我国确立2030年前实现碳达峰、2060年前实现碳中和的目标，这就意味着炼化行业低碳发展是必然选择。未来炼化行业将主要呈现以下特点。

　　（1）原料向多元化发展

　　受"双碳"目标驱动，乙烷、丙烷和丁烷在原料中的占比增加；纤维素等非粮生物质原料得到广泛应用；以废塑料为主的废弃高分子材料实现低成本回收利用；甲烷、二氧化碳等碳一原料的使用有望实现突破。炼化生产将呈现石油、油田轻烃、乙烷、生物质、废高分子材料、二氧化碳、甲烷等原料的多元化供应格局。

　　生物制造从原料源头上减少碳排放是传统炼化行业绿色低碳转型升级的重要途径之一。以淀粉和油脂为代表的第一代生物制造处于成熟的商业化阶段。以木质纤维素（如玉米秸秆）为原料的第二代生物制造逐步进入中试和产业化示范阶段。纤维素是典型的非粮生物质原料，主要由碳、氢、氧元素组成，结构上与石油烃类具有较大相似性，可通过生物发酵或化学转化生产乙醇、航煤等液体燃料，也可经过糖类转化为乳酸、甘油、丁二酸、糠醛等平台化合物，最终生成碳二～碳六产业链下游产品。生物催化剂（纤维素酶）是生物制造的核心，也是影响生产成本的主要因素之一，目前该技术主要由诺维信和杜邦等公司垄断。纤维素本身能量密度低，加之纤维素酶成本高，因此经济性始终是制约生物制造产业发展的瓶颈。POET-DSM、杜邦、Abengoa、Iogen等公司先后进行了万吨级纤维素乙醇商业示范，但均未进行规模化生产。未来需开发高效、低成本的工业酶制剂，并建立稳定的原料供应体系，以支撑生物制造产业良性发展，助力炼化行业实现低碳绿色发展。

废塑料循环利用兼具减污与减碳的协同效应，已成为减少塑料污染、助力炼化行业迈向碳中和的重要举措之一。2019年和2020年我国废弃塑料累积量分别为6300万吨和7410万吨，回收量分别为1890万吨和1600万吨，回收利用方式主要是物理回收，回收率仅为30%和21%。2021年初以来，国家印发了《关于加快建立健全绿色低碳循环发展经济体系的指导意见》《"十四五"循环经济发展规划》《关于印发汽车产品生产者责任延伸试点实施方案通知》等多项政策法规，强调加强废塑料等再生资源回收利用，构建循环经济发展模式。化学回收技术的成熟和推广可减少原生料的消耗，继而减少化工原料需求，从而降低碳排放。另外，开发应用以低残值废塑料为原料的高效、绿色技术也是炼化企业践行生产者责任延伸最直接有效的方式。

甲烷一步法制乙烯技术具有工艺流程短、耗能少、反应过程本身实现了温室气体零排放等优势，一直很受关注。该技术主要包括甲烷氧化偶联（OCM）制乙烯和甲烷无氧一步法制乙烯、芳烃和氢气等产品两种路线，核心是催化剂，国内外许多研究机构做了大量工作，取得了一些进展，但一直未达到期望的效果。应加大甲烷制乙烯的研发投入力度，力争突破催化剂等核心技术和解决专用反应器、分离精制工艺及工程放大技术问题，早日实现工业化应用。

二氧化碳的资源化利用是实现发展和减碳的最好兼顾途径，在碳中和的过程中发挥巨大作用。二氧化碳资源化利用方式主要包括生物转化（光合）、矿化利用、化学品合成等。碳达峰、碳中和目标的确立，使得碳捕集、利用与封存技术受到更多关注，二氧化碳加氢制甲醇、二氧化碳定向转化合成聚酯等生产技术日趋成熟；以焦炭还原二氧化碳为一氧化碳，进而通过生物发酵生产甲醇、乙醇及后续产品的工艺路线及二氧化碳逆合成碳氢化合物的研究也正在开展。国际能源署预测，到2050年，碳捕集、利用与封存技术将贡献约14%的二氧化碳减排量。目前，我国二氧化碳年捕集、利用与封存量占年排放量的比重不到万分之二，成本高、效率低是重要制约因素。推动碳捕集、利用与封存技术的规模化发展，离不开政策支持、技术研发、模式创新等协同发力。

（2）产品向高端化、精细化、定制化方向发展

随着可再生能源产业快速发展，以及交通领域电动化变革的持续推进，我国炼化行业的生产重心将逐渐从保障成品油需求和质量升级转向生产化工产品、化工新材料及更清洁的交通运输能源、炼油特色产品并重，炼化一体化程度进一步提升。同时通过关停并转、优胜劣汰，最终形成与市场需求结构相匹配的产能。

2035年我国人均GDP较2020年将翻一番，化工品及新材料的需求将保持快速增长，推动产能扩增，石化原料在石油消费结构中占比将从2020年的18%提升到2035年的30%左右。高端装备、汽车制造、电子信息、新能源、节能环保、新型建筑、生物医用、智能电网、3D打印等战略性新兴产业的快速发展，带动高端合成树脂、高性能合成橡胶、工程塑料、可降解材料、电子化学品和高性能膜材料等新材料需求持续增长，也使得相关化工新材料的研发成为热点。

同时，随着经济的发展及人类生活水平的提高，健康、环保意识的日益增强，市场对产品的质量、品种和功能都将有更高、更新和更细化的要求，医疗、卫生防护、环保、新型建筑用等绿色材料的需求也越来

越多。在国家发展改革委发布的《产业结构调整指导目录（2024年本）》中明确提出，鼓励对经济社会发展有重要促进作用、有利于满足人民对美好生活需要和推动高质量发展的技术、装备、产品、行业。其中石化化工行业鼓励类有12大类，包括特种聚烯烃、改性橡胶、热塑性弹性体、新型精细化学品、生物高分子材料等。我国化工行业正在从生产大宗化学品向生产特种、精细、环境友好化学品转型，寻找更广阔的价值重构和再造的空间。

（3）过程用能持续向低碳化、电气化发展

在炼化生产过程中，化石燃料燃烧产生的排放占总排放的一半以上，为降低过程用能的碳排放，以低碳或者无碳燃料替代高碳燃料、供热供能电气化是必然趋势。在国家能源结构持续向非化石能源转型、清洁能源装机占比大幅提升的基础上，未来炼化生产过程用能将持续向低碳化、电气化方向发展。

（4）生产过程向集约化、高效化方向发展

"双碳"目标下，炼化企业将在降低能耗、减少排放、提高原油转化上下功夫，通过过程强化、工艺改进、技术组合、流程优化、分子管理等方式，保证能源和原料消耗最小化、装置运行效率和生产灵活性最大化，减少其他因素的限制，高效应对不断变化的发展环境。

优化装置设计和工艺流程、开发应用能源管理系统等，是节能减碳的重要途径之一。

化工过程强化技术是解决化学工业"高能耗、高污染和高物耗"问题的有效技术手段。其本质是在不同空间尺度上，通过一定的技术手段控制和改变物质时空分布、能量分布，从而实现物质、设备和过程在空间、时间和能量上的优化匹配。重点开展微反应器、超重力、微波、过程耦合等反应强化技术基础研究，实现分子传递和反应过程的多尺度灵活协调控制，使传热、传质、混合、宏观反应速率等得到迅速提高，有效推进化工领域的绿色低碳、可持续发展。

在分子水平认识石油、使用石油，实现对石油烃类分子的定向转化，可从本质上实现原油高效转化生产化学品。石油复杂体系分子组成的量化表征是化学领域的一大难题，基于分子组成的性质预测仍未形成完善的理论体系，分离与反应工艺过程的模拟还远未深入到分子层面。建立从分子水平认识石油及其转化率的平台，形成对石油中烃类的结构特征和核心化学反应规律的系统理论，开发出针对性强的高效催化剂和生产工艺，可实现石油烃分子的定向高效转化。

（5）运营管理向数字化、智能化方向发展

运营管理智能化是炼化企业降本增效、提升核心竞争力、实现高质量发展的重要措施之一。以物联网、大数据、云计算、人工智能为代表的新一代信息技术与传统炼化行业融合创新，支撑炼化行业高质量发展。数字化、智能化贯穿设计、建设、生产运维、经营管理、新产品开发、产品营销、技术支持与服务等全过程，从工艺流程优化、生产管控、供应链管理、设备管理、用能管理、HSE管理等几个方面，增强企业动态感知、优化协同、预测预警、科学决策的能力，实现企业卓越运营的目标。

智能化工厂的建设是一个系统工程，智能化的前提是数字化，数字化的前提是自动化。当前，炼化企业的信息化系统每天都会产生海量数据，但由于物理设备和初期规划的原因，这些数据在采集和存储过程中并没有采用统一协议，无法顺利地开展大数据分析，极大地制约了智能化转型的实施。应统一新旧装置中的传感器等电子设备，使采集的数据在精度、实时性等方面具有相当水平，构建统一的数据采集和存储协议，使之成为石油化工企业智能化转型的基础设施。对于现役装置，在自动化向数字化、智能化升级的过程中，要尽可能地考虑成本节约与效益提升这两大要素。

要同时推进炼化智能化相关技术研发，包括炼化流程中工艺参数的超精密测量技术、炼化全流程设备物联网技术、多层次建模和仿真技术等关键技术，为炼化企业智能化转型提供硬件和软件方面的技术支撑。

2022年，全球石化行业盈利水平有所下降，但整体仍在高位运行。行业动向表现为石化产能布局靠近市场，化工产品需求仍将持续增长，石化原料更加多元化、轻质化，绿色低碳技术和产品得到推广与应用，企业智能化发展力度加大。未来石油化工技术的发展主要集中在两个方向：一是催化新材料与新技术的研发与推广应用；二是发展绿色工艺、低碳工艺，实现化工生产全过程的绿色化。

第二篇
煤炭开采与燃烧篇

第 9 章

煤炭开采领域概述

煤炭的形成有不同的解释，其中最被普遍接受的是远古时期植物的枝叶和根茎在地面上堆积而成一层极厚的黑色腐殖质，由于地壳的变动不断地埋入地下，长期与空气隔绝，并在高温高压下，经过千百万年来一系列复杂的物理化学变化等因素，形成黑色可燃沉积岩。煤炭是地球上蕴藏量最丰富、分布地域最广的化石燃料。

9.1 煤炭开采概述

9.1.1 煤炭的分类

为更充分、合理地利用煤炭，科学家早在 16 世纪就对煤炭分类进行研究。19 世纪，随着工业革命开展，煤炭利用方式增加、利用规模扩大，迫切要求对煤炭进行分类，以指导和预测煤炭利用。19 世纪末，英国科学家塞勒以煤的元素分析为基础，用碳元素和氢元素作为分类指标，提出了煤科学的四分类，分别为褐煤、烟煤、半无烟煤和无烟煤。该分类方法基于实验室测验指标，实现了煤的初步分类。虽然随后其在此基础上又进行了系列改进，但因为该分类体系未能对煤炭的工业利用产生实际指导，该分类方法并未得到广泛应用。但该套分类方法中的一些分类原则、名词术语和研究范式仍然对后续煤分类研究产生重要影响。

随着工业革命的进一步推进，体现科学与工业利用的紧密结合成为指导煤炭分类的主要趋势。在各个煤炭利用方式中，煤炭焦化过程对煤炭的性质要求最高，叠加钢铁工业的快速发展，使得20世纪以来各个国家的煤炭分类大都以炼焦煤为主。以炼焦煤为主的煤炭分类体系普遍采用表征煤化程度的挥发分指标和表征焦化性能的黏结特性作为分类标准。

（1）中国煤炭分类

新中国成立以后，我国参照苏联煤炭分类体系，到1956年出台了全国统一的，以炼焦煤为主的煤分类方案（以下简称"国标56"）。随后，随着煤炭利用技术提高，煤科学研究内容深入，于1986年由多家单位共同研究制定国家标准《中国煤炭分类》（GB 5751—1986）。该分类方法修正了"国标56"煤炭分类中的不足与缺陷，但以炼焦煤为主的分类原则仍未改变。2009年对GB 5751作了修订，成为GB/T 5751—2009，由强制性标准变为推荐性标准，除书写格式有所变动外，其核心内容没有改动，这体现了1986年煤炭分类体系的完善性。除此之外，随着地质勘探、煤炭国际贸易发展，相应出现了煤层煤分类和商业编码分类，但煤炭分类标准仍然是应用最广泛的煤种划分体系。

《中国煤炭分类》先根据干燥无灰基挥发分（V_{daf}）等指标，将煤炭分为无烟煤、烟煤和褐煤；再根据干燥无灰基挥发分及黏结指数（G）等指标，将烟煤划分为贫煤、贫瘦煤、瘦煤、焦煤、肥煤、1/3焦煤、气肥煤、气煤、1/2中黏煤、弱黏煤、不黏煤及长焰煤。具体见表9-1～表9-5。

表9-1 无烟煤、烟煤及褐煤分类表

类别	代号	编码	分类指标	
			$V_{daf}/\%$	$P_M/\%$
无烟煤	WY	01,02,03	≤10.0	—
烟煤	YM	11,12,13,14,15,16	>10.0~20.0	—
		21,22,23,24,25,26	>20.0~28.0	
		31,32,33,34,35,36	>28.0~37.0	
		41,42,43,44,45,46	>37.0	
褐煤	HM	51,52	>37.0[①]	≤50[②]

① 凡 $V_{daf} > 37.0\%$, $G ≤ 5$, 再用透光率 P_M 来区分烟煤和褐煤（在地质勘查中，$V_{daf} > 37.0\%$，在不压饼的条件下测定的焦渣特征是1~2号的煤，再用 P_M 来区分烟煤和褐煤）。

② 凡 $V_{daf} > 37.0\%$, $P_M > 50\%$ 者为烟煤；$30\% < P_M ≤ 50\%$ 的煤，如恒湿无灰基高位发热量 $Q_{gr,maf} > 24 MJ/kg$，划为长焰煤，否则为褐煤。恒湿无灰基高位发热量 $Q_{gr,maf}$ 的计算方法见下式：

$$Q_{gr,maf} = Q_{gr,ad} \times \frac{100(100 - MHC)}{100(100 - M_{ad}) - A_{ad}(100 - MHC)}$$

式中 $Q_{gr,maf}$ ——煤样的恒湿无灰基高位发热量，J/g；
$Q_{gr,ad}$ ——一般分析试验煤样的恒容高位发热量，J/g；
M_{ad} ——一般分析试验煤样水分的质量分数，%；
MHC——煤样最高内在水分的质量分数，%。

表9-2 无烟煤亚类的划分

类别	代号	编码	分类指标	
			$V_{daf}/\%$	$H_{daf}/\%$[①]
无烟煤一号	WY1	01	≤3.5	≤2.0
无烟煤二号	WY2	02	>3.5~6.5	>2.0~3.0
无烟煤三号	WY3	03	>6.5~10.0	>3.0

① 在已确定无烟煤亚类的生产矿、厂的日常工作中，可以只按 V_{daf} 分类；在地质勘查工作中，为新区确定亚类或生产矿、厂和其他单位需要重新核定亚类时，应同时测定 V_{daf} 和干燥无灰基氢含量（H_{daf}），分亚类。如两种结果有矛盾，以按 H_{daf} 划亚类的结果为准。

表9-3 烟煤的分类

类别	代号	编码	分类指标			
			$V_{daf}/\%$	G	Y/mm	$b/\%$[②]
贫煤	PM	11	>10.0~20.0	≤5		
贫瘦煤	PS	12	>10.0~20.0	>5~20		

续表

类别	代号	编码	分类指标			
			V_{daf}/%	G	Y/mm	b/%②
瘦煤	SM	13 14	>10.0~20.0 >10.0~20.0	>20~50 >50~65		
焦煤	JM	15 24 25	>10.0~20.0 >20.0~28.0 >20.0~28.0	>65① >50~65 >65①	≤25.0 ≤25.0	≤150 ≤150
肥煤	FM	16 26 36	>10.0~20.0 >20.0~28.0 >28.0~37.0	(>85)① (>85)① (>85)①	>25.0 >25.0 >25.0	>150 >150 >220
1/3焦煤	1/3JM	35	>28.0~37.0	>65①	≤25.0	≤220
气肥煤	QF	46	>37.0	(>85)①	>25.0	>220
气煤	QM	34 43 44 45	>28.0~37.0 >37.0 >37.0 >37.0	>50~65 >35~50 >50~65 >65①	≤25.0	≤220
1/2中黏煤	1/2ZN	23 33	>20.0~28.0 >28.0~37.0	>30~50 >30~50		
弱黏煤	RN	22 32	>20.0~28.0 >28.0~37.0	>5~30 >5~30		
不黏煤	BN	21 31	>20.0~28.0 >28.0~37.0	≤5 ≤5		
长焰煤	CY	41 42	>37.0 >37.0	≤5 >5~35		

① 当烟煤黏结指数测值 $G ≤ 85$ 时,用干燥无灰基挥发分 V_{daf} 和黏结指数 G 来划分煤类。当黏结指数测值 $G > 85$ 时,则用干燥无灰基挥发分 V_{daf} 和胶质层最大厚度 Y,或用干燥无灰基挥发分 V_{daf} 和奥阿膨胀度 b 来划分煤类。在 $G > 85$ 的情况下,当 $Y > 25.00$mm 时,根据 V_{daf} 的大小可划分为肥煤或气肥煤;当 $Y ≤ 25.0$mm 时,则根据 V_{daf} 的大小可划分为焦煤、1/3 焦煤或气煤。

② 当 $G > 85$ 时,用 Y 和 b 并列作为分类指标。当 $V_{daf} ≤ 28.0\%$ 时,$b > 150\%$ 的为肥煤;当 $V_{daf} > 28.0\%$ 时,$b > 220\%$ 的为肥煤或气肥煤。如按 b 值和 Y 值划分的类别有矛盾时,以 Y 值划分的类别为准。

表9-4 褐煤亚类的划分

类别	代号	编码	分类指标	
			P_M/%	$Q_{gr,maf}$/(MJ/kg)①
褐煤一号	HM1	51	≤30	—
褐煤二号	HM2	52	>30~50	≤24

① 凡 $V_{daf} > 37.0\%$,$P_M > 30\% \sim 50\%$ 的煤,如恒湿无灰基高位发热量 $Q_{gr,maf} > 24$MJ/kg,则划为长焰煤。

表9-5 中国煤炭分类简表

类别	代号	编码	分类指标					
			V_{daf}/%	G	Y/mm	b/%	P_M/%[②]	$Q_{gr,maf}$[③]/(MJ/kg)
无烟煤	WY	01,02,03	≤10.0					
贫煤	PM	11	>10.0~20.0	≤5				
贫瘦煤	PS	12	>10.0~20.0	>5~20				
瘦煤	SM	13,14	>10.0~20.0	>20~65				
焦煤	JM	24 15,25	>20.0~28.0 >10.0~28.0	>50~65 >65[①]	≤25.0	≤150		
肥煤	FM	16,26,36	>10.0~37.0	(>85)[①]	>25.0			
1/3焦煤	1/3JM	35	>28.0~37.0	>65[①]	≤25.0	≤220		
气肥煤	QF	46	>37.0	(>85)[①]	>25.0	>220		
气煤	QM	34 43,44,45	>28.0~37.0 >37.0	>50~65 >35	≤25.0	≤220		
1/2中黏煤	1/2ZN	23,33	>20.0~37.0	>30~50				
弱黏煤	RN	22,32	>20.0~37.0	>5~30				
不黏煤	BN	21,31	>20.0~37.0	≤5				
长焰煤	CY	41,42	>37.0	≤35			>50	
褐煤	HM	51 52	>37.0 >37.0				≤30 >30~50	≤24

① 在 G > 85 的情况下，用 Y 值或 b 值来区分肥煤、气肥煤与其他煤类，当 Y > 25.0mm 时，根据 V_{daf} 的大小可划分为肥煤或气肥煤；当 Y ≤ 25.0mm 时，则根据 V_{daf} 的大小可划分为焦煤、1/3焦煤或气煤。

按 b 值划分类别时，当 V_{daf} ≤ 28.0% 时，b > 150% 的为肥煤；当 V_{daf} > 28.0% 时，b > 220% 的为肥煤或气肥煤。如按 b 值和 Y 值划分的类别有矛盾时，以 Y 值划分的类别为准。

② 对 V_{daf} > 37.0%，G ≤ 5 的煤，再以透光率 P_M 来区分其为长焰煤或褐煤。

③ 对 V_{daf} > 37.0%，P_M > 30% ~ 50% 的煤，再测 $Q_{gr,maf}$，如其值大于 24MJ/kg，应划分为长焰煤，否则为褐煤。

（2）其他地区煤炭分类

① 欧洲。欧洲国际煤分类标准综合反映了煤的变质程度和加工利用途径，被国际能源署（International Energy Agency，IEA）采用。IEA 根据煤的变质程度，如煤的挥发分、发热量、黏结指数、固定碳等指标，以及煤的加工利用途径将煤分为无烟煤、炼焦煤、其他烟煤、次烟煤、

褐煤等五类（表9-6）。IEA 煤炭分类标准也被用于政府间气候变化专门委员会（Intergovernmental Panel on Climate Changenter，IPCC）编制的《国家温室气体清单指南》，对全球煤炭分类影响深远。

表9-6　IEA煤炭分类及其内涵

分类	内涵
无烟煤	无烟煤是一种高煤阶煤，主要用于工业和居民设备，其挥发分一般低于10%，碳含量较高（固定碳高于90%），且恒湿无灰基高位发热量大于23865kJ/kg（5700kcal/kg）
炼焦煤	炼焦煤是一种可用于高炉生产焦炭的烟煤，恒湿无灰基高位发热量大于23865kJ/kg（5700kcal/kg）
其他烟煤	其他烟煤指用于动力以及其他非炼焦用途的烟煤，其特征是挥发分大于无烟煤（大于10%）以及含碳量低于无烟煤（固定碳低于90%），且恒湿高位发热量大于23865kJ/kg（5700kcal/kg）
次烟煤	次烟煤不具有结焦性，挥发分大于31%，且干燥无水无矿物质基高位发热量大于17435kJ/kg（4165kcal/kg）、小于23865kJ/kg（5700kcal/kg）
褐煤	褐煤不具有结焦性，其干燥无水无矿物质基高位发热量小于17435kJ/kg（4165kcal/kg）

② 美国。美国材料与试验协会（American Society of Testing Materials，ASTM）根据美国国内煤炭性质，建立了一个以煤阶为基础，分阶式对单一煤种以商业为目的的分类标准（表 9-7）。煤质划分指标主要为挥发分、固定碳和发热量，辅以黏结性煤质指标。美国煤炭共分为无烟煤、烟煤、次烟煤和褐煤等四大类，随后根据煤质指标细分为十三小类。烟煤一般都具有黏结性，可用作炼焦用煤。

表9-7　美国煤炭分类与指标

大类别	小类别	V_{dmmf}/%	FC_{dmmf}/%	$Q_{gr,\ dmmf}$/（MJ/kg）	黏结特性
无烟煤	超无烟煤	>0~2	≥98		不黏结
	无烟煤	>2~8	≥92~98		不黏结
	半无烟煤	>8~14	≥86~92		不黏结
烟煤	低挥发分烟煤	≥14~22	≥78~86		通常是黏结的黏结
	中等挥发分烟煤	≥22~31	≥69~78		
	高挥发分A烟煤	≥31	<69	≥69	
	高挥发分B烟煤			30.2~32.5	
	高挥发分C烟煤			26.7~30.2	

续表

大类别	小类别	V_{dmmf}/%	FC_{dmmf}/%	$Q_{gr,dmmf}$/（MJ/kg）	黏结特性
次烟煤	A次烟煤			24.4～26.7	不黏结
	B次烟煤			22.0～24.4	不黏结
	C次烟煤			19.3～22.0	不黏结
褐煤	褐煤A			14.6～19.3	不黏结
	褐煤B			<14.6	不黏结

数据来源：陈鹏，《中国煤炭性质、分类和利用》。

注：V_{dmmf}为干燥无矿物质基挥发分含量，FC_{dmmf}为干燥无矿物质基固定碳含量，$Q_{gr,dmmf}$为干燥无矿物质基高位发热量。

（3）面向碳排放估算的煤炭分类

基于国际国内煤炭分类特征，复旦大学提出了符合我国用煤实际、便于煤炭相关碳排放估算的煤炭分类体系，具体见图9-1。

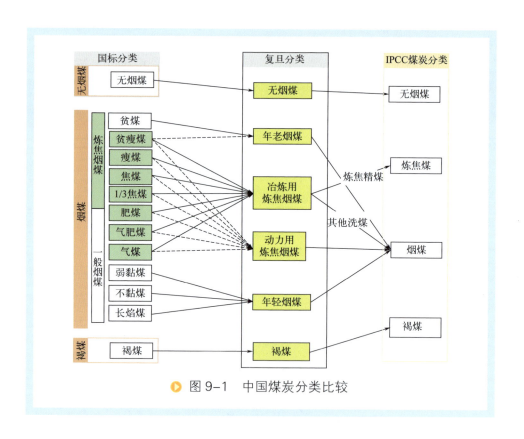

▶ 图9-1 中国煤炭分类比较

9.1.2 煤炭的开采方式

根据煤炭资源赋存情况,煤矿开采方法分为露天开采和井工开采(地下开采),示意图见图 9-2。

图 9-2 露天开采与井工开采示意图

露天煤矿煤层的地表覆盖层较浅,挖开地表层即可进行采煤,危险系数较低。在露天煤矿开采煤炭,首先要移走煤层上覆的岩石及覆盖物,使煤敞露地表而进行开采。其中移去土岩的过程称为剥离,采出煤炭的过程称为采煤。露天采煤通常将井田划分为若干水平分层,自上而下逐层开采,在空间上形成阶梯状。

井工煤矿煤层埋藏较深,必须掘进到地层中进行采煤。井工开采首先需要从地面向地下挖出通道,一般至少有两个通道。当井筒挖至预定深度后,在此标高及其上方开挖一系列的巷道和硐室,为煤炭开采服务。根据地层特征,开拓方式分为立井开拓、斜井开拓、平硐开拓和综合开拓。井工开采工况复杂,危险系数高。

9.1.3 煤炭的碳排放强度

煤炭碳排放因子是体现煤炭碳排放强度的参数,一般用单位热值的碳含量体现。IPCC 基于 IEA 统计体系和 OECD 国家的煤炭质量数据，提出了分煤种煤的低位发热量（$Q_{net,ar}$）和潜在碳排放因子（EFp），具体见表 9-8。

表9-8 IPCC推荐分煤种热值与二氧化碳排放因子

煤种	$Q_{net,ar}$/(kcal/kg)			EFp/(t/t)			C_{ar}/%		
	缺省值	较低	较高	缺省值	较低	较高	缺省值	较低	较高
无烟煤	6377	5159	7691	2.88	2.77	2.96	71.6	55.7	88.6
炼焦煤	6735	5732	7404	2.77	2.56	2.97	72.8	57.1	85.6
其他沥青煤	6162	4753	7285	2.77	2.62	2.92	66.6	48.6	83.0
次沥青煤	4514	2747	6210	2.82	2.72	2.93	49.5	29.1	71.0
褐煤	2842	1314	5159	2.97	2.67	3.36	32.8	13.6	67.6

注：1. 1kcal=4.1868kJ。
2. C_{ar} 为收到基碳含量。

中国国家温室气体清单编制部门根据国内煤炭煤种生产与消费结构、煤质情况，给出煤炭的综合碳排放因子推荐值为 2.66tCO$_2$/t（标煤），可用于缺少煤种分类和煤质数据时的碳排放估算过程。

9.1.4 煤炭产业链

根据煤炭从原煤开采到终端消费环节，整理了煤炭产业链，如图 9-3 所示。

① 毛煤开采。毛煤是指从地上或地下煤矿中采掘出来的未经任何加工处理的煤，是煤的最原始状态。

② 原煤。毛煤经过简单加工处理，去除肉眼可见的石块、黄铁矿等之后的煤。

③ 洗选加工。是利用煤和杂质的性质差异，采用物理、化学等方法有效分离煤和杂质，形成满足特定煤质要求的洗煤产品的煤炭加工过程。根据入洗煤的煤种、可洗特性、市场煤质要求，形成了满足不同用途的不同品质的煤炭产品。在实际洗选加工中，主要分为炼焦煤洗选和动力

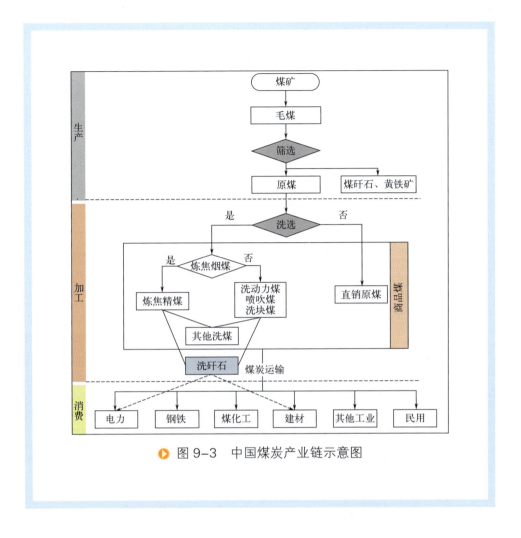

图 9-3 中国煤炭产业链示意图

煤洗选。随着钢铁工业喷吹煤技术发展,用低灰的无烟煤、贫煤和年轻烟煤替代焦炭的需求增加,高炉喷吹煤洗选过程也逐渐增加。

④ 炼焦煤洗选。指以炼焦原煤为入洗原料煤,经过洗选、分级等加工处理之后,生产出符合炼焦要求(低灰)的炼焦精煤。在煤炭产品分类中,按照炼焦精煤的利用途径,又细分为冶炼用炼焦精煤和其他用炼焦精煤。由于炼焦精煤经济价值比动力煤价值高很多,因此在炼焦精煤洗选过程中多以生产炼焦精煤为目标。炼焦煤洗选除生产炼焦精煤以外,还包括洗中煤和洗矸石。洗中煤是指干基灰分 A_d 在 40%～49% 的煤炭,

是洗炼焦精煤之后的剩余产品。在煤炭供应紧张时期，洗中煤会与原煤混合，作为洗混煤销售、消费。洗矸石是指洗选过程中排出的干基灰分 $A_d > 49\%$ 的产品。按照煤炭产品标准，该部分产品已经不能够归类为"煤炭"，一般作为大宗废弃物处理。但在煤炭供应紧张时期，也存在将矸石混入煤炭销售、消费的情况。

⑤ 动力煤洗选。动力煤是指利用途径为燃烧的煤，主要与炼焦煤相区分。随着煤炭利用途径多样化，高炉喷吹煤、化工原料煤等需洗选。但在习惯上仍然将上述两种煤洗选划入动力煤洗选。动力煤洗选以生产满足市场要求的煤炭产品为主，通过洗选实现矸石去除，以及不同粒度、灰分煤炭产品的划分。洗选主要产出物为洗动力煤、少部分煤泥和矸石。煤泥通常回收后混入原煤销售、消费。

⑥ 商品煤销售。商品煤是指可在市场交易，并最终消费的煤。按照国家标准规定，灰分 $A_d \leqslant 40\%$ 的煤炭才可作为商品煤进行销售。煤炭品种包括洗精煤、洗动力煤和未经洗选的原煤（混煤）等。

⑦ 煤炭消费。主要为以煤炭为燃料、原料的各个工业部门、三产部门和民用部门。工业部门中电力、钢铁、化工、建材是我国煤炭消费的四个最主要部门。

9.2 世界煤炭开采与趋势

9.2.1 世界煤炭资源现状

煤炭是目前全球储量最为丰富、分布最为广泛且使用最为经济的能源资源之一。

截至 2020 年年底，全球已探明的煤炭储量为 1.07 万亿吨，从国家来看（如图 9-4 所示），美国是全球煤炭储量最丰富的国家，占全球总储量的 23.2%，俄罗斯占比 15.1%，澳大利亚占比 14.0%，中国占比 13.3%，印度占比 10.3%，以上五个国家储量之和占全球总储量的 75.9%；前十大国家煤炭资源储量占全球 91.0%。

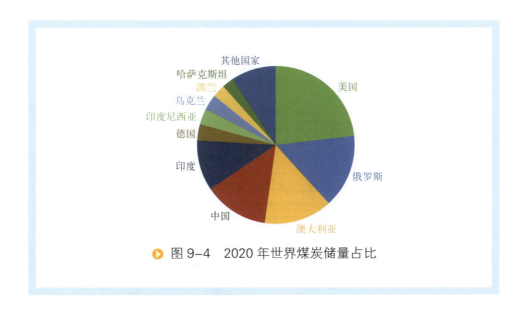

图 9-4　2020 年世界煤炭储量占比

9.2.2　世界煤炭开采历史

人类对煤炭的开采利用具有很长的历史，最早可追溯到公元前。但直到 17 世纪后，随着工业革命发展，传统木柴已经难以满足日益增长的燃料需求，煤炭逐渐取代木柴成为主要能源，煤炭开采工业才开始发展。

纵观煤炭开采历史，1800 年以来大致可分为 5 个阶段，具体见图 9-5、图 9-6。

（1）早期的煤炭产业（1840 年工业革命以前）

蒸汽机的发明更加巩固了煤炭在能源中的地位，从 18 世纪 60 年代英国工业革命起，煤炭开始成为世界工业化的动力基础，也成为世界主要能源之一。英国在工业革命以后，煤炭开采水平一直处于领先地位，并最早完成从手工生产向机械化生产的过渡。

（2）煤炭产业的诞生和快速发展期（19世纪40年代至20世纪早期）

此时在英国英格兰中部、德国鲁尔区、美国阿巴拉契亚区等地，形成了以煤炭为基础的大工业基地。1913年世界煤炭总产量达13.41亿吨，比1860年增加了7倍，占世界一次能源总产量的92.2%，从而进入了能源"煤炭时代"。当时英国是世界煤炭第一大国，1913年英国煤炭产量达到历史最高水平2.92亿吨，其中有1/3出口。

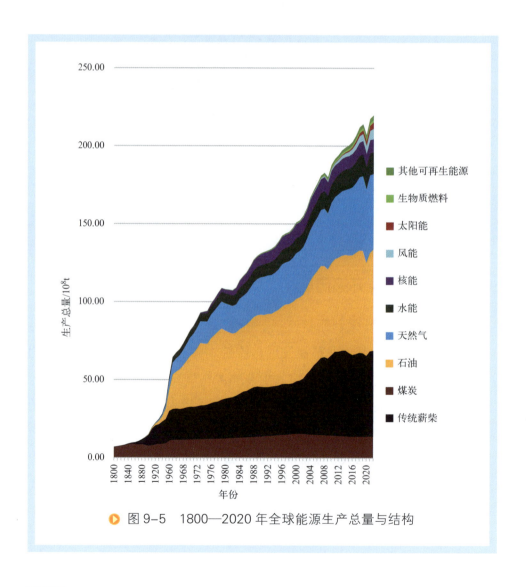

图9-5　1800—2020年全球能源生产总量与结构

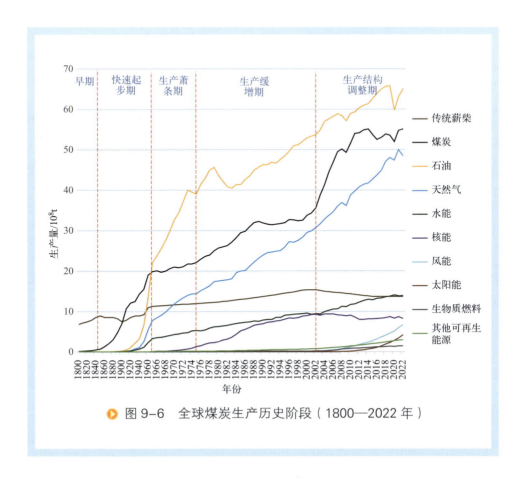

图 9-6 全球煤炭生产历史阶段（1800—2022 年）

（3）煤炭产业萧条期（1950 年至 1973 年）

从 20 世纪 20 年代开始，世界能源结构逐渐由煤炭转向石油和天然气，煤炭产量增长缓慢。从 1950 年到 1973 年，煤炭生产进入萧条时期，20 多年间煤炭产量只增长了 12.2%。生产停滞的主要原因：一是进入 20 世纪 50 年代后石油发展迅速，60 年代初发生了能源消费结构的第二次大变革，1950—1973 年是石油的黄金时代，煤炭在世界能源系统中的地位迅速下降，1966 年被石油超过而退居第二位，结束了以煤炭为主要能源的"煤炭时代"；二是煤炭开发历史久，开采条件恶化，投资大、效益低，为此一些传统煤炭生产国弃煤开油，致使世界煤炭工业走向萧条。

第 9 章 煤炭开采领域概述

（4）煤炭产业生产缓增期（1974年至2000年）

1973年第一次石油危机以后，世界各国为摆脱石油危机，寄希望于煤炭，于是出现了转机，煤炭重新受到重视，生产和利用都有很大发展。以微电子技术为先导的世界新技术革命的成果迅速渗透到煤炭领域，使这一古老的传统产业发生巨大的变革，从根本上改变了煤炭工业的面貌，劳动生产率成倍提高，生产成本明显下降，安全状况大为改善。洁净煤技术的研究开发使煤炭成为更加干净、高效和廉价的能源。

（5）煤炭产业结构调整期（2000年至今）

2000年以后，随着中国加入世界贸易组织，经济实现快速发展，带动国内煤炭产量快速增长，从2000年15亿吨左右达到2022年45.6亿吨，带动全球煤炭产量上升。此外，其他发展中国家经济发展也带动了全球煤炭需求。2020年全球能源消费总量下降，煤炭消费总量下降2.9%；2021年能源消费总量反弹上升，带动煤炭消费总量上升。

9.2.3　世界煤炭产量

（1）全球煤炭产量总量

2000年以来全球主要国家和地区煤炭产量如图9-7所示。2000年以前，全球煤炭产量缓慢增长，1981—2000年的年均增长率为0.97%；2000年开始，在亚太地区（尤其是中国）的带动下，全球产量从2000年的47.1亿吨加速上行至2013年的82.6亿吨，涨幅75%，复合增长率4.4%。从2014年开始，全球煤炭产业进入深度调整期，产量连续3年下滑，2014—2016年全球煤炭产量分别为81.8亿吨、79.5亿吨、74.8亿吨，同比分别下降0.9%、2.8%和5.9%。2017—2019年产量止跌回升，2019年生产煤炭81.3亿吨，复合增长率2.8%。2020年年底全球煤炭产量77.4亿吨，同比下降4.8%。2021年全球煤炭产量恢复至81.7亿吨，2022年俄乌冲突导致全球能源危机，煤炭产量大幅上升，达到88.0亿吨，较2021年上升7.7%，是2000年以来增长幅度最高的年份。

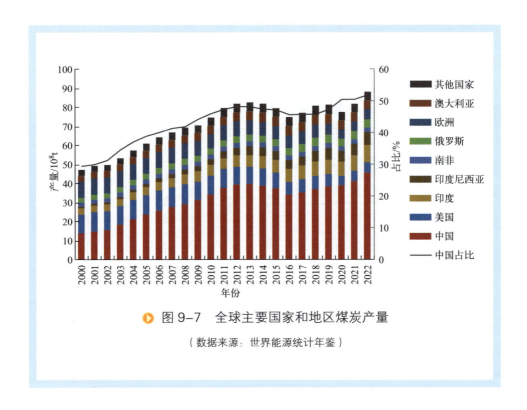

图 9-7 全球主要国家和地区煤炭产量

（数据来源：世界能源统计年鉴）

分国家看，2020 年全球前十大煤炭生产国分别为中国、印度、印度尼西亚、美国、澳大利亚、俄罗斯、南非、哈萨克斯坦、德国、波兰。十国合计煤炭产量占比从 2000 年的 84.84% 逐年提升至 92.3%（71.5 亿吨）。其中，中国产量占比达到 51%、美国占比 6.3%、澳大利亚占比 6.2%、俄罗斯占比 5.2%、印度占比 7.3%、印度尼西亚占比 7.3%。中国煤炭生产一家独大的局面还将持续。

（2）全球煤炭产量分煤种结构

根据 IEA 的分煤种数据看（具体见图 9-8），2011 年以来，其他烟煤是全球生产最多的煤炭品种，占全球煤炭产量超过 60%。其次是炼焦烟煤和次烟煤，2020 年各占 13.8% 和 10.4%。褐煤 2020 年产量占比 8.7%，占比快速下降。无烟煤产量很小且稳定，占全球比重近 1.2%。IEA 煤种划分与我国不同，国内无烟煤煤种在 IEA 煤种划分结构中为其他烟煤，且国内部分年老褐煤划入 IEA 分类中的次烟煤。

第 9 章 煤炭开采领域概述

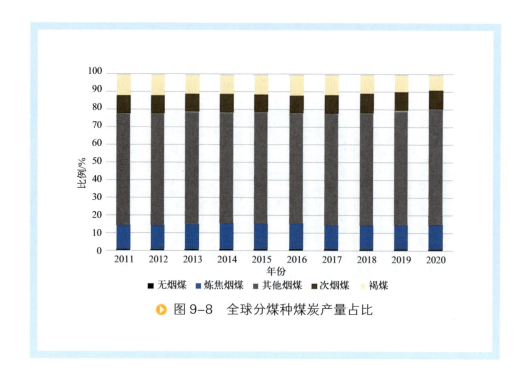

图 9-8　全球分煤种煤炭产量占比

9.2.4　世界煤炭开采趋势预测

煤炭开采随着煤炭需求发展。当前已经有不同研究机构对全球能源未来发展进行了展望，均认为未来几十年煤炭消费量会下降。国网能源研究院比较了不同机构不同情景下预测的煤炭到 2050 年的消费量。根据各机构绿色低碳转向力度设置了不同情景，分别为：延续发展、变革转向、目标倒逼 2℃ 和目标倒逼 1.5℃。其中，"延续发展"情景下，煤炭消费占全球能源比重将从目前的 25% 左右下降到 20% 以下。在"变革转向"情景下，煤炭占比将持续下降，普遍下降到 15% 以下。在"目标倒逼 2℃"情景下，煤炭需求快速下降，普遍下降至 4%～13%。在"目标倒逼 1.5℃"情景下，煤炭占比将下降到 2%～3%。

国网能源研究院在《全球能源分析与展望 2021》报告中指出，全球煤炭需求已经在 2014 年达峰（56 亿吨标准煤），在 2025 年以后稳步下降。

基准情景下，全球煤炭需求在 2025 年前会略有增加，但不会超过 2014 年峰值，到 2030 年回落到 2020 年水平，之后持续下降，到 2060 年，煤炭消费需求较 2020 年下降 45%。净零承诺情景和 2℃情景下，到 2060 年，全球煤炭需求下降至 2020 年水平的 25% 和 10%。具体见图 9-9。

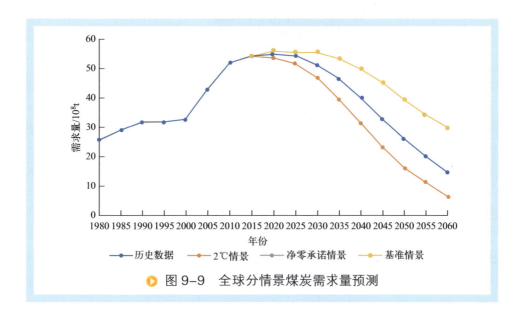

图 9-9 全球分情景煤炭需求量预测

9.3 中国煤炭资源与开采情况

9.3.1 中国煤炭资源情况

（1）中国煤炭资源总量

如图 9-10 所示，煤炭是我国资源储量最丰富的化石资源，2022 年煤炭剩余资源可采储量占煤炭、石油、天然气资源剩余可采储量总和的 91%，造就了我国"富煤、贫油、少气"的资源禀赋和能源生产结构。

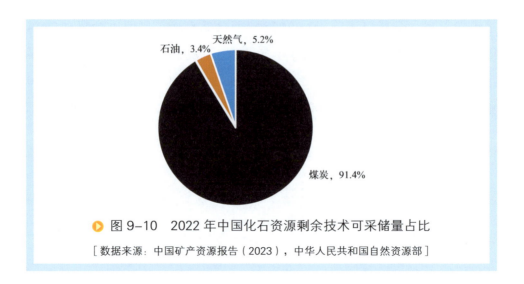

图 9-10　2022 年中国化石资源剩余技术可采储量占比

[数据来源：中国矿产资源报告（2023），中华人民共和国自然资源部]

（2）中国煤炭资源分布

中国煤炭资源丰富，除上海以外其他各省（区、市）均有分布，但分布极不均衡。地理上煤炭资源主要分布在北方的大兴安岭-太行山、贺兰山之间的地区和西南地区的贵州、云南、四川三省。各省（区、市）中，预测资源储量主要集中在新疆、内蒙古和山西，分别占全国预测资源储量的 40%、27% 和 9%。前十省（区、市）占全国煤炭资源预测储量超过 95%，具体见图 9-11。

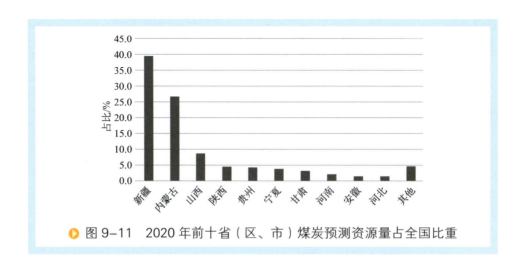

图 9-11　2020 年前十省（区、市）煤炭预测资源量占全国比重

具备开采价值的基础储量主要分布在山西、内蒙古，分别占全国基础储量的37%和20%，超过全国一半。新疆由于地处内陆，远离消费市场，煤炭资源开采程度较低，基础储量仅占7%。陕西煤炭基础储量占全国6%，也具有较大发展空间。

9.3.2　中国煤炭开采历史

我国是世界上最早利用煤炭的国家，煤炭是我国的主体能源和重要工业原料。1912年以来我国煤炭产量见图9-12。新中国成立之初，以200多处小型煤矿为基础发展煤炭工业，总产量仅有3243万吨。煤炭在我国能源结构中占比高达95%以上，是名副其实的推动新中国不断发展的"动力之源"。1953年"一五"计划开始后，我国煤炭工业通过不断改造旧煤矿、建设新煤矿，到1957年产煤1.31亿吨，到1965年全国煤炭产量为2.32亿吨，到1978年实现6.18亿吨。

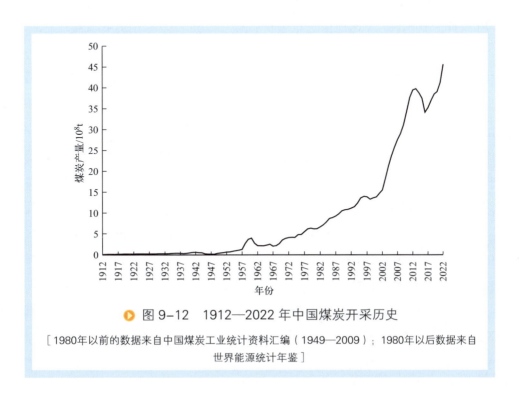

● 图9-12　1912—2022年中国煤炭开采历史

[1980年以前的数据来自中国煤炭工业统计资料汇编（1949—2009）；1980年以后数据来自世界能源统计年鉴]

改革开放以来，我国煤炭工业机械化、信息化、自动化、智能化程度不断提升，逐步构建起了较完备的煤炭工业体系，煤炭工业在我国能源结构中的主体地位不断巩固。1998年我国原煤产量达到12.5亿吨后逐年增长，2013年达到39.69亿吨，之后开始下降。2020年我国煤炭消费占比已降到56.8%，但煤炭作为主体能源的地位不会改变，煤炭作为基础能源的作用将继续彰显。2020年以后，随着俄乌冲突导致全球能源市场动荡，为保障能源安全，我国加大了煤炭资源的开采利用。2021年我国煤炭产量达到41.3亿吨；2022年煤炭产量进一步增长到45.6亿吨，较2021年增长10.5%。

9.3.3 中国煤炭产能总量与分布

（1）中国煤炭产能

经过长期发展，我国能源行业已经建成了规模巨大的生产能力，持续保障了我国煤炭供应。但由于煤炭行业长期粗放式发展，煤矿存在"量多面广"的特征，尤其是存在一批生产规模小、生产方式粗放和安全隐患高的落后产能。2016年，受能源结构调整等因素影响，煤炭需求大幅下降，供给能力持续过剩。国务院出台了《关于煤炭行业化解过剩产能实现脱困发展的意见》，提出从2016年开始，用3至5年的时间，再退出煤炭产能5亿吨左右、减量重组5亿吨左右，较大幅度压缩煤炭产能，适度减少煤矿数量，煤炭行业过剩产能得到有效化解，市场供需基本平衡，产业结构得到优化，转型升级取得实质性进展。到2019年，据国家能源局披露，全国25个产煤省区在产煤矿产能36.32亿吨每年，基本保障我国煤炭供应，但呈现阶段性偏紧的局面。据煤炭工业协会估计，2019年我国煤炭产能52.7亿吨。2019年全国煤矿减少到5300座，较2010年减少了近1万座，大幅度提高了煤炭开采集中度。2022年煤矿数量继续下降到0.44万座。我国煤矿数量年度变化趋势见图9-13。值得指出的是，煤矿数量减少并不影响煤矿产能。2020年以来，随着国际局势动荡，煤炭作为我国主体能源的"保供稳价"作用凸显，煤炭产能加速增加。

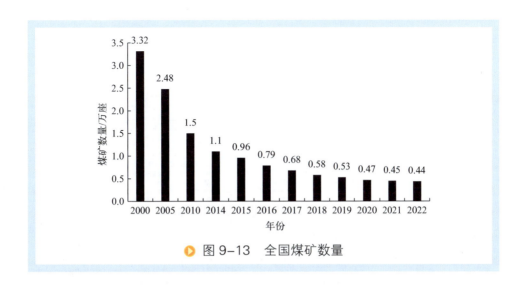

图 9-13 全国煤矿数量

为进一步优化我国煤炭资源开发布局，2016 年底，国家发布《全国矿产资源规划 2016—2020 年》，提出重点建设神东、晋北、晋中、晋东、蒙东（东北）、云贵、河南、鲁西、两淮、黄陇、冀中、宁东、陕北、新疆等 14 个煤炭基地，并划定了 162 个国家规划煤炭矿区。

如表 9-9 所示，2018 年，14 个大型煤炭基地共有在产煤矿 2409 座，占全国在产煤矿的 45.5%，主要集中在云贵、蒙东（东北）、神东基地。14 个大型煤炭基地在产煤矿产能 26.5 亿吨，占全国在产煤矿产能的 75%。煤矿平均规模达到 110 万吨每座，其中陕北、两淮、宁东、晋北和神东是大型煤矿集聚地区。近几年，煤矿新增产能持续向三北地区集中。

表9-9 全国大型煤炭基地煤矿数量与产能

序号	基地名称	在产煤矿/座	占比/%	实际产能/10⁴t	占比/%	煤矿平均规模/10⁴t
1	神东	305	5.8	47199	12.9	155
2	晋北	127	2.4	26585	7.3	209
3	晋中	274	5.2	25576	7.0	93
4	晋东	204	3.8	22283	6.1	109

续表

序号	基地名称	在产煤矿/座	占比/%	实际产能/10⁴t	占比/%	煤矿平均规模/10⁴t
5	蒙东（东北）	315	5.9	32574	8.9	103
6	云贵	562	10.6	15497	4.2	28
7	河南	147	2.8	8395	2.3	57
8	鲁西	91	1.7	13150	3.6	145
9	两淮	42	0.8	10684	2.9	254
10	黄陇	111	2.1	13699	3.8	123
11	冀中	30	0.6	5798	1.6	193
12	宁东	18	0.3	4302	1.2	239
13	陕北	123	2.3	32707	9.0	266
14	新疆	60	1.1	6796	1.9	113
	基地合计	2409	45.5	265245	72.7	110
	全国合计	5300	100	365000	100	69

数据来源：我国大型煤炭基地开发利用现状分析。

开采方式上，全国在产煤矿中，采用地下、露天和地下/露天联合3种开采方式的煤矿分别有2914座、218座和15座。2022年全国露天煤矿产量突破10亿吨，达到10.57亿吨，占全国煤炭产量23%。

基地内采用这3种开采方式的煤矿分别有2196座、202座和11座。地下开采方式在全国和大型煤炭基地中占比分别为90.6%和91.2%；露天煤矿主要集中在神东、蒙东和云贵3个基地，分别有127座、29座和16座，占全国实际在产露天煤矿数量的58.3%、13.3%和7.3%。

大型煤炭基地中采用地下、露天和地下/露天联合3种开采方式的煤矿产能分别是21.8亿吨、4.5亿吨和0.2亿吨。可见，无论在数量占比还是实际产能占比上，地下开采是我国煤矿的主要开采方式，而露天开采方式主要集中在神东、蒙东和云贵基地，对煤炭产能贡献较大。

（2）中国煤炭产量

我国是世界上煤炭生产量最大的国家，2022年中国煤炭产量占全球产量比重超过一半，达到52%，具体见图9-14。

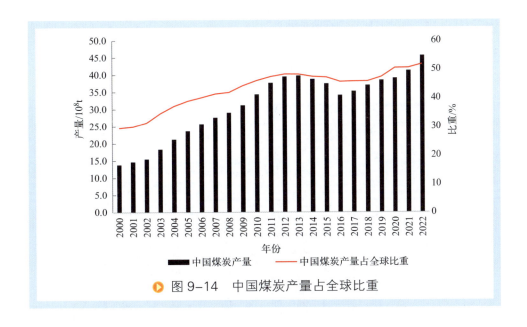

图 9-14 中国煤炭产量占全球比重

2021年煤炭生产持续偏紧，兜底保障作用凸显，年度产量创历史新高。2021年煤炭主体能源定位得到进一步明确，全年能源保供任务艰巨，在多方共同努力下有效发挥了能源"压舱石"和"稳定器"的作用，全年煤炭产量达到41.3亿吨，同比增长5.7%，并创历史新高，为做好"六稳""六保"工作、推进经济社会高质量发展提供坚强保障。进入2022年，随着全球地缘政治不确定性增大，能源供应安全风险加剧，煤炭的保供稳价需求更为迫切。煤炭产量稳步上升，为保障全国能源安全和经济发展奠定了基础。

从煤炭生产区域来看，2021年煤炭生产进一步向晋陕蒙集中。山西、内蒙古、陕西是我国煤炭生产大省（区），2010年三省（区）原煤产量合计占全国比重超过一半。2010年以后，煤炭生产重心进一步向晋陕蒙集聚，到2021年，三省（区）原煤产量占全国比重达到72%，其中山西、内蒙古产量就超过全国一半。此外，新疆作为国内煤炭储量最大的地区，是国内煤炭资源接续地区。近年来随着西部大开发持续推进，东部地区煤矿产能退出，新疆加大了煤炭资源开采力度，到2021年，新疆原煤产量占全国比重上升至8%，原煤产量较2010年增长两倍多。具体见图 9-15。2021 年，山西、内蒙古、陕西、新疆四省（区）原煤产量 32.5 亿吨，占全国 80%，同比提高 1.6 个百分点，东部地区原煤产量持续下降。

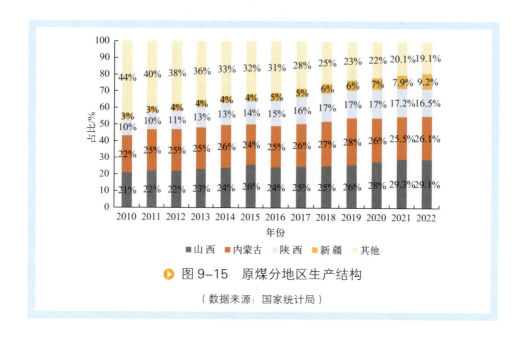

图 9-15 原煤分地区生产结构

（数据来源：国家统计局）

煤矿产能加速向大型企业集中。2010 年以来煤炭行业集中度明显提升，特别是 2016 年供给侧改革之后，2017 年同比上升了 4 个百分点。前十大生产企业原煤占全国比重从 2010 年的 28% 上涨到 2020 年的 52%（图 9-16）。2021 年全国原煤产量企业集中度进一步上升，超 3000 万吨企业共 20 家。其中，3000 万～5000 万吨企业 5 家，5000 万～1 亿吨企业 9 家，1 亿～2 亿吨企业 1 家，2 亿～4 亿吨企业 4 家，5 亿吨以上企业 1 家。全国年产原煤超亿吨企业分别是国家能源集团、晋能控股集团、山东能源集团、中煤能源集团、陕煤集团、山西焦煤集团。前八家大型企业原煤产量 20.3 亿吨，占全国近一半（49.1%），同比提高 1.5 个百分点。原煤产量前六家企业产量合计约为 18.5 亿吨，较上年增加约 1.7 亿吨，占 2021 年新增产量的 74%。

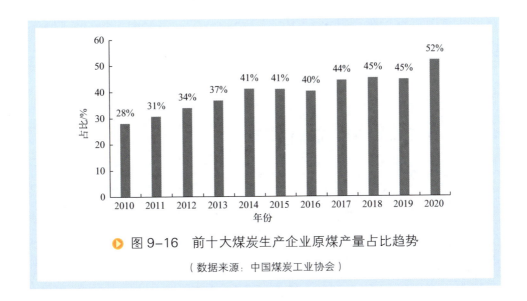

图 9-16 前十大煤炭生产企业原煤产量占比趋势

（数据来源：中国煤炭工业协会）

如图 9-17 所示，2010 年以来，煤炭行业固定投资总量逐年增加，到 2012 年达到峰值，为 5286 亿元。2013 年我国煤炭产量达到历史峰值，随后随着供给侧结构性改革，煤炭产能供过于求。2013 年以后，煤炭行

图 9-17 煤炭开采行业固定资产投资趋势

（数据来源：Wind）

业固定投资逐渐下降，到2017年下降到2648亿元，较2012年峰值下降了一半。考虑到单位建矿成本上升，新增投资带来的新增煤矿产能更为有限。2017年以来，随着煤炭需求增加，煤炭行业固定投资逐渐上升。

9.3.4　中国煤炭开采面临的问题

总体上看，煤矿点多面广、产业集中度低的问题得到了较大缓解，但是我国政府承诺力争2030年前实现碳达峰、2060年前实现碳中和，能源结构调整步伐加快，煤炭消费总量、强度双控政策措施将更加严格，煤炭在一次能源消费结构中的比重还将持续下降。煤炭总量增长空间越来越小，将倒逼煤炭行业必须转变长期以来依靠产量增加、规模扩张、价格上涨的发展方式，必须推动转型升级，提升发展质量。

从煤炭行业自身改革发展实际和未来发展方向分析，还面临一些突出的矛盾和问题。

一是矿区可持续发展面临挑战。尽管我国已建成了一大批现代化煤矿，培育形成了一大批具有较强竞争力的大型煤炭企业，但受煤炭资源赋存条件、企业特点和区域性差异的影响，煤炭资源开采条件差、开采历史长的老矿区和资源枯竭型企业经济效益差、人才流失严重、转型发展困难。

二是煤炭产能总体宽松与结构性紧张并存。传统的东北、京津冀、华东、中南、西南等主要产煤地区产量大幅下降，全国煤炭生产越来越向晋陕蒙地区集中，受季节性煤炭供需格局变化、水电出力不均衡、风电光伏不稳定等多重因素影响，全国煤炭产能总体宽松与区域性、品种性和时段性供应紧张的问题并存。

9.3.5　中国煤炭开采趋势

长期以来，煤炭为国家的经济发展提供了充足而坚实的能源保障。

煤炭作为中国唯一自主可控的化石能源，将随全国能源生产消费结构变化而调整。

据大连化物所低碳战略研究中心预测，到 2030 年我国煤炭消费仍然维持在 40 亿吨高位，国内煤炭产量仍需保持在 38 亿吨左右，具体见图 9-18。

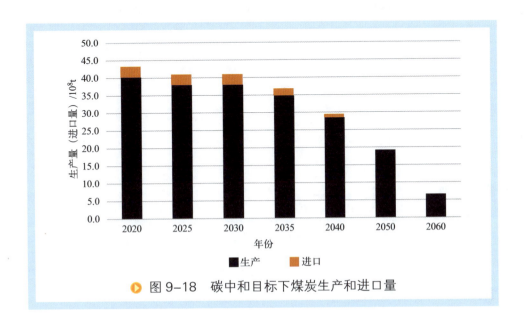

图 9-18 碳中和目标下煤炭生产和进口量

随着经济高质量发展，煤炭大规模、高强度开采带来的环境、生命安全等问题越发凸显，与当今和谐社会生态文明建设之间形成了矛盾。为此，推动煤炭开采绿色、智能、高效发展是煤炭开采的发展趋势。

第 10 章

煤炭燃烧领域概述

10.1 煤炭燃烧概述

10.1.1 煤炭利用途径

煤炭利用途径是在综合考虑煤质、加工环节及终端利用的基础上形成的分类。煤炭利用主要包括燃烧、转化以及以煤炭为原料生产碳质材料等工业产品。其中煤的转化分为焦化、气化和液化。煤炭利用途径见图10-1。

燃烧是煤炭利用的最主要途径。煤中的可燃元素（主要为碳元素和氢元素）与氧气发生氧化反应，产生光和热的过程即为煤的燃烧反应。现有煤炭利用行业中，火电行业、一般工业锅炉、工业窑炉和民用部门都是通过煤炭燃烧获得能量。煤炭之所以成为能源，主要是利用了它的燃烧特性。一般而言，任何品种的煤都能用于燃烧，但要达到煤炭清洁、高效利用，就需要根据燃煤设备的特性、燃烧利用的要求、终端排放的环保要求来确定合适的煤种。

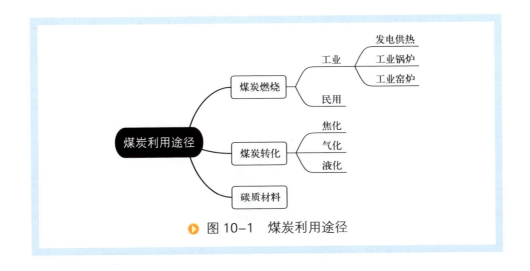

图 10-1 煤炭利用途径

煤炭燃烧是煤中可燃物质的全完氧化过程，是发光发热的剧烈化学反应。煤炭燃烧放出大量热，形成的燃烧产物包括高温烟气和灰渣。一定的温度是煤炭燃烧的前提条件，常温下煤也能被空气中的氧所氧化，但氧化速度很慢，不形成燃烧，只有当温度达到煤的燃点后才能形成稳定燃烧。

当前，煤炭燃烧利用是煤炭最主要的利用方式，占煤炭消费比重超过 80%。煤炭燃烧利用几乎存在所有煤炭利用的部门中，其中煤电是煤炭燃烧利用最主要的部分，占煤炭利用的一半以上，其次是钢铁、建材、化工等高耗能工业。

煤炭燃烧过程产生大量的颗粒物及二氧化硫、氮氧化物等污染气体和二氧化碳，致使我国面临严峻的环境污染和碳排放问题。我国"富煤、贫油、少气"的资源禀赋决定了我国以煤为主的能源生产和消费格局，为保障能源安全稳定供应，必须推动煤炭清洁高效燃烧，提高煤炭利用效率，降低煤炭的环境生态影响。

10.1.2 煤炭燃烧条件

整体上，煤炭完全燃烧的充分条件有：燃料（煤）、充分的氧化剂

（空气）、高温环境、足够的燃烧时间、燃料与氧化剂的良好接触和混合。其中供应燃烧所需的空气量、保持高温环境、燃料与氧化剂的良好接触和混合是煤炭燃烧过程的必备条件，具体见图10-2。

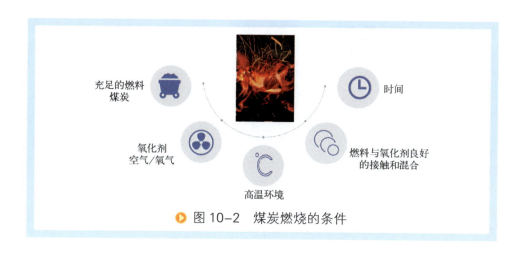

图 10-2　煤炭燃烧的条件

10.2　世界煤炭燃烧利用现状与趋势

10.2.1　世界煤炭燃烧历史

煤炭作为燃料大规模使用始于18世纪60年代英国的工业革命。蒸汽机的发明巩固了煤炭在能源中的地位，从此开始煤炭成了世界工业化的动力基础，也成了世界主要能源之一。随着钢铁工业的兴盛，煤炭作为钢铁工业原料的属性日益重要，西方工业国家尤其是英国迎来了"煤钢时代"。从各个地区看，此时英国的几个主要煤矿产区钢铁行业耗煤量占煤炭总产量的一半甚至七八成，但是其峰值大多出现在1870年之前。进入20世纪，随着能源消耗和产业转型，各国几乎都在工业革命的同时，迅速兴起近代煤炭工业，煤炭产业在20世纪初迎来了繁荣时期，煤炭成为燃料和化工的主体。20 世纪 20 年代以后，世界能源结构发生重大变化，煤炭的地位不断下降，石油和天然气显著上升。这一现象首先出现在美国，第二次世界大战之后成为工业发达国家的普遍趋向。煤炭占世界一次能源需求的比重由 1920 年的 87% 下降到 1959 年的 48%，石油和天然气则由 11% 上升到 50%，首次超过煤炭成为主要能源。20 世纪 60 年代，世界原油产量增长 1.2 倍，1966 年超过煤炭成为世界第一能源，煤炭市场萎缩，产量增长速度大大下降。石油天然气开始在交通、民用、工业领域快速替代煤炭。煤炭消费越来越向电力部门和钢铁部门集中。全球能源结构变化趋势如图 10-3 所示。

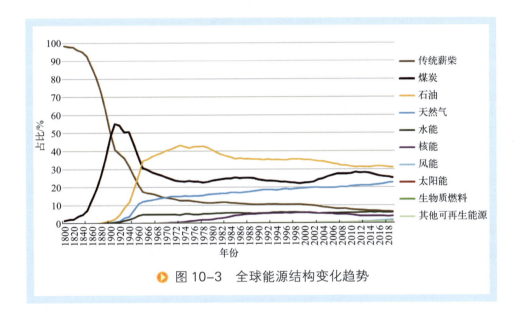

图 10-3　全球能源结构变化趋势

10.2.2　世界煤炭燃烧现状

2020 年全球煤炭消费部门主要为发电与工业（具体见图 10-4），其中发电供热部门煤炭消费占全球煤炭消费比重的 2/3，工业部门煤炭消费占全球煤炭消费的 33%，居民生活及公共建筑部门煤炭消费仅占 3%。

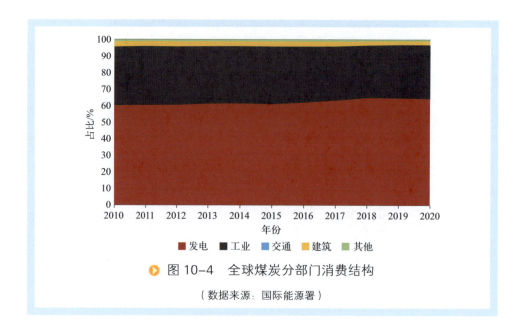

图 10-4　全球煤炭分部门消费结构

（数据来源：国际能源署）

10.2.3　世界煤炭燃烧问题

煤炭燃烧带来的环境污染问题和碳排放问题是制约煤炭燃烧持续大规模发展的关键。

一是煤炭燃烧的环境污染问题。煤炭燃烧后产生二氧化硫、一氧化碳、悬浮颗粒物和氮氧化物等空气污染物，其中二氧化硫和氮氧化物可进一步造成酸雨，氮氧化物、一氧化碳和挥发分有机物受日光照射可进一步产生臭氧。这些空气污染物在空气中大量累积，会对人体健康产生重大影响。此外，煤炭燃烧还带来重金属汞的排放，汞通过污染土壤而间接损害人体健康。

二是煤炭燃烧的碳排放问题。煤炭燃烧产生大量的二氧化碳。煤炭作为一种高碳能源，其单位热值的碳排放强度是石油的 1.3 倍、天然气的 1.6 倍。

1850—2022 年（图 10-5），煤炭利用产生的二氧化碳排放总量为 8152 亿吨，占全部化石能源利用二氧化碳排放的 48%。

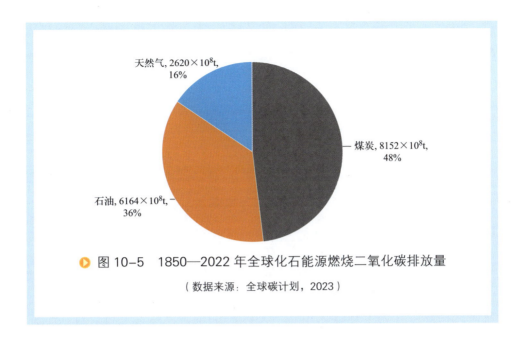

图 10-5　1850—2022 年全球化石能源燃烧二氧化碳排放量

（数据来源：全球碳计划，2023）

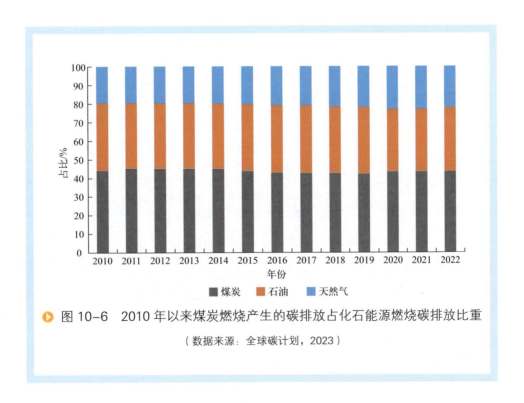

图 10-6　2010 年以来煤炭燃烧产生的碳排放占化石能源燃烧碳排放比重

（数据来源：全球碳计划，2023）

第 10 章　煤炭燃烧领域概述

2022年煤炭燃烧产生的二氧化碳排放占全球化石能源燃烧利用二氧化碳排放的43.7%（图10-6）。煤炭燃烧产生的二氧化碳排放是造成气候变化的重要因素。

10.2.4 世界煤炭燃烧趋势

综合各家研究机构预测，未来随着温室气体排放约束强化、新能源大规模发展，全球煤炭消费总量将会逐渐降低，煤炭占全球能源消费比重会持续下降。

煤炭在全球发电中发挥着至关重要的作用，据IEA估算，燃煤目前为全球37%的电力提供燃料。到2040年，煤炭仍将产生全球22%的电力，保持煤炭作为全球最大单一电力来源的地位。除此之外，煤炭还是钢铁、建材、煤化工等流程工业的燃料。

各国在《联合国气候变化框架公约》第二十六次缔约方大会（COP26）上宣布了前所未有的淘汰煤电目标，如"不再开发新煤电"承诺、"不再支持海外煤电/化石能源融资"承诺和"近零"排放承诺，并承诺在限定日期内关停的燃煤电厂数量几乎翻了一番，达到750座（5.5亿千瓦），但仍旧不能改变煤电的主体地位。2021年以来，随着国外的经济复苏，叠加俄乌冲突，煤电出现反弹。燃煤发电量在2021年增长了9%，达到历史新高。可见，全球煤电产能的增加和2021年燃煤发电量的创纪录增长均意味着格拉斯哥气候变化大会逐步减少煤电承诺的重要性，也意味着对关键参与者来说退煤仍然任重道远。

在净零排放情景中（图10-7），化石燃料用量大幅减少。煤炭用量将从2020年的52.5亿吨煤当量下降到2030年的25亿吨煤当量，再到2050年的不足6亿吨煤当量，2020年到2050年间年均下降7%。

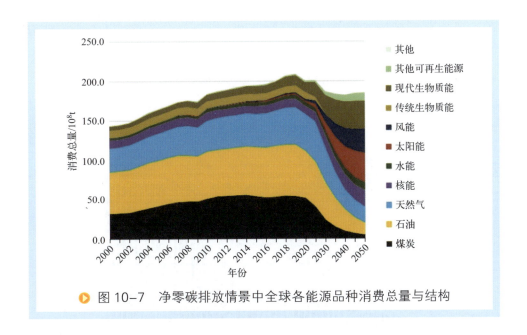

图 10-7 净零碳排放情景中全球各能源品种消费总量与结构

10.3 中国煤炭燃烧利用现状与趋势

10.3.1 中国煤炭燃烧历史

中国是世界上使用煤炭最早的国家之一。我国早在新石器时代晚期即距今六七千年前就已发现煤炭，并巧妙地加以利用。自汉代起，我国很多地方已将煤当作燃料，并开始用于冶铁。到宋代，我国陆续发现了很多大煤矿，已经开始建立起一套科学的采煤方法。同时，宋代用煤炼铁已经非常普遍，制瓷业也用煤作为燃料。到元代、明代以后，煤炭已经广泛用于燃烧取暖、炼铁等。

新中国成立以后，我国煤炭行业实现快速发展，支撑了我国经济社会发展所需的能源需求，煤炭消费长期占能源消费总量的 90% 以上。改革开放以后，我国煤炭消费占能源消费比重长期维持在 70% 以上，直至

2012年，煤炭消费占能源比重下降到70%以下。近年来，随着能源结构调整和一次能源快速发展，煤炭占能源消费比重快速下降，2018年下降到60%以下，2020年为56.9%，具体见图10-8和图10-9。

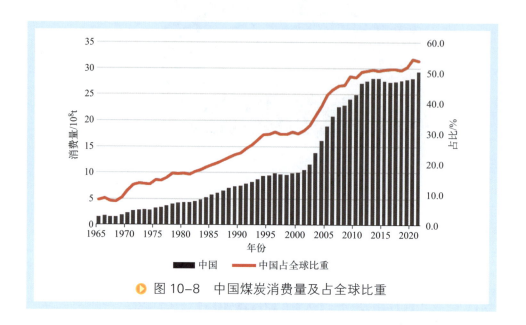

图 10-8　中国煤炭消费量及占全球比重

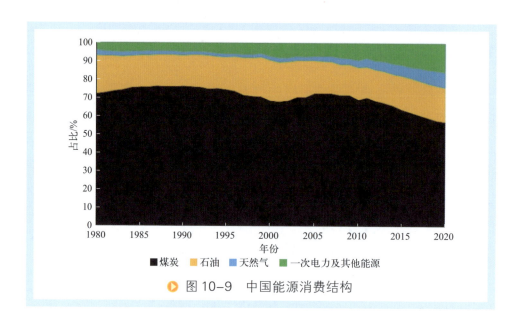

图 10-9　中国能源消费结构

煤炭消费中，工业部门是煤炭消费的绝对主体，2000年以来一直维持在90%以上，且占比不断提高，到2019年工业部门煤炭消费占比达到96%。工业部门中，发电供热、炼焦是最主要的行业，2019年分别占煤炭消费总量的61%和16%。中国各部门煤炭消费量见图10-10。

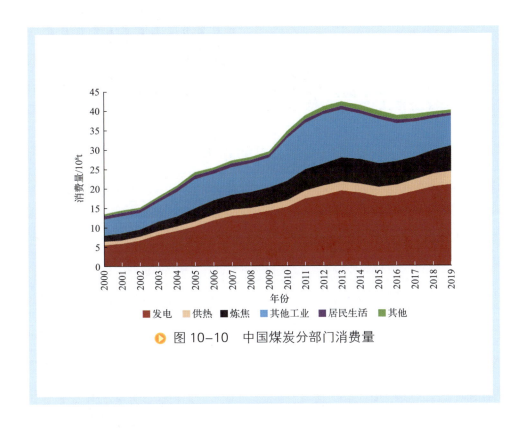

图 10-10 中国煤炭分部门消费量

电力（发电供热）是煤炭消费最主要的行业。当前我国已经建成了全球最大的清洁煤电体系，电力装机容量超过11亿千瓦。发电机组逐渐向高参数、大容量发展，带动燃煤发电效率提升。2022年煤电供电标准煤下降到300.7gce/（kW·h），比新中国成立初期下降了近50%；比2000年下降了91.3gce/（kW·h），供电效率超过40%。具体见图10-11、图10-12和图10-13。

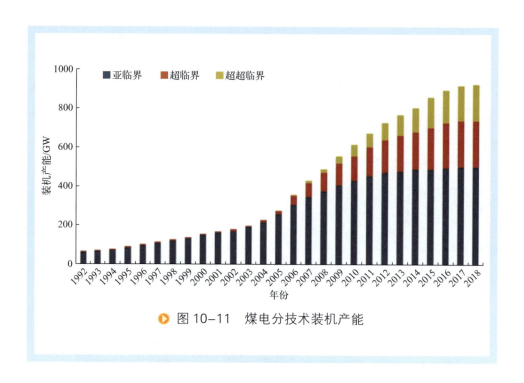

▶ 图 10-11 煤电分技术装机产能

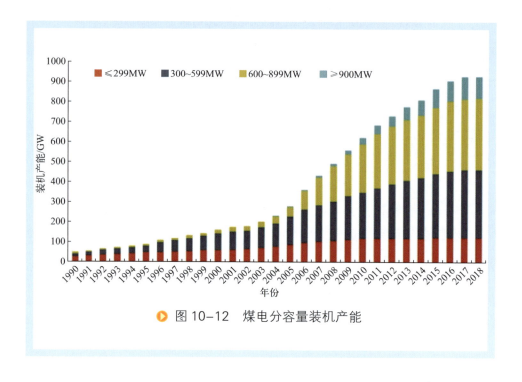

▶ 图 10-12 煤电分容量装机产能

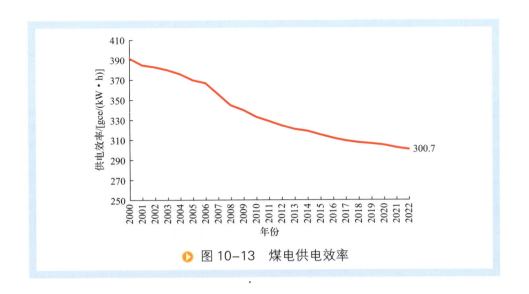

图 10-13　煤电供电效率

10.3.2　中国煤炭燃烧现状

我国的能源资源禀赋决定了煤炭是我国能源消费的主体。经过长期努力，我国煤炭消费总量快速增长的趋势得到遏制，煤炭占能源消费比重从 2010 年的 70% 左右下降到 2020 年的 56.8%，消费总量控制在 42.5 亿吨（2013 年）以内。煤炭燃烧利用主要集中在发电和工业领域，仅有少量用于民用散烧。随着国家经济社会发展和居民生活水平提高，民用散烧煤用量逐渐下降。2021 年，电力、钢铁、建材、化工及其他行业耗煤分别为 24.2 亿吨、6.7 亿吨、5.5 亿吨、3.1 亿吨、3.3 亿吨，分别同比增长 8.9%、−1.9%、1.1%、3.6%、0.8%，电煤消费比重进一步提升。

（1）燃煤发电

煤电是我国电力的主要来源。2012 年以来燃煤装机量虽然持续增长，但其占全部装机的比重逐年下降，从 2012 年的 66% 下降到 2021 年的 47%（图 10-14）。"双碳"目标下，发电结构向非化石能源转型，燃煤装机占比仍将逐年下降。但煤电的高可靠性仍然是新型电力系统的基础。2021 年煤电机组承担了 70% 的顶峰任务。

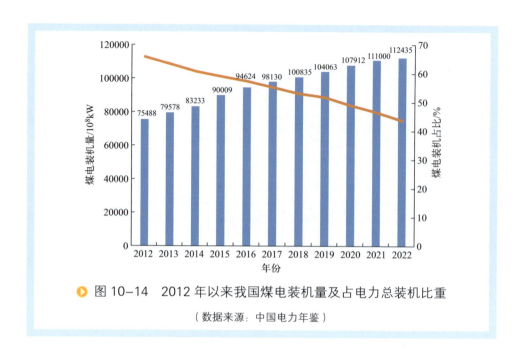

▶ 图 10-14　2012 年以来我国煤电装机量及占电力总装机比重

（数据来源：中国电力年鉴）

2012 年以来，煤电发电量占全国发电比重持续下降，从 2012 年的 74% 下降到 2021 年的 60%（图 10-15）。

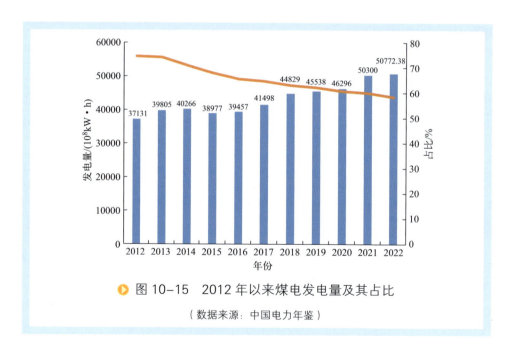

▶ 图 10-15　2012 年以来煤电发电量及其占比

（数据来源：中国电力年鉴）

煤电年均利用小时数是衡量煤电机组运行水平的重要参数。一般而言，5500小时往往是煤电机组规划设计的基准线，如果利用小时数低于5000则可认为存在装机过剩。2012年到2014年，煤电年均利用小时数在5000小时左右，出现装机过剩趋势，2015年以后，随着前期投资机组投运，而电力消费放缓，清洁能源快速发展，煤电机组年均利用小时数快速下降，到2016年仅为4170小时每年，较2013年下降16.7%。2016年以后，煤电新增装机放缓，但随着气电、非化石电力快速发展，煤电利用小时数仍然低位运行。2021年随着国家对电力保供的重视，煤电利用小时数上升到4532小时每年。2022年与2021年运行小时数接近，为4516小时每年（图10-16）。

图10-16 2012年以来煤电机组年均利用小时数

燃煤发电是我国煤炭利用的最主要途径。2022年发电用煤占煤炭消费总量的53.1%（图10-17）。

（2）工业领域

工业领域煤炭燃烧利用形式以燃煤工业锅炉和工业窑炉为主。

燃煤工业锅炉。我国在役燃煤工业锅炉近50万台，约占全国煤炭消费总量的20%。目前，我国燃煤工业锅炉以链条炉排为主，实际运行

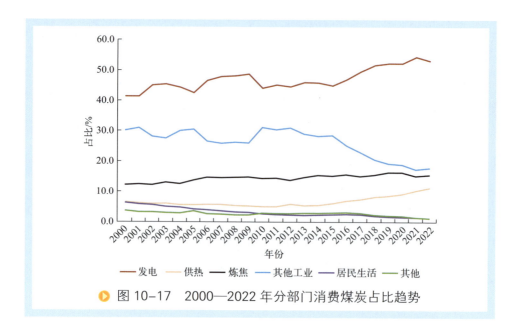

▶ 图 10-17 2000—2022 年分部门消费煤炭占比趋势

燃烧效率、锅炉热效率低于国际先进水平15%左右。近年来，循环流化床锅炉技术得到了很好的应用，形成35t/h、65t/h、75t/h、130t/h、240t/h的蒸汽锅炉系列；另外，还有部分煤粉工业锅炉在市场上得到推广应用。较链条炉而言，循环流化床和煤粉工业锅炉热效率有很大提升，已接近90%，氮氧化物（NO_x）原始排放水平也有较大程度降低。具体见图10-18和图10-19。

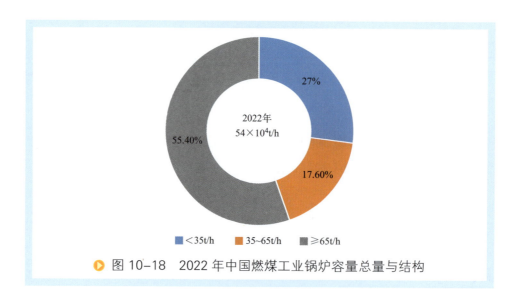

▶ 图 10-18 2022 年中国燃煤工业锅炉容量总量与结构

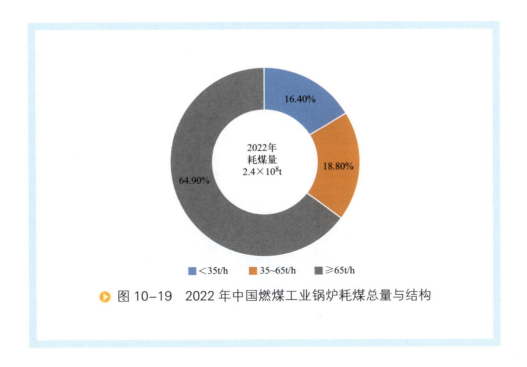

图 10-19　2022 年中国燃煤工业锅炉耗煤总量与结构

10.3.3　中国煤炭燃烧问题

（1）燃煤发电的问题

随着煤电超低排放改造，煤电污染物排放问题得到较好处理。"十三五"以来，我国煤电机组排放的烟尘、氮氧化物、二氧化硫等大气污染物不到全社会总量的 10%（图 10-20～图 10-22）。当前燃煤发电面临的最严峻问题是碳排放和灵活调峰过程中的安全高效问题。"双碳"目标下，煤电将逐步由提供电力电量的主体电源，转为电力电量并重的支撑性和调节性电源，将对现有燃煤机组运行提出重要挑战。

（2）工业领域煤炭燃烧的问题

燃煤工业锅炉方面，由于燃煤工业锅炉环保设施比不上电厂，燃煤工业锅炉排放的烟尘、二氧化硫、氮氧化物较燃煤电厂比重较高，尤其是烟尘排放占电厂烟尘排放的 92%。未来随着环保要求提高、可替代能源丰富，燃煤工业锅炉用煤量还将继续下降（图 10-23）。

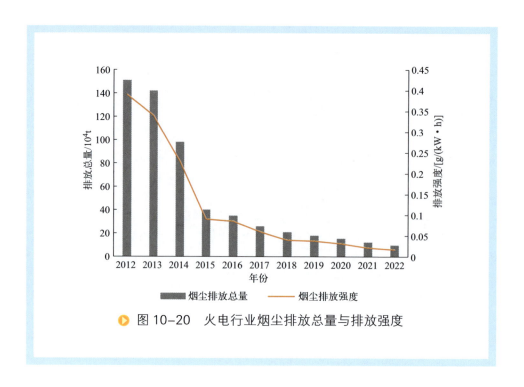

▶ 图 10-20　火电行业烟尘排放总量与排放强度

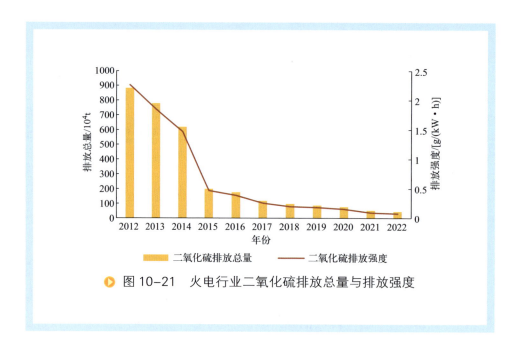

▶ 图 10-21　火电行业二氧化硫排放总量与排放强度

图 10-22 火电行业氮氧化物排放总量与排放强度

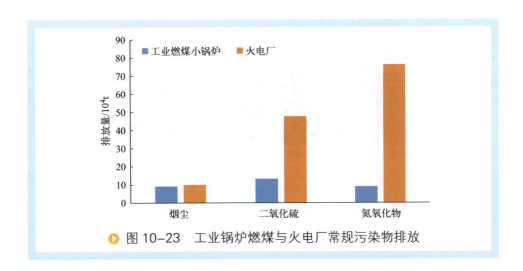

图 10-23 工业锅炉燃煤与火电厂常规污染物排放

10.3.4 中国煤炭燃烧趋势

在"双碳"目标下,为满足我国经济和社会发展,我国能源消费总量还将继续增加,将在 2030—2040 年间达到峰值,为 60 亿～64 亿吨标准煤,随后稳步下降。到 2025 年、2030 年、2060 年我国消费煤炭约 43

亿、40亿和6亿吨，消费石油7亿、6.5亿和2亿吨，消费天然气4200亿、5500亿和3000亿立方米。

从分部门来看，煤炭消费继续向发电供热部门集聚，到2035年占煤炭消费比重接近60%；2035年以后，随着可再生能源大规模发展，电煤消费快速下降，带动煤炭消费总量下降。工业部门用煤由于技术和经济问题，消费总量比较稳定，随着煤炭消费总量下降而占比提升。2050年以后，面向碳中和要求，工业部门煤炭消费也需实现大幅减排，此时煤炭将从保障能源安全的角度在电力行业继续利用，占比也随着工业部门煤炭消费降低而提升。具体见图10-24。

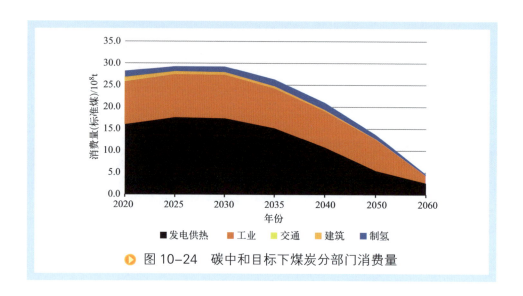

图10-24 碳中和目标下煤炭分部门消费量

第 11 章

煤炭领域发展特征与趋势

11.1 2020年煤炭流向图

煤炭流向图可以直观展示煤炭供给、加工转换和终端消费的能源利用全过程,以及各个环节的数据信息与内在联系,是能够准确把握全国能源系统发展趋势的重要手段。

基于《中国能源统计年鉴2021》中2020年全国能源平衡表(实物量)中煤炭相关数据,绘制了2020年中国煤炭流向图(具体见图11-1)。其中焦炉煤气、煤气制品的单位为亿立方米,为保证单位一致性,通过计算热值法将其折算成热值为5000 kcal/kg的煤的实物量,单位统一为万吨。

11.2 煤炭供给端

2021年全国煤炭供给端总计420519万吨,同比增长1.3%。其中生产量达390158万吨,占比92.8%;进口量为29320万吨,对外依存度为7.5%(图11-2)。

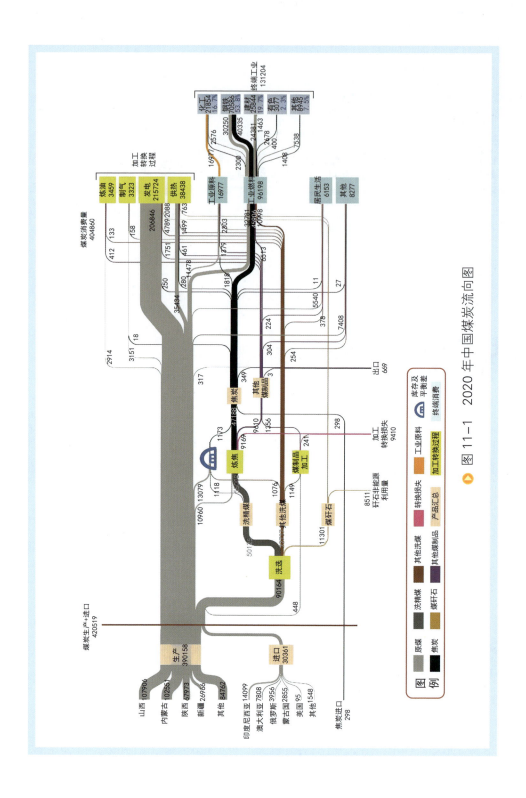

▲ 图 11-1 2020 年中国煤炭流向图

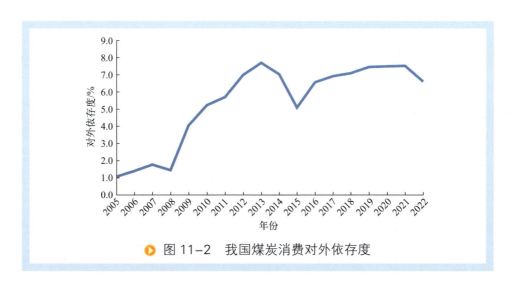

图 11-2 我国煤炭消费对外依存度

生产侧，2022年各省（区）煤炭产量见图 11-3。山西、内蒙古原煤产量超过 10 亿吨，占全国原煤产量比重超过一半，达到 55.2%。超过亿吨原煤产量的共有 6 个省（区）。

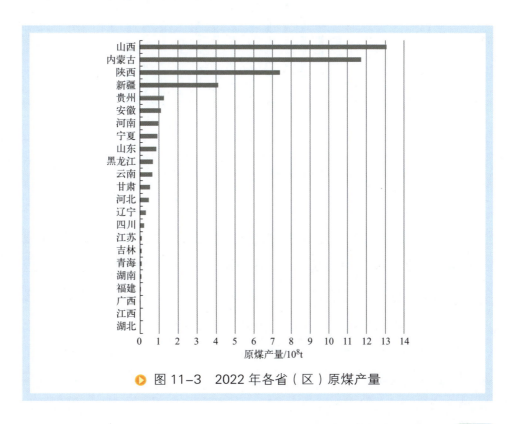

图 11-3　2022 年各省（区）原煤产量

第 11 章　煤炭领域发展特征与趋势

进口侧，2005 年以来原煤进口数量逐年增加，到 2013 年达到峰值 3.3 亿吨。2013 年以后，随着增长模式向消费导向转变、政府寻求削减过剩产能、控制污染，中国煤炭需求下滑，原煤进口数量快速下降，到 2015 年下降至 2 亿吨。2015 年以后，随着经济结构调整，原煤进口量触底反弹，到 2021 年稳定在 3 亿吨左右。2022 年随着俄乌冲突，欧洲国家推进"以煤代气"，致使全球煤炭市场价格高企，中国煤炭进口量下降，全年原煤进口 29320 万吨，较 2021 年下降 9.3%。具体见图 11-4。

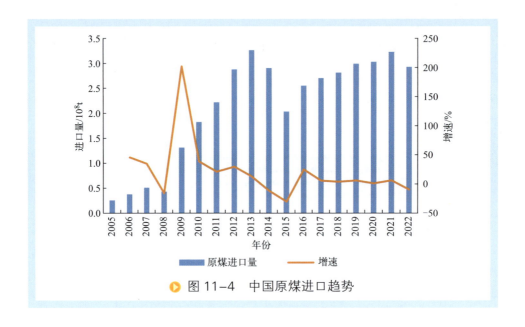

图 11-4　中国原煤进口趋势

进口国家，印度尼西亚是我国近年来煤炭进口第一大来源国，2022 年我国从印度尼西亚进口煤炭 17065 万吨，占总进口量的 58.2%；2022 年澳大利亚煤炭进口只有 286 万吨，占比不到 1%。俄罗斯、蒙古国煤炭进口增长，占比分别达到 23.2% 和 10.6%。具体见图 11-5。

2022 年我国煤炭出口 400 万吨，比 2021 年增长 57%，但占全国原煤产量比重不到 0.1%。

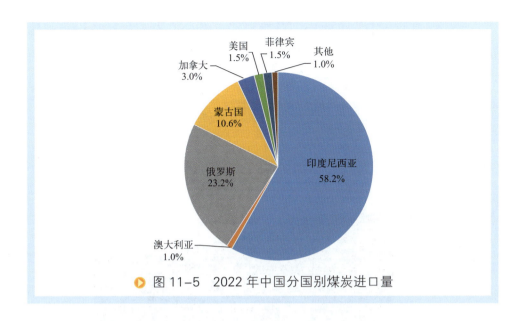

图 11-5 2022 年中国分国别煤炭进口量

11.3 终端消费端

2021 年终端煤炭消费 6.88 亿吨，较 2020 年下降 5.0%。终端煤炭消费量占煤炭消费总量比重持续下降，从 2012 年的 28.9% 下降到 2021 年的 16.0%，具体见图 11-6。

图 11-6 煤炭终端消费量占煤炭消费总量比重

终端煤炭消费中，工业部门煤炭消费占绝对主体，为80%以上；建筑部门煤炭消费占比在2017年达到17.6%以后逐渐下降，2021年下降到14%；农业部门煤炭消费先升后降，2020年达到高峰3%。交通部门煤炭消费占比极小，不到1%，也逐渐下降。具体见图11-7。

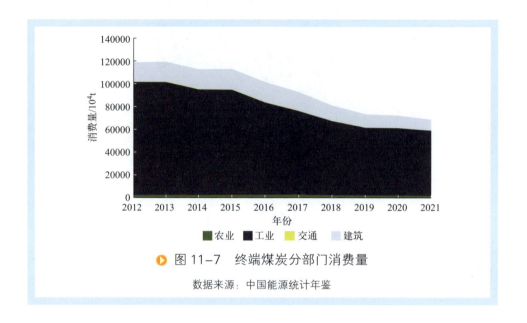

图 11-7　终端煤炭分部门消费量

数据来源：中国能源统计年鉴

11.4 煤炭消费趋势

（1）煤炭消费占能源比重趋势

如图11-8所示，2000年以来我国能源消费总量持续增长，但增速快速下降。2000—2005年间能源消费总量年均增速为12.2%；2006—2010年、2011—2015年、2016—2020年间能源消费总量年均增速分别为6.7%、3.8%和2.8%。2021年能源消费总量同比上涨5.2%，达到52.4亿吨标准煤。其中，煤炭消费占比持续下降，2021年煤炭消费占能源消费总量比重下降到56%，较2020年下降0.8个百分点。

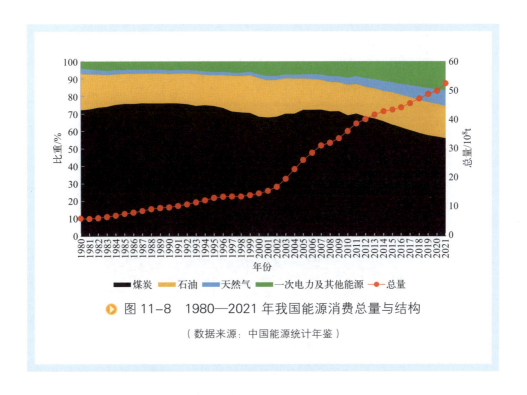

图 11-8　1980—2021 年我国能源消费总量与结构

（数据来源：中国能源统计年鉴）

（2）煤炭分部门消费趋势

发电、供热、炼焦是煤炭消费的主要部门。如图 11-9 所示，2000 年以来，中国煤炭消费持续向发电部门集聚，2017 年发电煤炭消耗占中国煤炭消费比重超过 50%，2017 年以后持续上升，但增速放缓，到 2020 年消费电煤 21.2 亿吨，占煤炭消费总量比重达到 52%。供热部门煤炭消费量持续增长，但受其他部门煤炭消费快速增长影响，供热部门煤炭消费占煤炭消费总量比重在 2011 年前持续下降，从 7% 下降到 5%。2011 年以后，随着煤电供热改造开展，供热耗煤快速增长，到 2020 年供热部门消耗煤炭 3.7 亿吨，占煤炭消费总量比重达到 9%。随着钢铁产业发展，炼焦部门煤炭消费量持续增加，到 2020 年炼焦消耗原煤 6.6 亿吨，占煤炭消费总量比重达到 16%。其他工业部门煤炭消费量在 2012 年达峰后下降，从 2012 年的 12.7 亿吨下降到 2020 年的 7.6 亿吨，下降 40%，占煤炭消费量比重由最高的 31% 下降到 19%。居民生活和其他（包括三产和农业）煤炭消费是国家散煤治理的重点，随着经济发展和国家政策约束，其煤炭消费量和占比持续下降，到 2020 年合计消费煤炭 1.4 亿吨，占煤炭消费总量比重不到 4%。

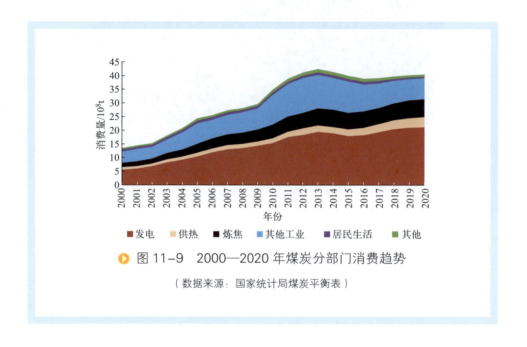

图 11-9　2000—2020 年煤炭分部门消费趋势

（数据来源：国家统计局煤炭平衡表）

11.5　煤炭价格趋势

煤炭市场方面，2021 年以前国际煤价与国内煤价差异较小（图 11-10）。但 2022 年受俄乌冲突影响，全球煤炭价格飞涨，国际纽卡斯尔动力煤现货价从年初的 1100 元/t 上涨到 3000 元/t（根据当日汇率折算）。短期内，由于欧盟天然气供应短缺，使其不得不延缓甚至重启燃煤电厂，造成国际煤炭市场需求扩大，我国进口煤炭难度提高。同时，"供不应求"的国际煤炭市场形势促使国际煤炭价格高涨，我国进口煤炭面临输入型通胀的风险。国内煤炭价格在国家严格管控下,处于"合理价格"高位区间,但仍处于历史高位(约1200元/t)。国内国外煤炭价格差距增大。国内长协煤价格与市场煤价格差距增大。

图 11-10　国内外动力煤价格趋势

(数据来源:Wind)

第 12 章

煤炭领域技术清单

本章着眼于煤炭生产、加工、利用环节,从煤炭开采与加工、燃煤发电、燃煤工业锅炉等方面介绍煤炭领域的关键技术。

12.1 煤炭开采与加工

12.1.1 煤矿安全高效开采地质保障关键技术

(1)技术内涵

煤矿地质保障系统是指从矿井基本建设开始,到矿井开采结束以及监测采后上覆岩体地质变化为止的整个矿井生命周期内的全部地质工作,以查清含煤岩系地质构造(包括断层、褶曲等)、煤层厚度及其变化、顶底板岩性及稳定性、矿井水文地质、瓦斯赋存与分布规律、煤层中的地质异常体和煤矿开采对上覆地层的损伤等,是煤矿安全高效开采地质保障系统的主要内容。

随着煤炭工业从炮采和普采向机械化开采的转变,根据高产高效矿井机械化和集中化程度高的特点,以地质分析预测为基础,以物探、钻探和巷探以及试验等技术为手段，依托先进的信息技术实现生产地质工作的动态管理。煤矿地质保障技术为矿井设计、采区布置、生产准备、采煤工作面布置到回采等各个阶段提供可靠的地质信息，系统和清楚地掌握影响煤炭开采的地质因素，实现煤矿的安全生产与高产高效。

（2）未来发展方向与趋势

随着信息技术的深度融合和煤矿机械化水平的进一步提高，煤炭绿色开采、智能精准开采等对煤矿安全高效开采地质保障系统提出了更高的要求，矿井地质透明化是当前煤矿安全高效开采地质保障系统发展的努力方向。"十四五"期间，重点推广高精度高密度全数字三维地震勘探、复杂地质构造槽波地震探测、地理信息系统与遥感遥测资源勘测、掘进巷道超前定向长钻孔探查等先进适用技术。

（3）需解决的关键科技问题

需解决的关键科技问题包括以下几点。①在统一的数据融合基础上，研究煤系资源与生态环境的空天地一体化协同勘查方法、侏罗纪煤田地层沉积相与构造控水机理、华北型煤田深部煤层底板岩溶水精准探查与防控方法、西南地区岩溶复杂地形条件下高分辨率地球物理探测方法等，进一步提高地球物理勘探精度；研发全数字高密度三维三分量地震技术、矿区地质灾害精准监测预警技术、水文地质三维高精度动态表征技术、采掘工作面地质异常体高精度超前探查技术等，建立高精度三维地质模型，准确反映煤层赋存地质状态、地质构造和煤岩特征，提高矿井地质的透明化水平；构建煤矿智能开采地质保障平台，解决地质系统与采矿工程系统"两张皮"的问题，实现矿井地质与采矿工程的无缝对接。②研发与惯导技术一体的高分辨煤岩辨识仪器装备，实现对工作面前方5m范围煤岩结构的自动化数据采集与精准识别。③以岩层结构为基础，以岩石力学和流体因子为重点，开发和建立智能矿山建设决策与灾害隐患预警系统。

12.1.2　煤矿高效开采及智能矿山建设关键技术

（1）技术内涵

煤矿智能化是适应现代工业技术革命发展趋势、保障国家能源安全、实现煤炭工业高质量发展的核心技术支撑。经过改革开放40多年的创新发展，我国煤矿实现了从普通机械化、综合机械化到自动化的跨越，并开始向智能化迈进，为我国经济社会发展提供了可靠的能源保障。

将人工智能、工业物联网、云计算、大数据、机器人、智能装备等与现代煤炭开发利用深度融合，形成全面感知、实时互联、分析决策、自主学习、动态预测、协同控制的智能系统，实现煤矿开拓、采掘（剥）、运输、通风、洗选、安全保障、经营管理等过程的智能化运行，对提升煤矿安全生产水平、保障煤炭稳定供应具有重要意义。

（2）未来发展方向与趋势

经过近20年发展，我国工作面智能化开采经历了跟跑、并跑、领跑3个发展阶段，形成了薄煤层和中厚煤层智能化无人操作、大采高煤层人-机-环智能耦合高效综采、综放工作面智能化操控与人工干预辅助放煤、复杂条件智能化+机械化4种智能化开采模式，但也存在基础理论研发滞后、技术标准与规范不健全、平台支撑作用不够、技术装备保障不足、高端人才匮乏等问题。

"十四五"期间，重点推广"一扩成井"软岩地层钻井法凿井、导井竖井掘进机凿井、定向控斜大直径反井钻井凿井、多圈孔深厚冲积层控制冻结等先进适用技术。

（3）需解决的关键科技问题

研发千米深井地层冻结及地面预注浆改性技术、大型矿井井巷工程机械破岩全断面钻进技术、超长定向钻孔为基础的斜井沿轴线冻结技术、复杂地层大断面斜井盾构机掘进技术、韧性为基础材料的地层加固和薄喷支护技术等，研制千米竖井掘进机、千米反井钻机、变径巷道全断面掘进机及掘进机机器人，构建矿井构筑物智能建设及全生命周期智能检测控制体系。

重点突破精准地质探测、精确定位与数据高效连续传输、智能快速掘进、复杂条件智能综采、连续化辅助运输、露天开采无人化连续作业、重大危险源智能感知与预警、煤矿机器人及井下数码电子雷管等技术。加快智能工厂和数字化车间建设，推进大型煤机装备、煤矿机器人研发及产业化应用，实施机械化换人、自动化减人专项行动，提高智能装备的成套化和国产化水平。

12.1.3　隐蔽致灾因素智能探测及重大灾害监控预警技术

（1）技术内涵

我国煤炭行业面临着地质构造复杂，自然发火、高瓦斯、煤与瓦斯突出煤层多，开采难度大等问题。目前，我国煤炭生产中80%以上重特大事故存在地质情况不清、灾害升级、威胁不明、安全投入欠账、人才严重匮乏、现场管理不到位等重大问题。煤矿动力灾害是非线性复杂问题，涉及多场耦合、煤岩破坏、过程瞬态、动力响应等多个方面，机理尚不清楚，监控预警没有解决，缺乏专业技术装备，灾后应急救援效率低。

隐蔽致灾因素智能探测及重大灾害监控预警技术是指将地理空间服务技术、互联网技术、计算机断层扫描技术（computed tomography，CT）、虚拟现实技术（virtual reality，VR）等积极推向矿山可视化建设，打造具有透视功能的地球物理科学支撑下的"互联网+矿山"，对深部复杂地质条件煤层赋存进行真实反演，实现断层、陷落柱、矿井水、瓦斯等隐蔽致灾因素的精确定位。同时，利用多源异构数据融合与知识挖掘技术，创建面向煤矿开采及灾害预警监测数据的共用快速分析模型与算法，创新煤矿安全开采及灾害预警模式。

（2）未来发展方向与趋势

当前我国缺乏隐蔽致灾因素动态智能综合探测技术，尚未开展基于大数据的煤矿重大灾害预警平台及新技术研究。基于隐蔽致灾因素智能探测及重大灾害监控预警技术实现煤炭精准开采是未来煤炭开采的主要方向。

（3）需解决的关键科技问题

研发煤矿水害、火灾、瓦斯、顶板及冲击地压等主要灾害隐蔽致灾因素智能探测技术与装备，研究重大灾害危险源及前兆信息识别与自分析评价技术，研发事故隐患相关基础参数、工程参数、人员及设备运行状态与故障参数等信息监测技术及装备，以及重大灾害智能预警技术。

12.1.4 深部矿井煤岩、热动力灾害防治技术

（1）技术内涵

我国煤炭资源赋存条件复杂，53%的资源埋深在千米以下，随着煤炭开采逐步加深，深部煤炭开采不可避免地面临着煤与瓦斯突出、冲击地压、巷道围岩控制、水害、热害等诸多重大科学问题和技术难题，急需发展矿井煤岩、热动力灾害防治技术。

根据灾害类型，深部矿井煤岩、热动力灾害防治技术分为煤与瓦斯突出防治技术、冲击地压防治技术、巷道围岩控制技术、矿井水害防治技术、矿井热害治理技术。

（2）未来发展方向与趋势

深部煤炭开采面临的几大灾害既相互联系、相互依存，又相互制约，给灾害防治研究带来极大挑战。国际上由于深部煤层不开采，很少开展此类研究。为确保我国能源安全，应超前探索出深部煤炭开采灾害防治的科学手段，为我国主导能源安全绿色开采提供支撑。

（3）需解决的关键科技问题

研发深部矿井采场及围岩控制技术与装备、以区域卸压增透和致裂卸压增透为主的深部矿井煤岩瓦斯灾害治理技术及装备，研发以阻化泥浆和液氮为主的深部矿井自然发火综合防治技术、工艺与装备，研究深

部动力灾害致灾机理、以集中降温和局部降温为主的深部矿井热害综合治理技术。

12.1.5 矿山及地下工程重大事故应急救援技术及装备

（1）技术内涵

在煤矿的生产过程中，一旦发生安全事故，就需要在第一时间启动应急救援预案，采用先进的应急救援技术，使用先进的配套设备进行救援。只有对煤矿应急救援工作引起足够的重视，才能对煤矿安全事故进行妥善的处理，减少人员伤亡与经济损失，获得最好的救援效果。

中国、美国、澳大利亚等主要产煤国都十分重视煤矿事故应急救援技术及装备研发和应用，减少了事故人员伤亡和财产损失，但仍难以满足煤矿事故应急救援的需求。急需针对煤矿事故应急救援需求进行灾害感知、应急通信、遇险（难）人员精确定位、灾区远距离侦测、灾后风流控制、逃生通道快速构建、智能应急预案和辅助决策等应急救援技术及装备研究。

（2）未来发展方向与趋势

根据煤矿重特大事故应急救援基础理论、关键技术、核心装备、示范应用全链条融合的思路，采用理论分析、试验测试、数值模拟、物理模拟、现场测试等多种方法，开展矿井水灾、火灾、瓦斯煤尘爆炸灾情演变规律等研究，研发煤矿重特大事故应急救援技术及装备等，并示范应用。

（3）需解决的关键科技问题

需解决的关键科技问题包括：矿井水灾识别理论及时空演化模型，矿井火灾燃烧特性及烟流扩散规律，瓦斯煤尘爆炸传播演化规律及识别，煤矿重大灾害感知技术和装备，智能应急预案及应急救援辅助决策技术和系统，灾害矿井应急通信及人员定位技术和系统，煤矿重大灾害紧急逃生与引导系统及装置，煤矿灾变环境信息侦测和存储技术及装备，煤矿重大灾害抢险救灾技术与装备。

研发煤矿重大事故灾区高可靠性无人侦测技术、救援通道快速构建技术及装备、灾变环境应急通信及遇险人员搜救技术与装备，以及分布式联合仿真救援培训演练系统与综合管理信息平台。

12.1.6　与煤系共伴生资源综合开发利用技术

（1）技术内涵

与煤系共伴生矿产资源指在成因上与煤炭紧密联系、形式上与煤炭共同产出的各种金属及非金属矿产和天然气水合物等。受旧有勘查条件的制约，以往的煤炭地质勘查仅关注煤炭本身，对其伴生矿产资源的勘查与开发利用关注较少。近年来，随着勘查技术的提高和研究的不断深入，人们在煤炭中陆续发现了具有巨大工业价值的锗、镓、锂、稀土等战略矿产与煤层气、页岩气、油页岩、天然气水合物、砂岩型铀矿等能源矿产，以及高岭土、石墨、黏土矿物等非金属矿产。充分发挥与煤系共伴生资源优势，提高其开发、加工及综合利用水平势在必行。

（2）未来发展方向与趋势

与煤系共伴生矿产的开发利用对拓宽煤炭全产业链，实现煤炭清洁、高效利用具有重要的引导作用，也为煤炭资源综合勘查、开发提供了新的方向，为煤炭绿色循环发展开辟了新道路，对煤炭开采及区域经济发展具有重大意义。加强煤炭共伴生矿产分布规律与开发利用研究、实现煤炭安全高效开采技术研究是未来煤炭地质勘查和研究的重要方向。

（3）需解决的关键科技问题

需解决的关键科技问题包括：研究煤矿区煤炭及伴生资源条件探测和精细识别技术，以及矿井水井下储存、深度净化处理、综合利用与水环境保护技术；研发西部煤田控火及热能利用技术、煤与煤层气共采及瓦斯高效抽采利用技术与装备；开发"煤-水-气-热-铀"多资源共采关键技术。

12.1.7　煤炭绿色开采与生态环境保护技术

（1）技术内涵

煤层开采引起的岩层破断运动导致了一系列采动损害与环境问题。在经济快速发展的今天，由于开采规模与强度剧增，这一问题越发凸显，甚至超出了环境容量，与当今和谐社会生态文明建设之间形成了矛盾。

煤矿绿色开采以及对应的绿色开采技术在基本概念上是从广义资源角度认识与对待煤、瓦斯、地下水、土地、矸石等各种可以利用的资源；基本出发点是从开采的角度防止或尽可能减轻煤炭开采对环境和其他资源的不良影响；基本手段是控制或利用采动岩层破断运动；目标是在采动损害最小的情况下取得最大的资源采出率，实现最佳的经济、环境和社会效益。

（2）未来发展方向与趋势

煤炭绿色开采自提出以来在保水采煤、煤与瓦斯共采、充填减沉等方面均取得了显著进展与成效。在理论方面取得了系列重要成果，如基于关键层位置的导水裂隙带高度预计方法、瓦斯卸压运移的新"三带"理论、覆岩卸荷膨胀累积效应等；在技术方面涌现了多样化的创新实施模式，如部分充填技术等。但是现有绿色开采技术尚不完全适应行业当前的条件与形势。

（3）需解决的关键科技问题

需要在深化采动岩层运动规律研究、探索适合不同矿区特点的绿色开采技术模式、煤矿全生命周期绿色开采设计、高效率和低成本的绿色开采技术研发等方面进一步研究，以适应煤炭行业不断发展的需求。研发井下采选充一体化技术及装备、绿色结构充填控制岩层沉陷关键技术，以及大型露天矿连续、半连续开采工艺生产系统关键技术与装备。开展无煤柱连续开采、保水开采、矿区环境遥感监测、采动损伤监测与控制、高强度大规模开采、西部浅埋煤层开采覆岩移动与控制等技术研究，研发毛煤井下分选与矸石井下充填处置技术与装备。

12.1.8 矿区生态恢复技术

（1）技术内涵

由煤炭开采引发的水资源破坏、瓦斯排放、煤矸石堆存、地表沉陷等，对矿区生态环境破坏严重。因此，在当前大型煤炭基地开发建设中，需积极实施和推广生态恢复规划和技术，促进经济、社会发展与自然环境和生态系统关系的协调，促进国家和区域生态环境与社会经济的可持续发展。

生态恢复技术是运用生态学原理和科学系统的方法，把现代化技术与传统的方法通过合理的投入和时空的巧妙结合，使生态系统保持良性的物质、能量循环，从而达到人与自然协调发展的恢复治理技术。矿区生态恢复技术是指对煤炭基地引起的土地功能退化、生态结构缺损、功能失调等问题，通过工程、生物及其他综合技术和措施来恢复和提高生态系统功能的技术，包括土地资源恢复技术、水资源恢复技术、大气环境恢复技术。

（2）未来发展方向与趋势

以华北、华东、西北等大型矿区采煤沉陷区土地损毁与生态修复为主，创建大型矿区生态修复示范工程。研究应用采煤沉陷区建筑群建设技术，复垦土壤重构与区域农业、景观、林果、养殖、光伏协同技术，人工湿地构建及城市功能开发技术，等等，形成东部矿区以土地复垦、沉陷地建筑利用和人工湿地构建为主，西部生态环境薄弱矿区以水资源保护、植被恢复、绿化固沙抑尘、特色无公害绿色林果产业建设和荒漠化治理为主的生态修复模式。

（3）需解决的关键科技问题

要以采矿工程学、开采沉陷学、地质学、水文学、土壤学、生态学、环境学和地球物理勘探等交叉学科为基础，针对煤炭开采区域环境和生态修复中的关键问题进行联合攻关，包括：生态脆弱区煤岩层结构及采动裂隙演化规律、煤炭规模开采地下水系统变化及其对生态环境影响规律、煤-水协调开发的水资源保护理论与方法、煤炭开发对地表变形损伤机理和沉陷规律、煤炭开发的生态修复机制与关键技术、煤炭开发的生态安全评价及调控模式等。

12.1.9 煤炭地下气化开采技术

（1）技术内涵

我国深部煤炭资源储量丰富，煤炭地下气化可将其转化为燃气输出到地面，是深部煤炭原位流态化开采的重要途径。煤炭地下气化开采技术是在地下煤层中创造高温、高压条件，将煤层转化为氢气、一氧化碳和甲烷等可燃气体导输到地面，实现对地下煤炭的开采和输运。同类型的技术包括富油煤地下原位热解技术。

（2）未来发展方向与趋势

总体上，煤炭地下气化开采技术呈现由矿井式向钻井式、由浅部煤层向深部煤层、由单一发电向综合利用的趋势。

（3）需解决的关键科技问题

关键技术包括地质评价和科学选址、气化炉构建技术、深部煤层点火技术、移动后退注入技术和深部火区地球物理探测技术。目前，地质评价体系和原则逐渐趋于统一并采用层次结构模型量化，提升气化煤层赋存条件的识别水平；发展和改进气化炉构建主要基于控制后退注入点（controlled retraction injection point，CRIP）工艺，研发高可靠性的地下气化炉燃烧工作面位置监测方法；煤层点火可借鉴稠油热采点火技术和装备；移动后退注入中连续管和注入工具可根据需求研制，如拉管法后退式注气装备与工艺的研发；火区探测中电阻层析成像法和瞬变电磁法尚存在实时响应滞后、地形效应模糊和反演精度差等不足，四维地震可获得较为详细的空腔三维信息，以及研究地下气化的燃空区充填及气化工作面组的接替技术与工艺。

12.1.10　煤炭清洁高效分选加工关键技术

（1）技术内涵

煤炭洗选是提升煤炭质量、提高煤炭利用效率的重要途径。煤炭的分选加工就是利用煤和杂质（矸石）的物理、化学性质差异，通过物理、化学或微生物分选的方法使煤和杂质有效分离，并加工成质量均匀、用途不同的煤炭产品的一种加工技术。

（2）未来发展方向与趋势

随着终端用户对煤炭质量的要求提升和国家对煤炭加工环节环境问题的重视，煤炭分选加工技术朝着设备大型化、少水化（干法分选）和原料低质煤化发展。同时，要能满足动力煤、化工用煤、炼焦煤等消费端不同用户的定制需求，以用户需求驱动煤炭定制生产，包括精益生产、精准配煤以及构建数据分析平台，贯通生产端和消费端的数据链条，推动煤炭生产过程的智能调控和节能，通过精准供给为生产端低碳化提供更有力的支撑。

（3）需解决的关键科技问题

研发高硫、高氯、高氟煤分选新技术与新工艺，湿法全重介选煤设备智能控制技术，干法选煤智能化工艺技术，微细粒难选煤泥强化重力场高效分级分选技术，千万吨每年模块化洗选技术与装备，煤岩深度解离与高效富集技术装备，煤矿井下大型智能分选排矸装备，大型智能选煤厂关键传感、闭环控制和辅助决策技术与系统，以及矿区煤泥综合利用技术，等等。

12.1.11　煤矿废弃物资源化利用技术

（1）技术内涵

煤炭资源大规模生产和利用会产生大量的煤矸石、煤泥、粉煤灰、炉渣等固体废物。以往众多矿山企业主要依靠地面堆放处理固废，这种粗放型处理方式不仅占用大量土地资源，还污染空气、土壤及地表水，严重破坏了矿区的生态环境，威胁了矿区居民的身体健康。近年来，国家对环保要求逐步严格，煤矿废弃物无害化、资源化利用成为趋势。

（2）未来发展方向与趋势

目前，国内传统的煤矿固体废物处理技术主要包括综合利用和充填开采等，这些技术存在技术适应性较低、处理能力有限、处理成本较高以及政策引导不足等缺点，导致其没有得到大规模推广。因此，开发一套消纳量大、经济可行、安全环保的煤基固废资源化利用新方法是国内外煤基固废大规模资源化利用的急迫需求，对于煤炭的绿色化、生态化转型发展具有重要意义。

（3）需解决的关键科技问题

研发煤矸石、煤泥等煤矿废弃物高效利用技术，开展矿区典型大宗固废资源化利用示范，包括以下几方面。①高水分超细低碳煤基固废的稳燃技术：开发难燃煤基固废替代原煤资源化利用创新技术，实现多种难燃煤基固废在流化床中的稳定高效洁净燃烧，完成多种难燃煤基固废替代原煤资源化利用创新技术的工程示范。②无机组分的晶相和物相调控技术：通过合理设置燃烧炉的流场、改变温度和反应气氛等，在燃烧过程中同时调控脱碳灰渣的晶相和物相，产生高活性的灰渣，实现高值化利用。

12.1.12　煤炭开采扰动空间CO_2地下封存技术

（1）技术内涵

在煤炭开采扰动空间，即中浅部煤层（埋深≤1000米）开采过程中形成的地下采空区及其扰动影响范围区，通过科学论证开采扰动空间进行CO_2地下高效封存所需地质条件，进而开展适宜于CO_2封存的煤矿开采区地质选址，实现"煤炭从哪儿来，煤炭利用产生的固废和CO_2回到哪儿去"的可持续发展思路的技术，潜在技术包括：①煤层采空区碎裂岩体CO_2封存技术；②煤地下气化煤灰及碎裂岩体CO_2封存技术；③煤

原位热解半焦 CO_2 封存技术。

（2）未来发展方向与趋势

在我国煤炭资源开采过程中，形成了大面积含有垮落带、裂隙带等的地下采空区。中国工程院袁亮院士预测，到 2030 年，我国废弃矿井数将达到 1.5 万个，若按每个矿井地下空间 60 万立方米测算，地下具有 72 亿～90 亿立方米的空间，为 CO_2 埋存提供巨大应用场景。未来利用煤层采空区碎裂岩体空间、煤炭地下气化空间，以及用富油煤原位热解半焦封存 CO_2 具有较大潜力。

12.2 燃煤发电

电力是我国煤炭消费的最主要行业，消费了全国煤炭消费总量的一半以上，而且随着其他工业部门用煤量减少，电力部门煤炭消费量占全国煤炭消费总量的比重还将继续提升。

解决大量燃煤引发的能源环境问题，缓解以化石能源为主的能源体系及其粗放式发展与经济高质量发展要求不协调的主要矛盾，是发展煤炭清洁高效利用的重要课题。

12.2.1 超高参数高效率燃煤发电技术

（1）技术内涵

提高机组参数、进一步提高经济性、降低价格性能比、降低单位能量的排放是现今火电汽轮机的发展方向。当前，超（超）临界发电技术已经进入 700℃ 等级先进超（超）临界技术研发阶段。采用先进的 700℃ 高效超超临界火力发电机组，通过提高参数、优化系统可使供电效率达到 46% 以上，供电煤耗可进一步降低至 250gce/（kW·h）以下。超高参数高效率燃煤发电技术旨在研究 700℃ 火力发电成套技术及电力装备，是具备工程化应用及国内外成套推广价值的国产自主知识产权的重大电力装备技术，涉及该成套技术的主机装备、主要热力系统、700℃高温管道材料、关键辅机、智能化集成控制技术以及所涉及的全部知识产权管理。

（2）未来发展方向与趋势

目前世界上还没有主蒸汽温度 700℃的机组，但国内外对该能级汽轮机材料的研究启动较早。欧洲、美国关于 700℃等级超超临界燃煤发电机组的研发工作在 20 世纪 90 年代中期就相继启动了。我国于 2010 年开始启动国家 700℃超超临界燃煤发电技术开发计划，并于 2010 年 7 月 23 日成立 700℃超超临界燃煤发电技术创新联盟。目前我国以"700℃先进超超临界燃煤发电主要设备关键技术研究"的国家高技术研究发展计划（863 计划）项目为依托开展了 700℃超超临界汽轮机材料研究。原计划在"十二五"末建立 660MW、35MPa/700℃/720℃的示范电站，但由于耐高温材料等研制的影响，项目进度一再推迟。

2018 年 2 月科技部对 863 计划项目"700℃超超临界燃煤发电技术"进行了验收，提出了一套自主设计的 700℃超超临界锅炉、汽轮机、高温蒸汽管道系统的关键部件选材方案，为进一步开展 700℃等级高效超超临界发电关键技术的研究奠定了良好的基础。尽管 700℃超超临界示范机组建设项目已被推迟，但是提高蒸汽参数的技术研究仍在进行中。

（3）需解决的关键科技问题

材料和制造技术是发展先进机组的技术瓶颈。需研发 700℃镍基合金高温材料生产和加工技术，耐热材料大型铸件、锻件的加工制造技术，高温部件焊接材料、焊接工艺及高温材料的检验技术，等等；研究 700℃机组主辅机关键部件加工制造技术；研发 700℃超超临界发电机组锅炉、汽轮机及关键辅机和阀门国产化制造技术，争取建设 700℃超超临界机组示范工程，全面掌握 700℃超超临界机组技术。

12.2.2 高效超低排放循环流化床锅炉技术

（1）技术内涵

我国煤炭资源丰富，但其中高含灰量、高硫劣质煤占比较大。同时，在煤炭洗选加工过程中会产生大量的洗中煤、煤矸石和煤泥等低热值副产品。这些劣质煤和低热值难燃燃料难以在传统的煤粉燃烧技术中得到有效应用。循环流化床（circulating fluidized bed，CFB）燃烧技术的燃料适用性广，在燃用劣质煤和低热值燃料的过程中仍能保证燃烧稳定，因此，CFB 燃烧技术对我国煤炭清洁高效利用具有重要意义。

经过 40 多年发展，我国 CFB 燃烧技术处于世界领先地位。近年来，在超临界 CFB 锅炉技术、炉内燃烧控制原始超低排放 CFB 燃烧技术、高蒸汽参数生物质 CFB 锅炉技术等方面取得丰硕成果。

（2）未来发展方向与趋势

"双碳"目标下，CFB 燃烧技术需在高效节能、燃料适应性和灵活提升、锅炉快速变负荷能力提升、CFB 锅炉灰渣的资源化利用水平和 CFB 锅炉与 CCS 技术耦合提升等方面发展，以更好地支持国家"双碳"目标的实现。具体方向包括以下几点。①开发超临界/超超临界 CFB 锅炉机组，推进中小型机组的节能减排改造。②发展生物质 CFB 燃烧技术，提高 CFB 技术对劣质煤和低热值燃料的规模化利用水平。③CFB 电厂灵活性改造，探索新型 CFB 燃烧技术的发展，形成新理论、新技术、新工艺，使得 CFB 机组具有高变负荷速度和 0～100% 的变负荷调节能力。④CFB 锅炉具有燃料适用性广的特点，可燃用不同种类的燃料，锅炉灰渣特性差异性大。为提升资源利用效率和减少固废排放，需对 CFB 锅炉的灰渣特性进行全面的研究，对 CFB 燃烧和脱硫的过程进行干预，减少灰渣中不稳定的含钙化合物，并优化灰渣后处理技术，提高灰渣质量，使其能更多地应用于水泥、混凝土、烧结砖等建材制造工艺中，增加 CFB 锅炉灰渣的经济附加值。⑤与碳捕集技术相结合，推动开发高效低能耗的 CFB 富氧燃烧技术、化学链燃烧技术等 CCUS 前端技术，实现

烟气中 CO_2 富集，有利于后续 CO_2 捕集封存和再利用。通过炉内流态重构和燃烧调整，强化污染物原始低排放，辅以尾部高效脱硫脱硝和除尘系统，减少烟气中的 NO_x、SO_2、粉尘、重金属等污染物质，利于富 CO_2 烟气的后续利用。基于 CFB 燃烧燃料适应性广的优势，在燃用生物质、城市垃圾等的 CFB 锅炉上加装碳捕集与封存装置，实现 CO_2 零排放甚至负排放。

（3）需解决的关键科技问题

继续重点发展炉内原始低排放 CFB 燃烧技术，开展 CFB 锅炉炉内石灰石深度脱硫以及 NO_x 超低排放机理基础研究，通过流态重构、燃烧组织来突破传统 CFB 锅炉的 NO_x、SO_2 排放极限，实现 CFB 燃烧自身低污染排放的深度挖潜；优化大型循环流化床锅炉的物料流态、水动力和传热、均匀布风、受热面壁温偏差控制以及受热面布置等设计，突破高效、低成本的超低排放循环流化床锅炉发电关键技术，实现锅炉炉膛出口 NO_x、SO_2 基本达到超低排放限值要求，大幅降低循环流化床锅炉的污染物控制成本，适时开展工程示范。

12.2.3 燃煤机组深度调峰技术

（1）技术内涵

火电机组灵活性改造旨在改善机组的调峰能力、爬坡速度、快速启停能力等，根据现有机组技术特性，能形成不同技术方案。纯凝机组多采用低负荷运行工况调整策略达到深度调峰目的，实现机组在低负荷运行时锅炉低负荷稳定燃烧、脱硝装置低负荷投运等。供热机组的灵活性改造方案包括增设电锅炉、旁路供热、切除低压缸进汽、增加蓄热罐等。其中，增设电锅炉方案适用性最广，调峰幅度最大且运行灵活，但其能量有效利用率较差。旁路供热方案投资较少，但受机组旁路设计容量的限制以及锅炉再热器冷却、汽轮机轴向推力及高排冷却等因素的影响，其供热能力有限。切除低压缸进汽运行方案投资少，具有很好的经济性，但其运行灵活性较差、调峰深度有限。蓄热罐方案在投资、经济性和运行安全性方面均较好，但其调峰能力有限，且占地面积较大。因此，供热机组的灵活性改造需根据自身电负荷、热负荷、改造成本、运行收益等情况进行综合考虑。一般情况下，通过灵活性改造，纯凝机组最低运行负荷可达到30%～35%额定负荷，热电机组最低运行负荷可达到40%～50%额定负荷。

（2）未来发展方向与趋势

阶段火电机组仍然是我国的主力电源，在其他灵活性调节手段规模化发展以前，实施火电机组灵活性改造是提高电力系统调峰能力的重要和经济选择。我国《电力发展"十三五"规划》确定全国火电灵活性改造规模目标为2.2亿千瓦。如果从现在起火电机组不再增加新的装机，但通过市场机制等手段使有条件的火电机组继续实施灵活性改造，则预计到2030年可以提供1.5亿千瓦的调峰能力。

（3）需解决的关键科技问题

火电机组灵活性改造还需要继续提升技术机组最小技术负荷、爬坡速度和快速启停能力，需突破纯凝机组锅炉低负荷稳定运行技术、供热机组增设电锅炉或旁路供热技术；研究解决机组常态化深调峰运行安全保障、高效率保持和热电解耦技术；研究燃煤电站耦合生物质气化调峰技术；实现到2030年主要热电机组最低运行负荷达到40%额定负荷，纯凝亚临界机组最低运行负荷达到20%额定负荷，纯凝超临界机组最低运行负荷达到30%额定负荷。

12.2.4　燃煤掺烧固废与生物质发电技术

（1）技术内涵

依托现役燃煤高效发电系统和污染物集中处理设施的技术领先优势，通过实施包括城市生活垃圾和污水处理厂、水体污泥等的固体废物和包括农作物及其废弃物、树木等木质纤维素、动物粪便等的生物质与煤炭掺烧发电的方式，破解秸秆田间直接焚烧、污泥和垃圾围城等难题，克服生物质资源能源化利用污染物排放水平高的缺点，增加不需要调峰、调频、调压等配套调节措施的优质可再生能源电力供应，促进电力行业特别是煤电的低碳清洁发展。

（2）未来发展方向与趋势

根据当前社会固废处理需求和电力低碳转型要求，"煤电+污泥"、"煤电+垃圾"和"煤电+生物质"是燃煤掺烧发电技术的方向。城市生活垃圾和污泥是固体废物的重要组成，其中含有较为丰富的有机物等可通过焚烧的方式来实现垃圾减量和能源回收。但是传统的垃圾焚烧会产生大量的二噁英、氯化物、SO_2、氮氧化物等污染物，需要单独配备复杂的烟气净化系统才能满足排放要求，同时传统垃圾发电项目还存在投资大、能耗高、净化效率低等问题。可通过固废与燃煤掺烧发电技术，实现垃圾无害化、减量化、资源化、低成本化的处置，提高垃圾能源化利用效率，降低单位垃圾处理投资成本及运行维护费用。生物质是一种清洁零碳的可再生能源。通过在燃煤机组中掺烧生物质燃料，可以有效提高生物质燃料的利用率并降低污染物和CO_2的排放，是未来我国低碳电力转型的重要选择。

（3）需解决的关键科技问题

污泥等固废中含有较高的水分，需通过污泥干化技术对其进行预处理，以大幅降低水分，提高污泥热值。生物质燃料来源分散，且能量密度较低，需解决生物质燃料采集、存储和预加工技术难题，提高生物质燃料供应的持续性。

12.2.5　整体煤气化联合循环发电技术

（1）技术内涵

整体煤气化联合循环发电技术（integrated gasification combined cycle，IGCC）是CO_2近零排放煤气化发电技术的重点方向。IGCC发电技术被视为具有颠覆性的煤炭清洁利用技术，可实现燃煤发电近零排放的清洁利用，供电效率有望达到 60% 以上，大大降低供电煤耗，一旦取得突破将是具有革命性意义的洁净煤技术。

IGCC 主要采用煤（或渣油、石油焦等）作为燃料，经过气化炉将其转化为煤气，并经除尘、脱硫等净化工艺，使之成为洁净的煤气供给燃气轮机燃烧做功。燃气轮机排气余热和气化岛显热回收热量经余热锅炉加热给水产生过热蒸汽，带动蒸汽轮机发电，从而实现煤气化联合循环发电过程，具有发电效率较高、便于 CO_2 捕集、用水量少、污染物排放量极少、便于 H_2 生产等优点，被认为是有发展前途的清洁煤发电技术之一。

（2）未来发展方向与趋势

目前 IGCC 电站仍然处于商业示范阶段。美国、日本、荷兰、西班牙等国家已相继建成 IGCC 示范电站。2012 年 11 月我国华能天津 250 MW IGCC 示范机组投入商业运行，该示范电站是我国首套自主研发、设计、建设、运营的 IGCC 示范工程，已实现粉尘和 SO_2 排放浓度低于 $1mg/m^3$（标况）、NO_x 排放浓度低于 $50mg/m^3$（标况），排放达到了天然气发电水平，同时发电效率比同容量常规发电技术高 4%~6%。通过技术创新，不断提高 IGCC 电站的经济性和可靠性是 IGCC 技术发展的方向。

（3）需解决的关键科技问题

IGCC 由多个环节组成，工艺技术极其复杂，是发电和化工两大系统的综合体，系统的整体化程度仍亟待进一步提高。技术上，需突破适应不同煤种、系列化、大容量的先进煤气化技术，高温煤气净化技术，适用于 IGCC 的 F 级以及 H 级燃气轮机技术，低能耗制氧技术，煤气显热回收利用技术，等等。

12.2.6　煤气化燃料电池发电技术

（1）技术内涵

煤气化燃料电池发电技术（IGFC）将煤气化技术与燃料电池发电技

术相结合，是 IGCC 技术的延伸。IGFC 发电系统主要包括煤气化、粗煤气净化、燃料电池发电、尾气燃烧、余热回收等模块。由于燃料电池技术将原料中的化学能直接转化为电能，不受卡诺循环效率的限制，可以大幅度提高发电系统的能量利用效率，理论上 IGFC 系统的净发电效率最高可以达到 56%～58%。同时，IGFC 系统可以实现 CO_2 的富集，尾气中 CO_2 干基浓度可以达到 95%（体积分数）以上，与碳捕集与封存技术配合可以实现煤基发电的 CO_2 近零排放。

（2）未来发展方向与趋势

IGFC 技术被视为最具发展前景的煤气化发电技术。美国、日本均对 IGFC 技术的研发与示范进行了长期资助。我国《中国战略性新兴产业发展报告》《能源技术革命创新行动计划（2016—2030 年）》《"十三五"电力发展规划》均将 IGFC 列为战略性能源新技术。2017 年国家启动了"CO_2 近零排放的煤气化发电技术"国家重点研发项目，使我国领先世界各国较早地布局了 IGFC 相关技术研发和开展 IGFC 发电系统试验平台示范。国际上首套 MW 级 CO_2 近零排放的 IGFC 示范系统燃料电池发电效率 ≥ 50%，CO_2 捕集率 ≥ 91%。

（3）需解决的关键科技问题

根据国内外目前 IGFC 系统技术进展，其在未来的研究中急需解决的技术问题主要有：①大功率加压燃料电池的长周期运行问题，包括整体煤气化熔融碳酸盐燃料电池（IG-MCFC）和整体煤气化固体氧化物燃料电池（IG-SOFC）技术的突破；②有更高能量利用效率的粗煤气中温干法净化脱硫工艺；③尾气催化纯氧燃烧的低成本、长寿命、高活性的催化剂及催化燃烧器开发；④ IGFC 与 CO_2 捕集耦合技术；⑤高温换热器、高温风机等关键设备。

12.2.7　燃煤电厂烟气污染物超低排放技术

（1）技术内涵

我国以煤为主的能源消费结构带来了严重的大气污染问题，尤其是

燃煤电厂排放的 SO_2、NO_x、颗粒物（PM）、汞等污染物对区域生态环境和居民健康产生了重要影响。因此，在电力行业中推动燃煤烟气污染物超低排放是中国现阶段煤炭清洁利用的重要途径。

近年来，国家通过 863 计划、科技支撑计划、自然科学基金、973 计划等科技项目部署了大量经费用于支持燃煤电厂大气污染物控制理论提升及技术研发工作，在 SO_2、NO_x、颗粒物（PM）、汞等污染物控制方面取得了重大突破，为探索建立一套使燃煤电厂主要污染物排放达到国家天然气燃气轮机排放限值的多种污染物高效协同脱除技术系统提供了有力保障。

（2）未来发展方向与趋势

目前，我国已在大气污染治理技术研发方面取得了显著进展，多项关键共性技术取得突破，有效支撑了各重点行业大气污染物排放标准的制定、修订和实施，减少了主要大气污染物的排放。围绕当前空气质量改善的需求，针对工业源、移动源、面源等主要大气污染源，我国正经历从末端污染控制为主，向全过程污染治理转变，从单一污染物排放控制向多种污染物系统协同控制转变，从污染物达标排放向深度治理转变，并逐步构建源头削减-过程控制-末端治理的全过程大气污染治理技术体系，以支撑实现大气污染物治理能力的全面提升。

（3）需解决的关键科技问题

在常规污染物控制上，发展更高性能、更经济的新型污染物控制技术和多污染物一体化脱除技术，包括研发具有同时吸附多种污染物的新型高效吸附剂及高效、低成本氧化剂和氧化工艺与设备，以及高效催化剂，等等；研发多污染物一体化脱除技术工艺关键装置设计与制造技术，研究工艺流程优化技术，等等。在废水控制上，发展脱硫废水的"常规处理＋预处理＋蒸发结晶"技术。在固体废物控制上，发展利用脱硫石膏改良土壤（已成功改造20万亩❶）、高铝粉煤灰生产氧化铝等；发展脱

---

❶ 1 亩 = 666.67m^2。

硫石膏和粉煤灰的精细化利用，生产高附加值产品。

12.2.8 煤炭分级分质利用发电技术

（1）技术内涵

我国拥有丰富的"富油煤"资源和低阶煤资源。传统的燃煤方式忽视了煤的资源属性，将煤炭完全作为燃料燃烧，导致煤炭综合利用水平和效益不高。煤分级转化技术是基于煤炭各组分具有的不同性质和转化特性，突破传统的利用方式，将煤炭同时作为原料和燃料的热解、气化、燃烧等过程有机结合，将煤炭中容易热解、气化的部分转化为煤气和焦油的技术。煤气作为后续合成工艺的原料能生产具有高附加值的化工产品；焦油可分馏出各种芳香烃、烷烃、酚类等，也可经加氢制得汽油、柴油等产品。难热解气化的富碳半焦用于燃烧提供热电，灰渣进行综合利用，从而在同一系统中获得低成本的煤气、焦油和蒸汽。相比传统的煤炭直接燃烧，煤炭资源化分级分质利用技术通过热解或部分气化工艺将煤炭所含富氢组分转化为煤气和焦油，半焦用于燃烧发电或者其他用途，实现煤的分级转化和分级利用，能最大程度利用煤的化学特性，大幅度提高煤的利用价值，同时减少燃烧过程中产生的二氧化硫、氮氧化物、粉尘排放，减少大气污染。

（2）未来发展方向与趋势

目前，基于热解的低阶煤炭资源化分级分质利用工艺主要有油-气-半焦联产工艺和油-气-热-电联产工艺。油-气-半焦联产工艺通常采用低灰优质煤，产生油气的同时联产大量半焦。半焦通常经冷却外送，主要用于冶炼、化工原料及清洁燃料等。油-气-热-电联产工艺将煤热解和半焦燃烧直接耦合，在煤燃烧利用前先通过热解提取油气，热半焦直接送入锅炉燃烧发电供热。该工艺燃料适应性广，同时避免了半焦冷却、储存和运输环节，系统热效率高，被认为是煤炭利用的革命性方向，近年来在国内外得到广泛关注。浙江大学、中国科学院、清华大学及国家电网公司北京动力经济研究所等单位开发了基于移动床、流化床及下行床等的煤热解燃烧多联产工艺。上述工艺已经进行了大量实验室研究，并部分完成了工业试验，浙江大学和中国科学院等已完成煤处理量 2～40t/h 煤热解燃烧工业试验研究，验证了该工艺的可行性，具备工业示范及推广应用能力。

（3）需解决的关键科技问题

关键科技问题包括研发煤炭清洁高效催化热解技术（如先进低阶煤热解技术）、煤焦油提取高附加值精细化产品及制特种高级油品和芳烃技术（如中低温煤焦油深加工技术）、热态半焦与高浓度废水耦合清洁高效气化技术（半焦综合利用技术）、热解煤气与半焦气化煤气合成高附加值含氧化合物技术、超低挥发分碳基燃料清洁燃烧关键技术等。

12.2.9 电站锅炉富氧燃烧技术

（1）技术内涵

富氧燃烧是在现有电站锅炉系统基础上用高纯度的氧代替助燃空气，同时采用烟气循环调节炉膛内的介质流量和传热特性，可获得富含 80%～95%（体积分数）的 CO_2 烟气，从而以较小的代价冷凝压缩后实现 CO_2 的永久封存或资源化利用，较为容易实现 CO_2 的大规模化富集和减排，并且由于这种新型燃烧方式与现有电站燃烧方式在技术上具有良好的承接性，也容易被电力行业接受。富氧燃烧技术是燃烧中碳捕集技术的重要技术。

（2）未来发展方向与趋势

近年来，随着国家对碳捕集技术的日益关注和重视，国内对富氧燃烧技术的研究也日益活跃，研究方向不断拓宽，无论是理论研究还是示范应用都取得了很大的进展。近年来，围绕富氧燃烧在燃煤锅炉的应用主要有传统煤粉锅炉和 CFB 锅炉两种技术路线。传统煤粉锅炉富氧燃烧技术已经建成热功率 35MW 富氧燃烧工程示范平台，并新建了涵盖富氧燃烧技术全流程的工业示范系统，为更大级别富氧燃烧技术推广奠定坚实基础。CFB 锅炉富氧燃烧已经建成了 MW 级装置，向加压富氧燃烧方向发展。

（3）需解决的关键科技问题

作为可较低成本实现 CO_2 封存或资源化利用的碳减排技术，较高的附加投资成本（50%～70%）、运行成本（30%～40%）、每吨 CO_2 捕集成本（40～60 美元）和较低的可靠性仍是富氧燃烧技术研发过程中面临的关键难点。仍需突破基于氧/燃料双向分级的富氧燃烧着火、传热与污染抑制技术，基于加压富氧燃烧的 CFB 燃烧、传热和污染抑制技术及富氧燃烧系统集成优化和性能评估技术。

12.2.10 化学链燃烧技术

（1）技术内涵

化学链燃烧（chemical looping combustion，CLC）技术是将传统的燃料与空气直接接触反应的燃烧，借助载氧体，使燃料无须与空气接触，燃烧产物只有 CO_2 和水，经冷凝后可直接回收 CO_2，无须额外的分离装置。化学链燃烧系统由空气反应器、燃料反应器和载氧体组成，其中载氧体由金属氧化物与载体组成，金属氧化物真正参与反应传递氧，而载体承载金属氧化物并提高化学反应活性。金属（Me）在空气反应器中被空气中的氧气氧化，生成金属氧化物（MeO）；金属氧化物（MeO）在燃料反应器中与燃料发生氧化还原反应，燃料发生氧化反应生成 CO_2 和 H_2O，MeO 发生还原反应生成金属（Me）。利用化学链燃烧技术不需要用气体间的分离便可实现燃料的燃烧和 CO_2 的分离，可视为在燃烧中分离 CO_2 的改进技术。据估计，燃烧固体燃料的化学链燃烧工厂捕获 CO_2 的吨成本约为 20 美元，远低于燃烧后技术（36～53 美元/t）、燃烧前捕获（28～41 美元/t）和含氧燃烧（36～67 美元/t）的估计成本。同时，该技术预期可使 CO_2 捕集引起的供电效率损失从 10 个百分点以上降低到 4 个百分点以内。

（2）未来发展方向与趋势

化学链技术用于煤炭资源的清洁利用可以降低㶲损、实现 CO_2 低耗捕集、抑制 NO_x 产生，在制氧、制氢、发电、化学品生产工艺中有非常大的潜力。自化学链燃烧技术的概念提出以来，各国学者对其进行了多方面的研究。目前已有一些关于化学链技术及其在煤炭利用中的研究报道，主要集中在单元技术装置设计、载氧体研发、反应条件调控上。但仍需要更多地从化学链技术的机理、单元过程集成和系统整体效能的角度分析其特征与优势，为化学链技术在煤炭清洁高效利用中的应用、推广并最终实现工业化提供理论支撑。

（3）需解决的关键科技问题

制约化学链工艺发展的因素很多，包括高反应活性和高可循环性的氧载体合成、高效率低成本的反应器设计及高集成度的工艺流程开发等。

12.2.11 超临界 CO_2 循环发电技术

（1）技术内涵

CO_2 具有化学性质稳定、密度大、无毒性、成本低，以及压缩系数低、比热容大、扩散系数高等物性特点。当温度 30.98℃、压力 7.38MPa 时，其物理状态进入"超临界"（supercritical carbon dioxide，S-CO_2）状态，其密度接近于液体，黏度接近于气体，扩散系数约为液体的 100 倍。超临界二氧化碳密度比气体大，黏性比液体小，具有流动性强、传热效率高、可压缩性小、化学性质不活泼、无色无味无毒、安全、价格便宜、纯度高、易获得等特点，使得它很适合作为热力循环工质。以超临界二氧化碳为工质的布雷顿循环或朗肯循环系统简单、结构紧凑、效率高、可空冷，超临界二氧化碳循环可以与各种热源组合成发电系统，在火力发电、核能发电、太阳能热发电、余热发电、地热发电、生物质发电等领域均具有良好的应用前景。

（2）未来发展方向与趋势

S-CO$_2$发电技术受到各国关注。目前，美国、英国、德国、日本、韩国、西班牙等国家均开展了S-CO$_2$发电技术的研究，部分国家已经开展了样机制造和试验，其中美国已经基本掌握MW级S-CO$_2$循环发电技术，日本东芝公司已向世界首套直接燃烧式S-CO$_2$发电示范电站发运25MW透平，韩国原子能研究院等机构最新建成10kW和80kW实验机组，正在进行示范机组的设计。欧盟（德国、西班牙、捷克等）、日本、韩国均在积极开发基于S-CO$_2$循环发电技术的600MW以上的大型核电机组。我国也开展了S-CO$_2$布雷顿循环发电技术的研究，但整体进展相对滞后，主要集中在基础技术的分析和设计。清华大学进行了再压缩S-CO$_2$布雷顿循环的分析和改进研究；西安热工研究院、华北电力大学等开展了针对S-CO$_2$换热、腐蚀、材料选型方面的基础研究；中国科学院工程热物理研究所正在开展MW级S-CO$_2$布雷顿循环关键部件的研制工作，初步具备了S-CO$_2$透平、压缩机设计的能力，初步掌握了印刷板式换热器的设计方法。中国华能集团有限公司（简称华能）开展燃煤S-CO$_2$发电技术研发，目标是实现600MW等级以上的大型S-CO$_2$火力发电系统及关键部件的工程方案。2021年2月8日，华能自主研发的世界参数最高、容量最大的超临界二氧化碳循环发电试验机组在华能西安热工院顺利完成72小时试运行。该技术在主气温度600℃的条件下，热电转换效率较蒸汽机组提升3～5个百分点；相同装机容量时，透平主轴长度只有蒸汽轮机的1/25；可实现0～100%全负荷调峰。下一阶段，华能将积极推动超临界二氧化碳循环发电技术在高效光热、电热储能、先进核电和灵活火电等领域的研发与应用，计划在"十四五"期间建成50MW超临界二氧化碳循环发电商业示范电站。

（3）需解决的关键科技问题

S-CO$_2$循环发电系统是一个新的工业系统，在基础热工水力特性、循环构建理论、系统运行控制策略、关键设备设计、材料选择等方面还面临很多技术挑战，需重点突破近临界点高精度基础物性测量及流动传热预测模型、数据验证，针对化石能源热量释放特点的系统优化设计理论；试验平台建设；循环发电系统仿真计算方法和控制策略；高能量密度高效涡轮旋转机械、密封结构设计和试验；高效低阻紧凑式换热器结构开发；含有少量杂质气体的 $S-CO_2$ 材料的性能评价；研制 $S-CO_2$（闭式）燃煤锅炉、透平、压缩机、高效换热器等关键设备，开展大规模 $S-CO_2$ 发电工程示范及验证。

12.2.12 氨与煤共燃发电技术

（1）技术内涵

氨作为燃料具有能量密度高、燃料储运方便等优点，其燃烧热值的体积能量密度和质量能量密度均接近燃油。仅需对现有大型火电站某一层煤粉燃烧器结构进行改造，在传统煤粉锅炉燃烧器的一次风和二次风的基础上，增加氨供给枪、氧气供给枪、氢/油燃气供给枪及相应管道、控制阀和传感器，可以使氨与各种燃料灵活组合进行燃烧，实现了对现有煤粉锅炉的低成本改造。同时，氨燃料引入可以实现火电机组锅炉的低负荷稳燃，提供锅炉低负荷调峰的负荷范围，加大火电机组的调峰能力。

（2）未来发展方向与趋势

氨来源广泛、便于运输和利用且能从零碳可再生能源制取，使得燃料氨成为实现碳中和目标的技术选择。当前，燃料氨产业成为日本重点发展领域。日本经济产业省计划到 2030 年用氨与煤炭混烧，替代日本燃煤发电站 20% 的煤炭供应，随着时间的推移，这一比例将上升到 50% 以上。最终目标是建设氨气发电厂作为新的低碳电力结构的一部分，再加上海上风能和核能达到净零排放。2021 年 9 月，中国在铜陵启动"氨能利用发电"项目，计划在安徽省能源集团有限公司所属的皖能铜陵发电有限公司 300MW 机组进行掺氨 1% 实验，在实验成功的基础上逐步推广到两台 1000MW 机组掺氨 20%，项目实施后将减少 20% 碳排放，并探索打造"矿坑水面光伏 - 绿氢 - 绿氨 - 临近火电厂掺氨发电"的完整绿色产业链。2021 年 10 月，日本开始在燃煤发电厂开展小规模利用氨作为燃料的试验，2024 年 4 月在百万千瓦机组上实现了 20% 的燃料氨替代，目前正在推进商业化运营。

（3）需解决的关键科技问题

可再生能源大规模制取绿氨技术、锅炉混燃氨与煤炭技术及装备、系统稳定性与可行性验证、锅炉吸热性能及废气对环境的影响评估等问题。

12.2.13　超临界水蒸煤技术

（1）技术内涵

"煤炭超临界水气化制氢发电多联产"系列技术，俗称"超临界水蒸煤"，它是由西安交通大学动力工程多相流国家重点实验室郭烈锦教授带领的团队历经 20 年科技攻关的结晶，提出了煤炭在超临界水中完全吸热 - 还原制氢的新气化原理。利用温度和压力达到或高于水的临界点——超临界态水的特殊物理化学性质，将超临界水用作煤气化的均相、高速反应媒介，并借助团队发明的超临界水流化态反应床，将煤中的碳、氢、氧元素气化转化为氢气和二氧化碳，同时热化学分解了部分超临界水制取氢气，将煤炭化学能直接高效转化为氢能。该技术具有完全自主知识产权，是一项变革性技术，也是能够根除雾霾形成源的有效技术，可实现煤炭向电力、载能工业品及化工产品等高附加值产品的"三个转化"。

（2）未来发展方向与趋势

超临界水蒸煤技术可以完全实现洁净（既无 SO_x、NO_x 等有害气体，又没有废液和粉尘颗粒等污染物排放）、零碳（发电工艺流程中自然富集 CO_2，不额外增加能耗）、高效（煤电净发电效率大于 50%）、节水（发电为零耗水，制氢耗水量达最低值，为分解水制氢的理论耗水量）、低成本［百万千瓦机组一次投资比火电机组低 20% 左右，煤耗小于 250g/（kW·h）］、电热气多联产和高质价转化利用（发电、供热的同时，可联产氢气和高纯二氧化碳，继而可进行化工工艺链接匹配创新，联产高性价含碳化学品；而由煤的灰分产出的灰渣完全无害，是性能良好的原材料，是特殊煤种微量元素提纯的好办法）。

超临界水蒸煤技术是一个典型的利用原创技术使传统煤炭利用产业形成革命性的技术突破，将在我国国民经济和社会发展中发挥重大作用。用好这项我国主导并引领的颠覆性技术，可充分发挥我国及其他国家丰富的煤炭资源优势，改变沿袭基于煤炭燃烧发电和气态热解煤制气的传统技术一统天下的现状，有助于支撑我国"碳达峰碳中和"目标的快速实现，同时助力保障我国能源的安全与供给体系转型，并因势利导，引领世界能源技术和产业的革命。

（3）需解决的关键科技问题

当前该项技术已全面完成原理性创新、实验室规律性试验研究和中试试验，正在开展 50MW 发电及热电联产机组、燃煤工业供热蒸汽锅炉替代产品的工程示范。

12.3 燃煤工业锅炉

燃煤工业锅炉广泛存在于工业领域的各个行业，是我国煤炭利用的重要方式。与燃煤发电相比，燃煤工业锅炉（窑炉）呈现"量多面广"的特点。我国在役燃煤工业锅炉近 50 万台，煤炭消耗量约占全国煤炭消费总量的 20%。工业锅炉排放的烟尘、SO_2、NO_x 分别占全国排放总量的 40%、26%、12% 左右。工业锅炉能源消耗和污染排放均位居全国第二，仅次于电站锅炉，煤炭消耗量远高于钢铁、石化、建材等高耗能工业行业。当前工业领域煤炭清洁高效燃烧利用的科技支撑不足，基础研究相对薄弱，关键核心技术支持不足，环境处理成本高。

12.3.1 燃煤工业锅炉宽负荷稳定高效燃烧技术

（1）技术内涵

我国现阶段开展燃煤工业锅炉宽负荷稳定高效燃烧技术和装备研发完全符合国家政策，并且是国家集中持续支持攻关的研究领域。研发先进的变革性煤粉预热耦合热粒子储放能燃烧技术，在保证锅炉高效率的基础上，实现锅炉的宽负荷和快速变负荷运行，符合国家需求和行业需求。该技术的成功实施将全面提升我国燃煤工业锅炉产业技术水平，为我国实现"双碳"目标提供有力支撑。

（2）未来发展方向与趋势

我国燃煤工业锅炉多数为中小型锅炉，相比于电站锅炉，存在燃烧技术落后、燃料适用性差、污染物排放高、热负荷匹配性能差、控制及管理水平落后等问题，严重制约了我国燃煤工业锅炉总体水平的提升。近年来燃煤工业锅炉发展迅速，但锅炉效率依然较低，平均为75%左右，负荷调节范围为30%～100%，负荷调节速率普遍低于2%。因此，我国亟待研发先进的炉内高效燃烧技术，在保证锅炉高效率的基础上，尽量拓宽燃煤工业锅炉的负荷运行范围和增加负荷调节速率。

（3）需解决的关键科技问题

① 煤粉预热燃烧器变负荷调节控制技术：研究预热燃烧器不同负荷运行特性，分析并获得预热燃烧器的工作范围，通过关键部件的优化和参数控制，形成预热燃烧器宽负荷调节控制原则以及燃烧器与锅炉的匹配技术。

② 热粒子储放能关键技术：研究热粒子的产生、输运、储存与燃烧释能特性，获得热粒子储放能关键技术，形成热粒子储放能控制与调节原则。

③ 预热燃烧器、热粒子储放能装置和炉膛能量及质量匹配机制：研究预热燃烧器、热粒子储放能装置和炉膛间的能量平衡和质量平衡关系，

获得不同负荷下三者的耦合匹配特性,获得锅炉快速降负荷和升负荷时三者的结合和解裂特性。

12.3.2 水泥窑炉富氧燃烧关键技术

(1)技术内涵

水泥行业作为我国主要基础工业之一,存在工艺技术和装备落后、燃烧组织方式不合理、炉内燃尽性差、系统能效低、污染物成分复杂等问题,对我国产业链安全形成挑战。

(2)未来发展方向与趋势

水泥等工业窑炉领域的节能技术主要采用轻型炉衬材料、蓄热回收、增大炉膛面积、计算机精准控制等,节能效果相对有限,不能从根本上解决窑炉热效率问题。围绕水泥等工业窑炉研发煤炭新型高效清洁燃烧利用技术,大幅节能降耗,是当下资源形势和技术发展的要求。目前,我国工业窑炉正通过技术升级改造,朝着大型化、环保、节能、有效提高资源利用率的方向发展。

(3)需解决的关键科技问题

通过煤粉部分气化改性和富氧燃烧,加快燃烧反应速率和传热传质速率,实现水泥熟料低能耗烧成。研究煤粉在富氧预热活化装置内的活化改性;研究活化改性燃料在水泥窑炉内的燃烧组织与优化;研究气化富氧燃烧工艺与水泥熟料烧成工艺的匹配;开发面向水泥窑炉的高温燃料喷口技术及系统集成技术,并完成工程示范。

12.3.3 冶金窑炉煤气化-燃烧关键技术

(1)技术内涵

煤炭是冶金过程重要的燃料和原料,但因技术和装备落后等原因而普遍存在系统热效率低、燃料适应性差、变负荷运行特性差、污染物原始排放高等问题，对产业链安全形成挑战。

（2）未来发展方向与趋势

解决制约冶金行业用能效率、灵活性和污染物排放的共性关键技术问题，实现冶金炉窑的高效、灵活燃烧，对于促进冶金工业产业升级，推动其高效、绿色、低碳发展具有重要的科学意义与应用价值。

（3）需解决的关键科技问题

研究固体燃料转化为气体燃料过程中反应强化途径，研究热气体燃料在冶金窑炉分级燃烧控制方法，开发适用于热气体燃料的新型高效燃烧器，开展冶金窑炉气化-燃烧技术系统集成与工程示范。

12.4 煤炭领域技术发展路线图

我们基于《能源技术革命创新行动计划（2016—2030年）》《"十四五"能源领域科技创新规划》中能源技术发展路线图内容，分前瞻研究、集中攻关、试验示范、推广应用等四个阶段，对各项技术未来发展路线形成判断，形成煤炭领域技术发展路线图（见图12-1和图12-2）。

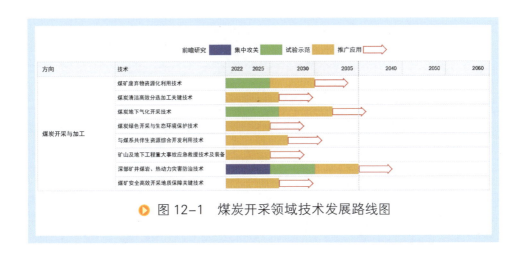

图12-1 煤炭开采领域技术发展路线图

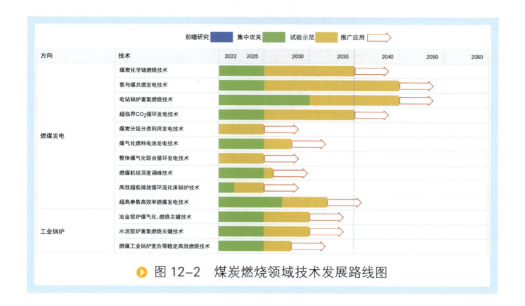

图 12-2 煤炭燃烧领域技术发展路线图

第 13 章 "碳达峰碳中和"目标下煤炭领域发展建议

13.1 煤炭领域发展新机遇

13.1.1 煤炭开采行业

① 保供稳价仍将是今后较长时期煤炭开采行业的核心任务，支撑煤炭开采行业稳定发展。习近平总书记在党的二十大报告中提出"当前，世界之变、时代之变、历史之变正以前所未有的方式展开"，"世界百年未有之大变局加速演进，新一轮科技革命和产业变革深入发展，国际力量对比深刻调整，我国发展面临新的战略机遇"，"我国发展进入战略机遇和风险挑战并存、不确定难预料因素增多的时期，各种'黑天鹅'、'灰犀牛'事件随时可能发生"，我们必须增强忧患意识，坚持底线思维，做到居安思危、未雨绸缪。能源安全是国家安全体系的重要领域，是国家发展的重要底线，煤炭的重要性再次凸显。无论是政策还是市场，对煤

炭行业发展都重拾信心,为煤炭行业转型发展提供了宽松的政策环境。

2022年4月20日,国务院常务会议重申煤炭作为主体能源的作用,提出要优化煤炭生产、项目建设等核准政策,落实地方稳产保供责任,充分释放先进产能。"十四五"以来,全国新增煤炭产能6亿吨左右,有力保障了国内煤炭供应。可以预见,未来几年"保供稳价"仍将是我国煤炭开采行业的核心职责,煤炭开采、煤炭运输、煤炭存储等煤炭产运销储环节仍将受到国家政策的大力支持。

中长期来看,全国要实现2030年前碳达峰目标,煤炭消费总量必须在2030年前达峰。目前关注的焦点是峰值多高的问题。在2021年以前,2013年煤炭消费42.2亿吨被众多学者认为是峰值。直至2021年煤炭消费总量一举超过42.2亿吨,达到43.2亿吨,专家对煤炭峰值的讨论再次增加。值得指出的是,目前大部分对煤炭峰值的讨论关注的是煤炭实物量,而煤炭实物量统计体系长期存在着较大误差,如根据《中国能源统计年鉴2021》中数据,2020年煤炭(煤合计)平衡差额达到9659万吨。根据以往经验,该误差会在煤炭供需出现重大变化过程中放大。为此,该问题将长期困扰煤炭峰值问题的讨论,需提早研究确定。

② 全球能源危机有力支撑煤价高企,为煤炭开采行业绿色低碳转型提供了充沛资金。当前全球经济复苏叠加俄乌冲突造成欧洲油气资源短缺,带动全球煤炭市场供不应求,国际煤价翻倍。国内煤价在俄乌冲突之前已经由于供需紧平衡处于历史高位,受国际煤价影响,国内煤炭价格仍将维持历史高位,煤炭开采行业高景气或将长期维持。虽然国家强化了煤炭价格"合理区间"的管控,但该价格仍将带给煤炭开采行业超额利润。煤炭工业协会公布,2021年和2022年全国规模以上煤炭企业实现营业收入分别达到3.3万亿元和4.0万亿元,利润总额分别超0.7万亿元和1万亿元。同时,由于煤企新增产能意愿减弱,2021年重点煤炭上市公司用于购建固定资产、无形资产和其他长期资产支付的现金为887亿元,同比仅增长0.2%。经营活动产生的现金流入与投资活动产生的现金流出呈现明显的背离,煤企现金流充沛,为煤炭绿色转型提供了

资本。

③ "双碳"目标下能源体系将发生系统变革，为煤炭开采行业跨产业融合带来多元化路径。"双碳"背景下现有能源体系必须发生系统变革，以支撑能源结构绿色低碳转型。在转型过程中，煤炭开采行业依托现有人才、资金优势，有望开展多元化转型路径。综合现有煤炭开采行业转型思路，煤炭与电力融合包括三类。一是通过煤电联营，推进煤炭开采与电力行业上下游融合。当前煤价高企，"煤电顶牛"现象将更为突出，推进煤电上下游整合将面临更少的行业阻碍。二是依托煤炭开采行业既有的土地、资金和人力资源，以及绿色矿山建设需求，推进煤矿开采+可再生能源发电融合。三是依托煤炭开采既有的资金优势和碳基材料技术，探索储能电池相关的新材料。

④ 新一代信息技术快速发展，助推煤炭行业数字化、智能化转型升级。近年来，物联网、云计算、大数据、人工智能、数字孪生、区块链等新一代信息技术快速发展，涌现了一批高技术企业。煤炭行业数字化、智能化发展的丰富场景吸引了国际国内行业内外各类信息技术企业的关注。华为、中兴等信息通信公司，阿里、腾讯、百度等互联网公司，海康威视、大华、科大讯飞等人工智能类公司，以及其他电力、化工等相关产业信息公司纷纷将业务延伸至煤炭领域，甚至将布局重点放在煤炭行业，为煤炭行业的数字化、智能化转型升级提供了充足的人才资源、技术资源和组织资源。如华为与国家能源神东煤炭集团合作，于 2021 年 9 月 14 日推出面向煤炭智能化建设的矿鸿操作系统，促进智能矿山建设。

13.1.2 煤电行业

① 能源安全保障要求下，"十三五"以来严格控制煤电发展的导向有所松动。实际上，关于"十四五"期间煤电新增装机规模的问题，各方专家意见不同。2022 年 1 月公布的《"十四五"现代能源体系规划》设定了未来 5 年能源工作的主要目标，仅设定了煤电机组灵活性改造规

模累计超过 2 亿千瓦的指标，并未对新增装机规模进行设定。此外，煤电机组作为支撑大型风电光伏基地的基础电源获得政策支持。2022 年 11 月 14 日，国家能源局新能源和可再生能源司副司长王大鹏提出，"十四五"期间，将持续大力推动大型风电光伏基地建设，坚持"三位一体"，统筹推进风电光伏项目、配套调峰煤电和电网送出工程的规划与建设，确保同步规划、同步建设、同步投运。

根据中国电力企业联合会 2021 年 12 月发布的《能源转型中的电力燃料供需格局研究》报告，"十四五""十五五"期间我国煤电装机规模还将继续增长，新增装机量在 1.5 亿、0.3 亿千瓦，到 2025 年、2030 年煤电装机总量在 12.3 亿、12.6 亿千瓦，2030 年煤电装机达到峰值。2022 年 9 月 20 日，中国能源研究会理事陈宗法发文提出，预计国家规划 2025 年煤电发展目标将调增到 13 亿千瓦以上。煤电在"十四五"期间或将迎来高速发展时期。

② "双碳"目标下煤电仍将保有较大规模装机。展望碳中和目标，根据中国工程院《我国碳达峰碳中和战略及路径》报告，我国煤电装机总量在 2030 年达峰，2030 年以后装机量和发电量稳步下降，远期煤电装机退出放缓，逐渐向近零脱碳、灵活调节、应急备用三类机组转变。碳中和目标下，到 2040 年、2050 年、2060 年煤电装机分别为 9.3 亿千瓦、5.2 亿千瓦和 4 亿千瓦。

③ 推进煤电行业绿色低碳转型。"双碳"目标下煤电行业将向支撑调节性电源转变。一是突破燃煤发电深度灵活快速调峰技术，促进可再生能源电力大规模并网。近年来，部分煤电企业不断下探负荷深度调峰空间，如国家能源投资集团有限责任公司开发的超低背压微出力切缸技术和高低旁联合供热技术实现煤电机组 20% 负荷深度调峰及灵活性供热改造调试。二是推进电源侧多能互补。以先进技术突破为支撑，优化整合电源侧、电网侧、负荷侧资源，探索构建"源网荷储"高度融合、适应高比例消纳新能源的新型电力系统，积极实施"风光水火储一体化"发展。

13.2 "双碳"目标下煤炭领域发展建议

一是强化顶层设计，明确煤炭相关产业在"双碳"背景下不同时期的定位。鉴于煤炭相关行业在我国能源系统的基础性和复杂性，以及未来能源技术发展对煤炭清洁高效开发利用的重要性，建议国家层面加强面向"双碳"目标的以技术、数据（工业、社会等各方面）为核心的战略研究，针对当前还未清晰的"双碳"路径及"双碳"路径下煤炭相关产业发展前景进行系统、精准研判，支撑战略决策。

二是强化煤炭产业"托底"作用。建议生产上，全国一盘棋、统筹科学规划、加速释放优质产能的同时，做好产能分级管理，明确不同煤矿产区煤炭产能、产量的底线与上限，增强煤炭稳定供应和应急保障能力；继续推进煤炭绿色开采技术创新与应用，推进智慧煤矿建设，提高煤炭生产效率和产能规模。运销上，大力推进煤炭产供储销体系建设，完善煤炭跨区运输通道和集疏运体系，在煤炭调运关键节点布局一批煤炭储备基地，提升煤炭资源紧缺地区的煤炭保供能力。管理上，从国家安全的角度压实煤炭行业大型央企、国企的增产保供稳价责任，切实稳定煤炭产量、价格。

三是支持煤炭清洁高效利用新兴技术研发和应用。加强对煤炭清洁高效利用重大关键技术和装备的研发、示范和应用的全过程支持。注重煤炭清洁高效利用相关领域的基础研究布局，对具有前瞻性、先导性和"卡脖子"的重大技术装备，以科技创新新型举国体制予以突破。对面向国家重大战略需求的煤炭清洁高效利用技术，研究制定支持工业示范运转的专项政策，在项目审批、要素资源需求方面予以单列。

四是加强财税鼓励政策。建议有关部门对列入国家煤炭相关产业规划的煤电、煤化工示范项目在土地预审、资源配置、环境影响评价、水资源论证、水土保持方案审批等方面给予政策支持，制定促进煤炭清洁高效利用的财政补贴、税费、贷款支持等政策。对列入煤炭清洁高效利用技术装备清单的技术装备可享受有关税费减免、贷款支持等政策优惠。鼓励金融机构对符合条件的项目提供融资支持。支持具备保障国家能源安全作用的技术储备和产能储备项目。充分考虑煤制油与炼油行业的不同特点，研究制定适用于煤制油品的税收政策。

五是强化法律保障作用。"双碳"背景下煤炭清洁高效利用已经成为事关国家高质量发展的重要抓手，急需在法律层面上加以保障。建议加快修订《煤炭法》《清洁生产促进法》《电力法》等相关法律法规，进一步完善优化煤炭清洁高效利用的内容，重点明确煤炭清洁高效利用的法律地位、主要举措、政策支持等事项，同时强化程序性规定，为相关工作开展提供充足的法律保障。

六是强化煤炭行业绿色低碳转型人才培育。"双碳"背景下煤炭行业要实现绿色低碳转型，涉及经济产业转型、资源能源利用、生态环境保护、国土空间开发等诸多领域，复合型、跨领域的专业人才对实现"双碳"目标具有重要作用。建议煤炭行业深挖国内高校、科研院所能源领域高层次人才与战略科学家团队潜力，大力扶持优秀青年人才。优化重大科技项目立项和组织管理方式，推动关键核心技术攻关"揭榜挂帅"制度。支持高校、科研院所加强"双碳"学科建设，强化交叉学科建设，注重煤炭绿色开采、煤电高效灵活运行、煤基材料和煤化工等产业复合型人才培养。

七是加强国际交流合作。加强煤炭清洁高效利用领域相关政策和技术的对外交流与合作。支持我国煤炭深加工企业与在该领域处于全球领先地位的国外创新企业开展联合研究和技术开发。结合我国"一带一路"倡议的实施，在充分尊重资源国意愿的前提下，坚持市场商业化和互利共赢的原则，适时支持企业利用国外资源建设煤炭深加工项目，形成能源资源上下游一体化合作格局，不断拓展产业发展空间。

第三篇

煤化工篇

第14章

煤化工产业概述

煤化工是以煤为原料，经化学加工使煤转化为气体、液体和固体产品或中间产品，而后进一步加工成化工、能源产品的过程，是生产出社会需要的各种化工产品的工业。煤中有机质的基本结构单元是以芳香族稠环为核心，周围连有杂环及各官能团的大分子。这种特定的分子结构使它在隔绝空气的条件下，通过热加工和催化加工，能获得固体产品（如焦炭或半焦），同时还可得到大量的煤气（包含合成气），以及具有经济价值的化学品和液体燃料（如烃类、醇类、氨、酚、吡啶、咔唑等）。此外，也可以通过部分氧化的方法得到合成气，再加工成其他化学品。因此，煤化工的发展包含能源和化学品生产两个重要方面，两者相辅相成。

煤化工按煤炭的一次转化方式不同，可分为煤焦化、煤气化和煤液化。

① 煤焦化。煤焦化又称煤高温干馏，是指煤在隔绝空气条件下，在炼焦炉中经高温（900～1100℃）热解，保持一定时间后生成焦炭，同时获得煤焦油（含苯、甲苯等）、煤气（含氢气、甲烷、乙烯、一氧化碳等）和其他化学产品（如焦炭）的过程。煤气可用于合成氨、氮肥等，焦炭主要用于合成电石或冶金行业，煤焦油可用于提炼沥青、酚、苯等

有机物。

② 煤气化。煤气化是以煤或煤焦为原料，以氧气（空气、富氧或纯氧）、水蒸气或氢气等做气化剂（或称气化介质），在高温条件下通过化学反应将煤或煤焦中的可燃部分转化为气体燃料的过程。煤气化后得到的粗合成气主要为一氧化碳、氢气、甲烷等，依据气化条件及煤的性质不同，粗合成气的组成也不同。粗合成气经过变换、净化等处理后得到合成气。合成气可用于合成氨和甲醇、间接液化、生产天然气等，再经过进一步反应得到烯烃、芳烃、乙醇、二甲醚等化学品。煤气化炉是煤气化的主要设备，根据煤的性质和对煤气的不同要求有多种气化方法，相应的气化炉包括固定床气化炉、流化床气化炉、气流床气化炉等，如图 14-1 所示。

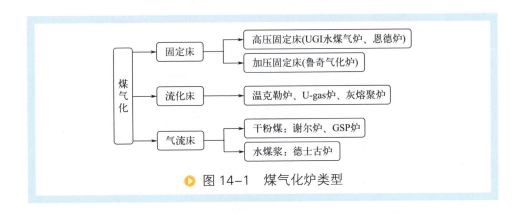

图 14-1 煤气化炉类型

③ 煤液化。煤液化是将煤中有机质转化为液态产物，获得和利用液态的碳氢化合物来替代石油及其制品的技术，煤液化分为直接液化技术和间接液化技术两种。直接液化的热效率比间接液化要高，对原料煤的要求高，比较适用于生产汽油和芳烃；间接液化允许采用高灰分的劣质煤，较适用于生产柴油、含氧的有机化工原料和烯烃等。两种液化工艺各有所长。

煤化工按发展成熟度不同，可分为传统煤化工和现代煤化工。传统煤化工主要包括煤制合成氨、煤制焦炭和煤制电石等。现代煤化工主要包括煤制油、煤制甲醇、煤制烯烃、煤制天然气、煤制乙二醇、煤制乙醇等。具体如图 14-2 所示。现代煤化工具有装置规模大、技术集成度高、资源利用率高等基本特征，在石油价格波动起伏、总体攀升的情况下，已成为部分国家特别是中国应对石油危机的重要对策。

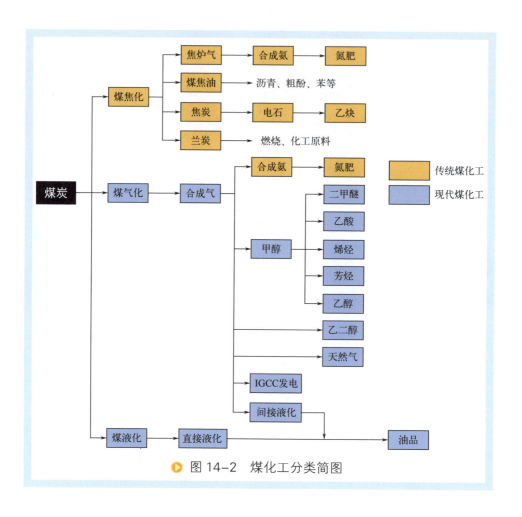

图 14-2 煤化工分类简图

第 15 章

煤化工产业现状

全球煤化工产业于 18 世纪后半叶开始，完整煤化工体系形成于 19 世纪。进入 20 世纪，许多原以农林产品为原料的有机化学品多以煤为原料生产，煤化工成为化工产业的重要组成部分。第二次世界大战以后，石油化工发展迅速，很多化学品的生产转换为以石油、天然气为原料，煤化工在化学工业中的地位逐渐下降。进入 21 世纪后，由于石油的消耗量大且新资源的补充缓慢，而煤资源相对丰富，煤化工的发展被提到议事日程上来。

15.1 世界煤化工产业现状

第二次世界大战后，由于大量廉价石油和天然气的开采，石油化工和天然气化工在全球范围内得到飞速发展。工业上大规模由煤制取液体燃料的生产不得不中止，不少工业化国家用天然气代替了民用煤气，在工业发达的国家，煤化工几乎销声匿迹。

南非由于所处的特殊地理位置以及资源条件，以煤为原料合成液体燃料的工业一直在发展。南非于 20 世纪 50 年代初成立了 Sasol 公司，开始建第一个 Sasol 厂，1955 年 Sasol Ⅰ 费-托合成法工业装置建成。1980 年与 1982 年又分别在塞昆达建成了 Sasol Ⅱ 厂和 Sasol Ⅲ 厂。目前三个煤液化厂年加工煤炭总量为 4590 万吨，生产汽油、柴油、煤油、蜡、氨、乙烯、丙烯、聚合物、醇、醚等 130 多种产品，总产量达 760 万吨，其中油品约占 67%。

煤制天然气技术于 1984 年由英国煤气公司和德国鲁奇公司合作完成 HICOM 甲烷化工艺，世界上第一个煤制甲烷的工厂"美国大平原煤气厂"采用该工艺，该厂年耗原料煤 423 万吨，年产天然气 12.7 亿立方米。

炼焦工业随钢铁工业的发展而不断发展，美国能源署数据显示，2021 年全球焦炭产量为 7.05 亿吨。中国产量为 4.80 亿吨，占全球焦炭产量的 68%；排名第二位的是俄罗斯，产量为 0.48 亿吨，占全球焦炭产量的 6.8%；排名第三位的是印度，产量为 0.39 亿吨，占全球焦炭产量的 5.6%。从焦炭消费量看，2021 年全球焦炭消费量为 7.16 亿吨。中国消费量为 4.87 亿吨，占全球焦炭消费量的 68%；第二名是俄罗斯，消费量为 0.45 亿吨，占全球焦炭消费量的 6.3%；排名第三位的是印度，消费量为 0.40 亿吨，占全球焦炭消费量的 5.6%。

中国从 20 世纪 80 年代开始发展清洁煤技术，引进了鲁奇、德士古（Texaco）气化工艺技术，先后建设了山西潞城化肥厂、鲁南化肥厂、渭河化肥厂等几个大型煤化工骨干企业，为中国 21 世纪煤化工的发展奠定了基础，标志着中国新的煤化工时代的开始。

15.2　中国煤化工产业现状

我国的主要能源是煤炭，煤炭对于确保我国能源安全具有至关重要的作用。2022 年我国煤炭消费总量为 43.2 亿吨，比 2021 年增加 0.5 亿吨。分行业看（图 15-1），电力行业煤炭消费量为 24.6 亿吨，占煤炭消费总量的 56.9%，比 2021 年增加 0.4 亿吨；钢铁行业煤炭消费量为 6.8 亿吨，占 15.7%，比 2021 年增加 0.1 亿吨；建材行业煤炭消费量为 5.2 亿吨，占 12.0%，比 2021 年减少 0.3 亿吨；化工行业煤炭消费量为 3.2 亿吨，占 7.4%，比 2021 年增加 0.1 亿吨；其他行业煤炭消费量为 3.4 亿吨，占 7.9%，比 2021 年增加 0.2 亿吨。

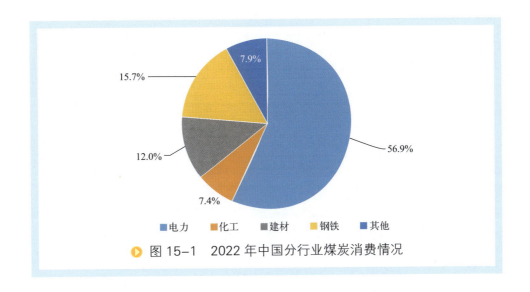

图 15-1　2022 年中国分行业煤炭消费情况

由于我国油气资源不足的资源禀赋，我国在全球范围内对煤化工的重视程度远超其他国家，成为新世纪煤化工的领军者。"十一五"期间，我国的煤化工在科研、设计、生产、制造等方面均获得了全面的发展，煤化工产业处于世界领先地位。

近年来，现代煤化工虽然受到低油价冲击和日趋严格的环保法规影响，但随着技术进步和产业成熟度的提高，市场竞争力有所增强，产业集中度也大幅提升。"十三五"期间主要产品煤制油、煤制烯烃、煤制乙二醇、煤制天然气均已实现大规模工业化生产，逐步形成了宁东能源化工基地、鄂尔多斯能源化工基地、榆林国家级能源化工基地等多个现代煤化工产业集聚区，部分化工基地已实现与石化、电力等产业多联产发展，产业园区化、基地化发展的优势已经初步显现。煤化工经过十几年的快速发展为实现煤炭的清洁高效利用打下了坚实的基础，对于提升国家能源战略安全保障能力、促进化工原料多元化做出了积极贡献。

15.2.1 煤制合成氨产业现状

煤制合成氨是由氮和煤制合成气变换产生的氢在高温、高压和催化剂作用下直接合成的，别名液体无水氨，分子式为 NH_3。合成氨主要用于生产硝酸、尿素和其他化学肥料，还可用作医药和农药的原料，其工艺流程如图 15-2 所示。

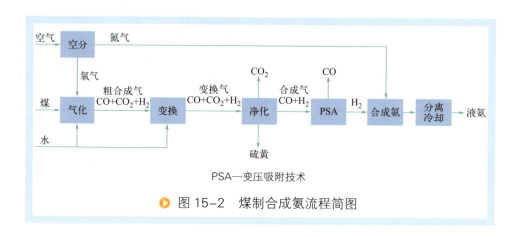

图 15-2 煤制合成氨流程简图

如图 15-3 所示，2016—2019 年全国氨产能和产量呈现下降趋势，下降速率略有不同，产能由 2016 年的 8380 万吨下降至 2019 年 6619 万吨，产量由 5708 万吨下降至 4735 万吨；在 2020 年有微量增加；2021 年全国氨产能为 6488 万吨，产量为 5189 万吨；2022 年产能在 2021 年基础上略有增加，2022 年全国氨产能为 6760 万吨，产量为 5321 万吨。

我国合成氨主要应用于农业，从下游用途来看，尿素占比最大（约61%），其他化肥占比 19%，化工行业占比 20%。我国合成氨消费主要区域是华东、中南、西南和华北等地区。我国煤制合成氨生产企业主要分布在山西、内蒙古、河南、山东等煤炭资源较为丰富的华北及毗邻地

图 15-3　2016—2022 年中国合成氨产量及产能

区。代表性领军企业包括河南心连心化学工业集团股份有限公司、云南云天化股份有限公司、湖北宜化集团股份有限公司、瑞星集团股份有限公司、山东华鲁恒升化工股份有限公司等（表15-1）。

表15-1　2022年全国氮肥企业合成氨产量前二十强

序号	单位名称	序号	单位名称
1	河南心连心化学工业集团股份有限公司	11	湖北三宁化工股份有限公司
2	云南云天化股份有限公司	12	山西天泽煤化工集团股份公司
3	湖北宜化集团有限责任公司	13	安徽昊源化工集团有限公司
4	瑞星集团股份有限公司	14	中海石油化学股份有限公司
5	山东华鲁恒升化工股份有限公司	15	阳煤丰喜肥业（集团）有限责任公司
6	晋控金石化工集团有限公司	16	河南金山化工集团
7	中国中煤能源股份有限公司	17	重庆建峰化工股份有限公司
8	安徽晋煤中能化工股份有限公司	18	内蒙古远兴能源股份有限公司
9	河南晋开化工投资控股集团有限责任公司	19	四川泸天化股份有限公司
10	山东联盟化工集团有限公司	20	灵谷化工集团有限公司

第15章　煤化工产业现状

15.2.2 煤制电石产业现状

电石主要成分为碳化钙，主要用于生产乙炔气，也用于有机合成、氧炔焊接等。电石的生产方法有氧热法和电热法两种，目前主要采用电热法，该方法借助电弧炉将电能转化为热能，加热熔融生石灰和碳素原料（焦炭）发生化合反应制取电石，具体如图15-4所示。

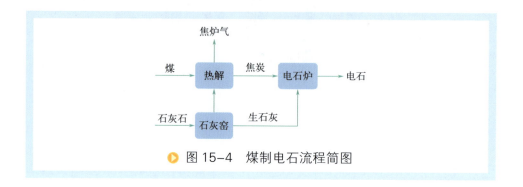

▶ 图15-4 煤制电石流程简图

中国是世界上最大的电石生产和消费国，但随着中国供给侧改革的进行，2016—2022年间国内电石产能处于收缩阶段（图15-5）。2016年我国电石行业的产能达到4500万吨，到2022年，全国电石产能3900

▶ 图15-5 2016—2022年中国电石产能及产量

万吨，共减少了600万吨。2021年中国电石产能为3850万吨，产量为2900万吨，开工率为75.3%。2022年电石产量为3000万吨，开工率为76.9%，与2021年相比基本持平。

我国电石下游消费主要是聚氯乙烯（PVC），占总消费量的82%；其次为1,4-丁二醇（BDO），占比为6%；再次为乙酸、乙烯和乙炔及其他，占比均为4%。具体如图15-6所示。与2021年相比，PVC的电石消费量由2368万吨提升至2450万吨，BDO的电石消费量由173万吨提升至179万吨。

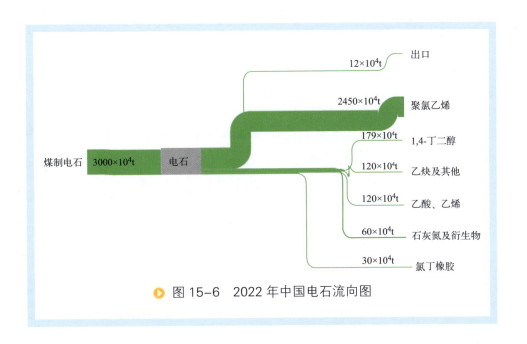

图15-6　2022年中国电石流向图

我国西北地区依托丰富的煤炭资源，拥有低廉的电力成本，且下游PVC、BDO、石灰氮配套合理，除部分产品外销外，其余以自用为主，保证了装置的开工负荷。由于电石对能源、资源的依赖性较强，西北地区的电石在生产、环保等成本方面具有巨大优势。电石产业呈现明显区域集中，如图15-7所示，我国84.49%的电石生产集中在西北地区，远高于第二位的西南地区（5.18%）。

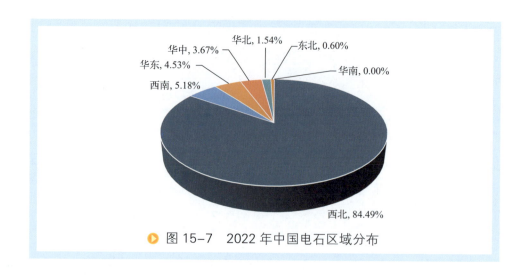

图 15-7　2022 年中国电石区域分布

15.2.3　煤制焦炭产业现状

焦炭是固体燃料的一种，由煤在约 1000℃的高温条件下经干馏而获得（图 15-8），主要成分为固定碳，其次为灰分，所含挥发分和硫分均很少，呈银灰色，具金属光泽，质硬而多孔。焦炭主要用于高炉炼铁。

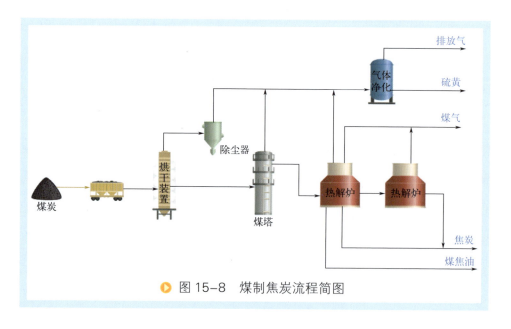

图 15-8　煤制焦炭流程简图

中国是焦化产品的生产、消费大国，焦化产品被广泛用于化学工业、医药业、耐火材料和国防工业，中国焦化产业经过结构调整、转型升级后，得到高质量发展，产业运行总体平稳。2022年中国焦炭产量为47343.6万吨，与2021年相比，产量增加1.93%（图15-9）。

图15-9　2016—2022年中国焦炭产量及年增长率

中国焦炭行业的生产主要集中在华北地区，尤其是山西、河北、内蒙古等地。这些地区拥有丰富的煤炭资源和完善的焦化产业链，为焦炭生产提供了有利条件。此外，一些东部地区也有焦炭生产，但规模相对较小。据统计，华北地区生产规模占比为41.9%，其次为西北地区18.6%。目前国内焦炭领先企业有山西焦化、云煤能源、宝泰隆、中煤能源、陕西黑猫等。在这些企业中，一些大型国有企业拥有较大的产能和资源优势，具有一定的市场影响力。同时，民营企业也在市场上发挥了重要作用，通过灵活的经营策略和技术创新，不断提升自身竞争力。

15.2.4　煤制油产业现状

煤制油是以煤炭为原料，通过各种化学加工生产得到油品和化工产品的技术，包含煤直接液化和煤间接液化两种技术路线。煤直接液化是将煤磨成细粉，然后在高温高压条件下，通过催化加氢反应使煤直接转化成液体燃料，精制后可得优质的汽油、柴油和航空燃料，工艺过程包括煤液化、煤制氢、溶剂加氢、加氢改质等。煤间接液化是将煤炭气化转化为合成气，经变换净化后，调整至合适的 C/H，在催化剂作用下利用费-托工艺合成为液体燃料（如汽油、柴油、航空煤油等）和化工产品。煤直接液化和间接液化流程图见图 15-10 和图 15-11。截至 2022 年底，我国煤制油产能为 823 万吨，与 2021 年相比，未发生变化，但产量由 679.5 万吨增加至 732.8 万吨，增加了 53.3 万吨（表 15-2）。

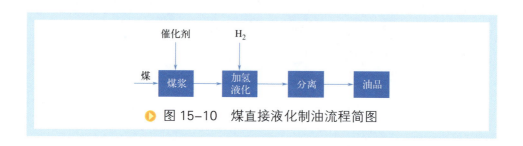

图 15-10　煤直接液化制油流程简图

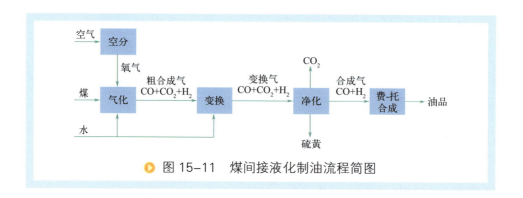

图 15-11　煤间接液化制油流程简图

表15-2　2015—2022年中国煤制油产量和产能　　　　　　　　　　单位：10^4 t

年份	2015	2016	2017	2018	2019	2020	2021	2022
产能	339	738	966	953	921	823	823	823
产量	129.0	198.0	365.9	617.5	745.6	521.9	679.5	732.8

目前，中国煤制油产业整体技术达到国际先进水平，并成为世界瞩目和全球化工同行高度关注的一个领域。在煤制油代表企业中，国家能源集团宁夏煤业的煤间接液化装置2022年产量达434.78万吨，其技术在各类消耗、能效和产油能力上均优于国外同类技术。山西潞安煤基清洁能源的煤制油项目于2022年实现了"四高一低"的历史性突破：一"高"即产量高，达到100.27万吨；二"高"即售价高，实现油品均价6653元/t；三"高"即营业收入高，突破69.5亿元；四"高"即利润创投产以来新高，比2021年实际实现减亏超20亿元；一"低"即消耗低，吨油耗标煤、电、水均创历史最优，部分指标达到行业先进值。

15.2.5 煤制天然气产业现状

煤制天然气的合成过程是将煤气化制合成气，然后合成气甲烷化生产天然气。具体为原料煤在煤气化装置中与高纯氧气和蒸汽进行反应制得粗合成气；粗合成气经过变换和净化装置脱硫脱碳后，得到所需的净合成气；净化装置产生含硫化氢的酸性气体经硫回收装置生产出硫黄；净合成气进入甲烷化装置得到甲烷，即优质天然气。同时在生产过程中副产石脑油、焦油、粗酚、硫黄等副产品，其工艺流程如图15-12所示。

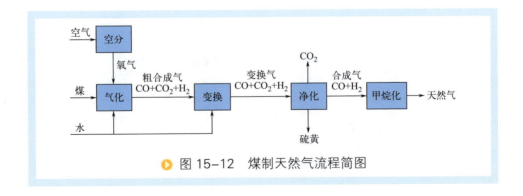

图 15-12　煤制天然气流程简图

截至 2022 年底，国内煤制天然气投产产能为 61.25 亿立方米，产量为 61.61 亿立方米，与 2021 年相比，国内煤制天然气产能没有变化，产量减少 17.08 亿立方米。

从地域布局来看，主要分布在内蒙古和新疆，代表性企业及项目包括大唐内蒙古克旗 40 亿立方米每年煤制天然气示范项目、内蒙古汇能 16 亿立方米每年煤制天然气示范项目、新疆庆华 55 亿立方米每年煤制天然气示范项目、新疆伊犁新天 20 亿立方米每年煤制天然气项目等。

15.2.6 煤制其他化学品产业现状

15.2.6.1 煤制甲醇产业现状

甲醇是一种无色、易燃、易挥发的有毒液体，常温下对金属无腐蚀性（铅、铝除外），略有酒精气味。甲醇用途广泛，是基础的有机化工原料和优质燃料。甲醇生产可采用多种原料，如天然气、煤炭、油、焦炉气、乙炔尾气等，国外生产甲醇以天然气为主要原料，中国则以煤炭为主。以煤为原料制甲醇典型流程包括合成气制造、合成气净化、甲醇合成、粗甲醇精馏等工序，煤制甲醇流程如图 15-13 所示。

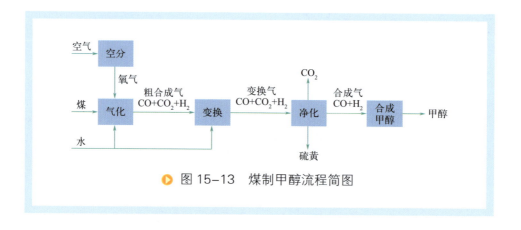

▶ 图 15-13　煤制甲醇流程简图

近几年，我国甲醇生产量保持增长趋势，产量增速表现不一，2017年增速达到19.46%，2021年增速为17.69%（图15-14）。2022年我国甲醇的产能为9947万吨，产量为8122万吨，产能利用率为81.65%，与2021年相比，产能和产量均有小幅增加，增加量分别是273万吨和222万吨。

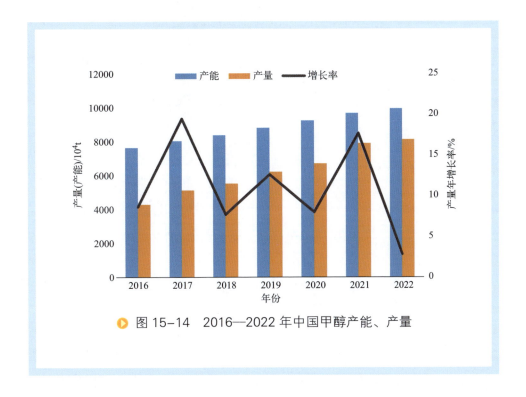

图 15-14　2016—2022年中国甲醇产能、产量

从甲醇流向看（图15-15），我国甲醇的生产原料分别为煤、焦炉气和天然气，其中煤为主要原料占比为76.40%，天然气为原料占11.22%，焦炉气为原料占12.31%。同时也有新工艺的出现，如二氧化碳加氢制甲醇，且部分装置下行延伸配套烯烃，产业链完善度大大提升。甲醇下游主要消耗为甲醇制烯烃（MTO），占甲醇总消耗量的52.77%；其次为甲醇燃料，占比为17.96%；再者为制甲醛，占比为7.51%。

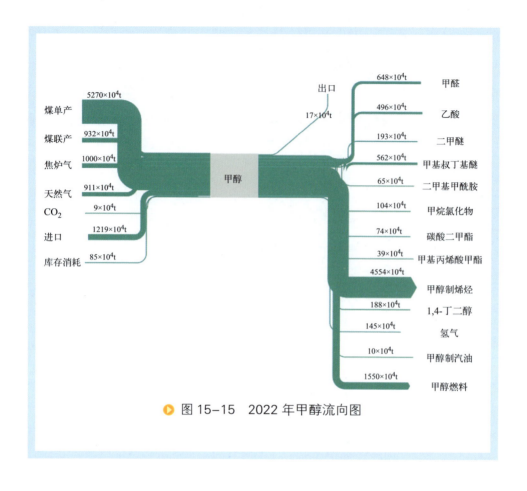

图 15-15　2022 年甲醇流向图

中国甲醇生产企业中，兖矿能源、昊华能源和中煤能源等都是以煤炭为原料制取甲醇，且都已经形成了一体化产业链企业布局，是中国煤制甲醇企业中的代表企业。三家企业中，兖矿能源的煤制甲醇装置设计产能最高，其次是中煤能源。如表 15-3 所示，近期规划建设的煤制甲醇项目包括新疆中泰新材料 100 万吨每年煤制甲醇项目，宝丰能源、新疆东明塑胶等煤制烯烃配套甲醇项目等。中国甲醇行业发展呈现一体化、大型化、集团化发展趋势，受原材料、安全环保等影响，需整合小规模、不规范的甲醇生产装置，建成大型化、功能化的甲醇生产装置，在完善生产工艺的同时，达到节能降耗、高效环保的生产理念。

表15-3 我国煤制甲醇企业近期部分投建项目

发布时间	投建企业	计划产能/(10^4t/a)	项目概述
2021年12月	新疆中泰新材料	100	新建100×10^4t/a煤制甲醇项目，生产装置包括气化装置、净化装置、硫回收装置及甲醇合成装置
2022年2月	宝丰能源	100	宁东三期100×10^4t/a煤制烯烃及$C_2\sim C_5$综合利用制烯烃项目（含25×10^4t EVA）
2022年3月	新疆中和合众新材料	120	中和合众一期总投资50亿元，包括煤制100×10^4t/a醋酸、20×10^4t/a醋酐及相关基础工程。二期将建设120×10^4t/a甲醇项目
2022年4月	青海省国有资产投资管理有限公司	180	60×10^4t/a烯烃项目，主要建设180×10^4t煤制甲醇等工艺装置及铁路专用线、高浓盐水输送管线和配套的公用工程及辅助设施
2022年6月	新疆东明塑胶	220	以煤为原料生产甲醇，再经MTO装置、烯烃分离，生产出聚合级乙烯和丙烯，聚合级乙烯、丙烯分别送至聚丙烯聚合、聚乙烯聚合生产出聚烯烃产品，配套220×10^4t/a甲醇（折纯）（含空分、气化、变换、净化）、80×10^4t/a甲醇制烯烃（含烯烃分离）、40×10^4t/a聚丙烯、40×10^4t/a聚乙烯

注：EVA为乙烯-醋酸乙烯酯共聚物。

15.2.6.2 煤制烯烃产业现状

煤制烯烃分为煤经甲醇制烯烃和煤经合成气直接制烯烃。煤经甲醇制烯烃是指以煤为原料合成甲醇后再通过甲醇制取乙烯、丙烯等烯烃的技术。煤经合成气制烯烃是以煤为原料制合成气，合成气再通过一步法制得烯烃。煤制烯烃的工艺如图15-16和图15-17所示。

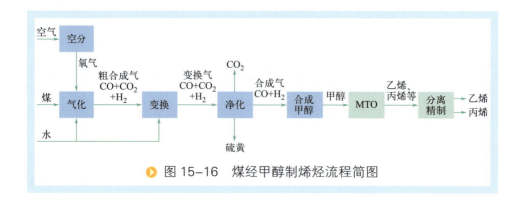

图 15-16 煤经甲醇制烯烃流程简图

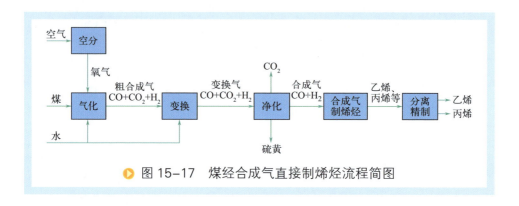

图 15-17 煤经合成气直接制烯烃流程简图

我国煤制烯烃行业在过去几年取得了显著的发展成就。目前已经拥有了一批先进的煤制烯烃企业,如神华集团、中煤集团、陕煤集团、宝丰能源等,其产能规模领先,生产工艺和技术装备水平处于国际先进水平。一些企业也已经实现了从基础原料到高端化工产品的全产业链覆盖,形成了较为完善的产业链条,未来还将继续通过技术和产品创新引领消费升级,走差异化、多元化、高端化发展的道路。

15.2.6.3 煤制乙醇产业现状

工业生产中煤制乙醇生产技术主要分为两种。一种是直接对合成气进行生物提炼或催化得到乙醇,该过程所获得的乙醇水分较多,要想获得无水乙醇还要进行分离操作;另一种生产技术是通过甲醇、二甲醚、醋酸等中间介质进行反应后得到乙醇，该生产方法为间接制作法，是目前生产工艺中适用范围最广、最受欢迎的一种。中国科学院大连化学物理研究所刘中民团队提出以煤基合成气为原料，经甲醇、二甲醚羰基化、加氢合成乙醇的工艺路线，该路线核心为二甲醚在分子筛催化剂上的羰基化反应，可以直接生产无水乙醇，是一条独特的环境友好型新技术路线。煤经甲醇、二甲醚羰基化制乙醇具体流程如图15-18所示。

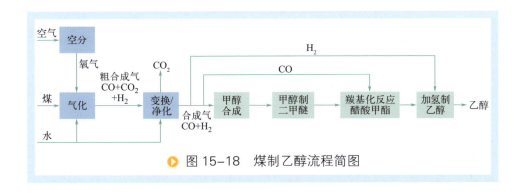

图 15-18　煤制乙醇流程简图

2017年，基于煤经甲醇、二甲醚羰基化、加氢合成乙醇技术的"10万吨每年合成气制乙醇工业科技示范项目"装置一次投产成功，产出合格无水乙醇产品，在世界范围内率先实现煤基乙醇工业化；2023年3月，50万吨每年煤基乙醇工业示范项目在陕西榆林正式建成投产，标志着乙醇生产迈入大规模工业化时代，奠定了我国煤制乙醇技术的国际领先地位。

15.2.6.4　煤制芳烃产业现状

芳烃是有机化学工业最基本的原料之一，其原料主要为石油和煤焦油。国内芳烃生产一般以石脑油为原料，结合芳烃联合装置生产，产品主要为苯、甲苯和二甲苯。当前国内外典型的芳烃生产技术有：催化重整、裂解汽油加氢、轻烃芳构化、甲苯/苯歧化与烷基转移、二甲苯异构化、煤（甲醇）制芳烃等。

在中国的能源现状条件下，煤制芳烃技术的成功研发对保障国家能源安全具有重要的现实意义和战略意义。煤制芳烃的工艺过程为以煤为原料生产合成气，合成气制取甲醇，再以甲醇为原料，在催化剂作用下生产出芳烃。经甲醇的煤制芳烃流程图如图 15-19 所示。

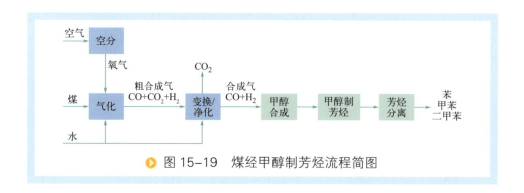

图 15-19　煤经甲醇制芳烃流程简图

目前国内煤制芳烃技术仍处于发展阶段，已投产煤制芳烃项目产能为 10 万吨，在建煤制芳烃项目产能为 50 万吨。经济性相较煤制烯烃不具优势，再加上 2021 年的能耗双控，限制了很多大型煤化工项目的发展，这些都不同程度地减缓了煤制芳烃的工业化进程。

15.2.6.5　煤制乙二醇产业现状

煤制乙二醇的工艺过程是以煤为原料，通过煤气化、变换、净化和分离提纯后分别得到 CO 和 H_2，其中 CO 与亚硝酸甲酯通过催化偶联合成草酸二甲酯（DMO），DMO 与 H_2 进行加氢反应并精制得到聚酯级乙二醇的过程（图 15-20）。该工艺流程短、成本低，是目前国内受到关注最高的煤制乙二醇技术。

2022 年，我国乙二醇产能达到 2503.7 万吨，比 2021 年产能增加 428 万吨；产量为 1324.82 万吨，比 2021 年产量增加 134.03 万吨。2016—2022 年乙二醇产品产量呈现增长趋势（图 15-21），主要源于近年来国内煤化工和大炼化装置齐头并进。随着"双碳"政策的执行以及国内产能快速发展，国内乙二醇逐步进入挤压进口和淘汰落后产能阶段，后期我国乙二醇产能增速将逐步放缓。

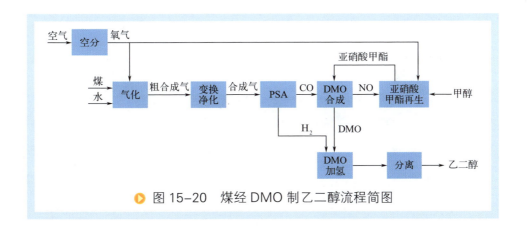

图 15-20　煤经 DMO 制乙二醇流程简图

图 15-21　2016—2022 年中国乙二醇产能、产量

乙二醇的生产方法主要有石油制乙二醇、煤制乙二醇、经 MTO 制乙二醇和乙烯制乙二醇，其中石油制乙二醇占比为 57.58%，煤制乙二醇占比为 36.95%，经 MTO 制乙二醇占比为 3.67%，乙烯制乙二醇占比为 1.80%。从乙二醇下游看，聚酯生产消耗乙二醇最多，占乙二醇消费量的 94.62%，防冻液占 2.94%，其他占 2.44%（图 15-22）。

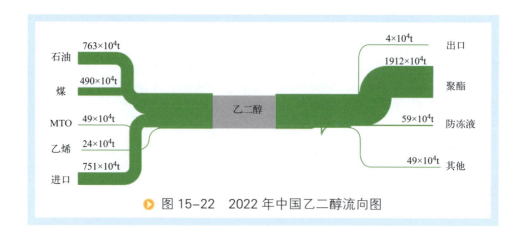

图 15-22　2022 年中国乙二醇流向图

2022 年，中国煤制乙二醇产能为 1083 万吨，产量为 405.6 万吨，与 2021 年相比，煤制乙二醇产能增加 280 万吨，产量增加 82.8 万吨。

受煤炭资源分布影响，我国煤制乙二醇企业主要分布在西北、华北等地区。头部企业包括陕西榆林化学、河南煤业、内蒙古久泰、新疆天业等。其中，陕西榆林化学、河南煤业、内蒙古久泰煤制乙二醇产能分别为 180 万吨每年、150 万吨每年和 100 万吨每年，合计占全国煤制乙二醇总产能的约 40%，行业集中度较高。

15.3　煤化工产业碳排放现状

一直以来，能源（特别是国内煤炭）生产和使用的迅速增长既是中国经济发展的驱动力，也是经济发展的结果。中国较大程度依赖能源密集型产业来推动经济发展，因此在 2009 年成为了世界上头号能源消费国，而中国对煤炭的依赖则使其自 2005 年以来都是能源相关二氧化碳的大量排放国。

依据主要化工产品量及耗煤因子估算煤化工耗煤量占比如图 15-23 所示，其中煤制合成氨耗煤占比为 26.5%，煤制烯烃耗煤占比为 20.9%，煤制甲醇耗煤占比为 24.6%，煤制电石耗煤占比为 11.7%，煤间接液化耗煤占比为 7.1%，煤制乙二醇耗煤占比为 4.7%。

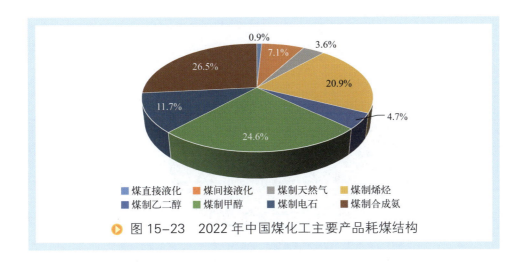

图 15-23　2022 年中国煤化工主要产品耗煤结构

依据主要化工产品量及排放因子估算煤化工 CO_2 排放占比如图 15-24 所示，其中煤制合成氨占比为 27.5%，煤制烯烃占比为 22.6%，煤制电石占比为 19.6%，煤制甲醇占比为 15.5%，煤间接液化占比为 9.1%，煤制乙二醇占比为 4.1%。

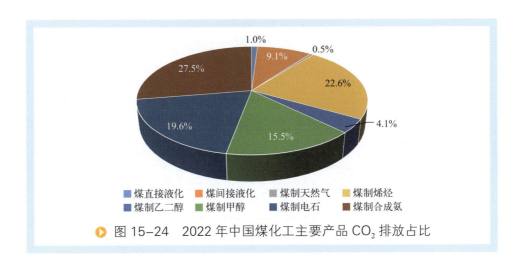

图 15-24　2022 年中国煤化工主要产品 CO_2 排放占比

由于目前煤制烯烃主要是煤经甲醇再制烯烃得到，若煤制烯烃分为两步，第一步为煤制甲醇，第二步为甲醇制烯烃，将煤制烯烃中煤制甲醇合成的 CO_2 排放量计入煤制甲醇 CO_2 排放量中，则煤制甲醇 CO_2 排放占比为 31.1%，煤制烯烃 CO_2 排放占比为 11%（图 15-25）。

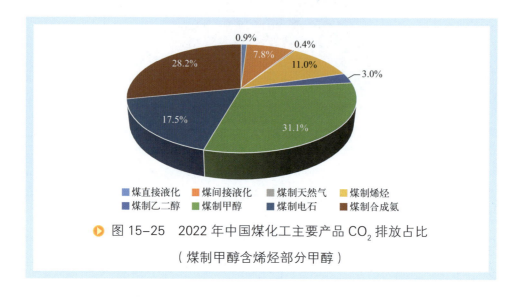

图 15-25　2022 年中国煤化工主要产品 CO_2 排放占比
（煤制甲醇含烯烃部分甲醇）

第 16 章 煤化工产业政策环境分析

16.1 国家层面煤化工产业政策分析

对煤炭的深度加工需求促使我国煤化工行业不断发展，根据我国国民经济"九五"计划至"十四五"规划，国家对煤化工行业的支持政策经历了从"大力发展"到"绿色发展"的变化。为解决煤炭消耗问题、大力发展煤炭深度加工产业，煤化工的发展也随着政策的推行不断前行。根据国家"十四五"规划的发展方针，我国煤炭等化石能源要朝着清洁高效利用的方向发展，煤化工产业也要做好绿色化改造，开启高质量发展新征程，为经济社会发展提供更优质、更环保、更低碳的化工产品，积极参与全球化工品及下游制造业领域市场竞争（表16-1）。

表16-1 "十四五"以来国家层面有关煤化工政策

名称	内容概述
工业重点领域能效标杆水平和基准水平（2023年版）	规定了煤制焦炭、煤制甲醇、煤制烯烃、煤制乙二醇等的标杆水平和基准水平

续表

名称	内容概述
关于推动现代煤化工产业健康发展的通知	推动存量现代煤化工项目加快实施先进技术装备改造升级，新建煤制烯烃、煤制对二甲苯（PX）、煤制甲醇、煤制乙二醇、煤制可降解材料等项目重点向煤水资源相对丰富、环境容量较好地区集中，促进产业集聚化、园区化发展。推进高性能复合新型催化剂、合成气一步法制烯烃、一步法制低碳醇醚等技术创新，推动煤制对二甲苯实现产业化突破。聚焦大型高效煤气化、新一代高效甲醇制烯烃等技术装备及关键原材料、零部件，推动关键技术首批（次）材料、首台（套）装备、首版（次）软件产业化应用。优化调整产品结构，加快煤基新型合成材料、先进碳材料、可降解材料等高端化工品生产技术开发应用
关于深入推进黄河流域工业绿色发展的指导意见	有序推动山西、内蒙古、河南、四川、陕西、宁夏等省、区绿氢生产，加快煤炭减量替代，稳慎有序布局氢能产业化应用示范项目，推动宁东可再生能源制氢与现代煤化工产业耦合发展。提升工业终端用能电气化水平，在黄河流域具备条件的行业和地区加快推广应用电窑炉、电锅炉、电动力等替代工艺技术装备
煤炭清洁高效利用重点领域标杆水平和基准水平（2022年版）	规定了煤炭洗选、燃煤发电、燃煤锅炉供热、煤制合成氨、煤制焦炭、煤制甲醇、煤制烯烃、煤制乙二醇等的标杆水平和基准水平
关于"十四五"推动石化化工行业高质量发展的指导意见	鼓励石化化工企业因地制宜、合理有序开发利用"绿氢"，推进炼化、煤化工与"绿电""绿氢"等产业耦合示范。促进煤化工产业高端化、多元化、低碳化发展，按照生态优先、以水定产、总量控制、集聚发展的要求，稳妥有序发展现代煤化工。加快煤制化学品向化工新材料延伸，煤制油气向特种燃料、高端化学品等高附加值产品发展
现代煤化工行业节能降碳改造升级实施指南	到2025年，煤制甲醇、煤制烯烃、煤制乙二醇行业达到能效标杆水平以上产能比例分别达到30%、50%、30%，基准水平以下产能基本清零，行业节能降碳效果显著，绿色低碳发展能力大幅提高
"十四五"能源领域科技创新规划	突破煤化工高盐、高浓、难降解有机废水深度处理工艺技术，形成煤化工转化过程中废水协同净化技术
"十四五"全国清洁生产推行方案	开展高效催化、过程强化、高效精馏等工艺技术改造。推进炼油污水集成再生、煤化工浓盐废水深度处理及回用、精细化工微反应、化工废盐无害化制碱等工艺。实施绿氢炼化、二氧化碳耦合制甲醇等降碳工程

续表

名称	内容概述
石化化工重点行业严格能效约束推动节能降碳行动方案（2021—2025年）	到2025年，通过实施节能降碳行动，炼油、乙烯、合成氨、电石行业达到标杆水平的产能比例超过30%，行业整体能效水平明显提升，碳排放强度明显下降，绿色低碳发展能力显著增强。严禁新建1000×10^4t/a以下常减压、150×10^4t/a以下催化裂化、100×10^4t/a以下连续重整（含芳烃抽提）、150×10^4t/a以下加氢裂化、80×10^4t/a以下石脑油裂解制乙烯，固定层间歇气化技术制合成氨装置。新建炼油项目实施产能减量置换，新建电石、尿素（合成氨下游产业链之一）项目实施产能等量或减量置换，推动30×10^4t/a及以下乙烯、10×10^4t/a及以下电石装置加快退出，加大闲置产能、僵尸产能处置力度
2030年前碳达峰行动方案	引导企业转变用能方式，鼓励以电力、天然气等替代煤炭。调整原料结构，控制新增原料用煤，拓展富氢原料进口来源，推动石化化工原料轻质化。优化产品结构，促进石化化工与煤炭开采、冶金、建材、化纤等产业协同发展，加强炼厂干气、液化气等副产气体高效利用。鼓励企业节能升级改造，推动能量梯级利用、物料循环利用
关于完整准确全面贯彻新发展理念做好碳达峰碳中和工作的意见	出台煤电、石化、煤化工等产能控制政策。未纳入国家有关领域产业规划的，一律不得新建改扩建炼油和新建乙烯、对二甲苯、煤制烯烃项目。合理控制煤制油气产能规模。提升高耗能高排放项目能耗准入标准
关于加强高耗能、高排放建设项目生态环境源头防控的指导意见	推动煤电能源基地、现代煤化工示范区、石化产业基地等开展规划环境影响跟踪评价，完善生态环境保护措施并适时优化调整规划。石化、现代煤化工项目应纳入国家产业规划
石化化工行业鼓励推广应用的技术和产品目录	鼓励推广应用的技术和产品目录中包括高可靠多级化工离心泵关键技术、大型气流床气化技术、基于界面调控和粒径优化的分散稳定技术、煤基合成气制乙二醇工程技术、大规模低阶煤管式间接干燥工艺技术与装备等
科技支撑碳达峰碳中和实施方案（2022—2030年）	低碳零碳化工。针对石油化工、煤化工等高碳排放化工生产流程，研发可再生能源规模化制氢技术、原油炼制短流程技术、多能耦合过程技术，研发绿色生物化工技术以及智能化低碳升级改造技术

从以上国家政策可看出，现代煤化工需尽快改变目前终端产品同质化、产品碳足迹高、竞争力不足的局面，加快形成现代煤化工领域绿色低碳技术体系；优化产品结构、提升产品档次，重点发展新型合成材

料、先进碳材料、可降解材料，加快开发无毒环保、易回收、低排放的绿色化工产品；强化产业耦合发展水平，推动煤炭、煤电、煤化工与天然气、气电、风光电等能源多能融合、多能互补、协同减碳、耦合发展。

16.2 重点地区煤化工产业政策分析

我国煤炭资源主要集中在内蒙古、山西、陕西、宁夏和新疆等地，大部分煤化工项目也集聚在这些地区，煤化工产业规划、在建项目也多集中在这些区域，这些地区的政策也会对煤化工产业产生深远的影响。

内蒙古自治区作为国家重要能源和战略资源基地，依托丰富的煤炭资源，大力发展煤炭化工产业，积极建设国家现代煤化工产业示范区，全区煤化工产业长足发展，形成了一定规模，积累了一定经验，具备了做强做优产业的基础。自治区高度重视现代煤化工产业高质量发展工作，出台了一系列政策以推动煤化工发展，包括：扩大绿氢在现代煤化工项目中的替代比例，推进煤化工＋绿氢、煤化工＋绿电一体化发展；严格控制煤电、石化、煤化工等行业新增产能，未纳入国家相关领域产业规划的，一律不得新建改扩建炼油和新建乙烯、对二甲苯、煤制烯烃项目，合理控制煤制油气产能规模等政策（表16-2）。

表16-2 "十四五"以来内蒙古自治区煤化工相关政策

政策	重点内容
关于支持鄂尔多斯市建设现代煤化工产业示范区的指导意见	支持现代煤化工项目（包括存量项目）实施绿氢替代，新建现代煤化工企业优先取得与用氢负荷相匹配的新能源建设规模，扩大绿氢在现代煤化工项目中的替代比例，推进煤化工+绿氢、煤化工+绿电一体化发展，对现代煤化工绿氢、绿电替代项目在用地等要素指标上予以支持和倾斜

续表

政策	重点内容
关于完整准确全面贯彻新发展理念做好碳达峰碳中和工作的实施意见	大力发展绿氢经济，推动绿氢和煤化工、冶金等行业耦合发展。严格控制煤电、石化、煤化工等行业新增产能，未纳入国家相关领域产业规划的，一律不得新建改扩建炼油和新建乙烯、对二甲苯、煤制烯烃项目。合理控制煤制油气产能规模
关于印发自治区"十四五"科技创新规划的通知	坚持绿色化、精细化、循环化导向，立足资源和产业基础，重点推进传统煤化工、氯碱化工改造升级及现代煤化工产业延伸，大力发展下游产品加工。支持现代煤化工、医药农药、染料、煤基新材料（碳材料）、有机硅等产品开发
关于确保完成"十四五"能耗双控目标若干保障措施	除国家规划布局和自治区延链补链的现代煤化工项目外，"十四五"期间原则上不再审批新的现代煤化工项目

近年来，山西省在煤气化、液化工艺技术上有所突破，煤制油、煤制甲醇、煤制乙二醇等基础能力不断提升，现代煤化工产业体系基本形成，煤焦化及副产品深加工成为山西特色优势产业，相当部分技术达到国际先进水平。山西省出台一系列政策着力提升煤化工产业项目综合效益，推动煤化工产业增品种、提品质、向精深加工发展，积极培育产业转型发展新动能（表16-3）。

表16-3 "十四五"以来山西省煤化工相关政策

政策	重点内容
推进煤炭和煤化工一体化发展的指导意见	到2025年，我省现代煤化工示范基地初具规模，上下游一体化产业链初步形成。到2030年，全省煤化工产业发展规范有序，煤转化关键核心技术取得新突破，煤炭清洁高效利用能力稳步提高，煤炭与煤化工产业协同联动，转型创新取得重大进展，煤化工对能源革命综合改革试点目标的支撑作用进一步彰显，建成国内重要的现代煤化工示范基地
山西省煤炭清洁高效利用促进条例	鼓励企业应用低阶煤提质转换技术，开展低阶煤分质分级梯级利用，促进资源清洁利用和能量梯级利用。加强焦炉煤气、煤焦油、粗苯等副产品综合利用，延伸产业链条，提升产品附加值。支持煤化工企业利用煤炭生产高端碳材料、煤制油、碳基合成新材料和终端产品
山西省"两高"项目管理目录（2022试行版）	煤焦油制针状焦、焦炉煤气为原料的综合利用、低阶煤分质利用等不属于"两高"项目

第16章 煤化工产业政策环境分析

续表

政策	重点内容
山西省人民政府办公厅关于促进煤化工产业绿色低碳发展的意见	加快传统煤化工产业升级改造,培育壮大现代煤化工产业。紧跟传统煤化工、焦化化产深加工、现代煤化工及碳基新材料发展趋势,聚焦产品多元化、产业高端化、工艺低碳化,高标准规划建设绿色低碳煤化工项目,延伸产业链条,丰富产品种类,提高产业竞争力
山西省人民政府办公厅关于推动焦化行业高质量发展的意见	全面提升焦化行业节能环保安全水平,依法依规推动大型焦化升级改造项目建设,分期分批关停退出4.3米焦炉,加快推进化产回收利用链条高端延伸,提高焦化企业生存力发展力,科学调控焦化产能和焦炭产量,打造国家绿色焦化产业基地
关于印发山西省"十四五"未来产业发展规划的通知	以"高端化、差异化、市场化、环境友好型"为发展方向,依托资源禀赋及煤化工、焦化产业基础,大力发展高端碳材料和碳基合成材料。以绿色化、高效化为发展方向,着力推进实施能源革命综合改革试点,重点在燃煤发电、现代煤化工、煤炭加工废弃物资源化利用三个方面推进煤炭清洁高效利用
关于印发山西省"十四五"新产品规划的通知	加快突破适合山西煤种的新型煤气化、煤炭分质利用等关键共性技术,推动工艺设备改造升级,提高产品技术含量和高端产品占比,形成多元化、高级化的现代煤化工产品体系。精细化学品领域,打造高密度航天煤油、煤基合成特种溶剂、己内酰胺等拳头产品。煤制乙二醇领域,打造煤制乙二腈、碳酸二甲酯等拳头产品。焦炉煤气综合利用领域,打造高纯氢气、甲醇合成材料等拳头产品。煤焦油综合利用领域,打造针状焦、特种炭黑等拳头产品
山西省"十四五"新装备规划	大力发展现代煤化工装备。重点研发煤炭直接液化、煤炭间接液化、煤气化、煤制烯烃、煤制乙二醇等一批具有代表性的煤化工装备,实现高压隔膜泵、高压煤浆泵、煤浆切断阀等关键零部件国产化。重点发展煤化工专用压力容器,培育煤化工装备系统集成

  宁夏回族自治区围绕加快煤炭资源高效清洁转化利用、打造现代煤化工产业示范区的需求,开发现代煤化工下游高附加值产品,研发应用煤化工废渣处置与资源化综合利用技术,研发应用煤转化高盐、高浓有机废水净化低能耗低成本技术,持续开展现代煤化工产业化关键技术集成与优化,推动区内现代煤化工产业做优做强。积极推动煤炭分级分质梯级利用,促进煤炭由燃料向燃料与原料并重转变,提高煤炭资源综合利用效率和价值。推进以煤制油、煤制烯烃、煤制乙二醇及精细化工为

主的现代煤化工产业创新高质量发展，加快现代煤化工向高端化、多元化、低碳化方向发展，推进绿氢替代灰氢工程，重点在煤制甲醇、煤制烯烃、煤制乙二醇、煤基多联产、煤制合成氨等煤化工产品生产过程中，推动灰氢转绿、以氢换煤、绿氢消碳，破解能源资源和环境约束瓶颈。"十四五"以来宁夏回族自治区煤化工相关政策如表16-4所示。

表16-4　"十四五"以来宁夏回族自治区煤化工相关政策

政策	重点内容
宁夏回族自治区碳达峰实施方案	坚决依法淘汰落后产能、落后工艺、落后产品，遏制高耗能项目不合理用能。严格执行市场准入标准，新建煤化工项目能耗水平必须达到国家先进标准。对煤制甲醇、煤制烯烃（含焦炭制烯烃）、煤间接液化、焦炭等项目开展系统的节能诊断，推进未达标项目节能改造，降低能耗水平。推动煤化工行业延链补链，提升产品附加值，大幅降低碳排放强度
宁夏回族自治区能源发展"十四五"规划	聚焦清洁能源、现代煤化工等优势产业技术瓶颈，集中突破一批关键共性技术。积极推动煤炭分级分质梯级利用，促进煤炭由燃料向燃料与原料并重转变，提高煤炭资源综合利用效率和价值。推进以煤制油、煤制烯烃、煤制乙二醇及精细化工为主的现代煤化工产业创新高质量发展，加快现代煤化工向高端化、多元化、低碳化方向发展
宁夏回族自治区化工行业高质量发展"十四五"规划	利用宁东现代煤化工中试基地，开展低成本电解水制氢、储氢、输氢、绿氢化工、天然气掺氢等关键共性技术研发。推进绿氢替代灰氢工程，重点在煤制甲醇、煤制烯烃、煤制乙二醇、煤基多联产、煤制合成氨等煤化工产品生产过程中，推动灰氢转绿、以氢换煤、绿氢消碳，破解能源资源和环境约束瓶颈
宁东能源化工基地"十四五"发展规划	高水平建设国家现代煤化工产业示范区，合理布局建设煤制烯烃、煤制乙二醇等现代煤化工示范项目，深入开展产业技术升级示范，加快推进关联产业融合发展。围绕光能、氢能等新能源产业，加快建设宁东光伏产业园和新能源产业园，推动形成以光伏发电、绿氢制备、储运、应用为主的新能源产业生态圈，打造国家可再生能源制氢耦合煤化工示范区、西部绿氢产业示范基地和宁夏氢能产业先行区。围绕先进基础材料、关键战略材料、前沿新材料等新材料产业，形成以先进化工材料、先进纺织材料、高性能纤维及复合材料、电子化学品、新能源材料、节能环保材料、石墨烯为重点的新材料产业生态圈，打造国内领先的新材料产业集聚区、西部新材料产业发展示范区和宁夏新材料产业发展引领区

续表

政策	重点内容
宁夏回族自治区能耗双控产业结构调整指导目录（试行）	不准新建扩建炼油、焦化、氮肥、钢铁、煤制乙二醇、煤制甲醇、纯碱、离子膜烧碱（废盐综合利用除外）项目；不准新建扩建未纳入国家规划的煤制油、煤制气、煤制烯烃项目
关于推动高新技术产业开发区高质量发展的意见	加强煤化工高端产品、新型材料、高端装备制造、生物医药、功能食品等关键技术研发，促进产业高端化。加快建设宁东煤化工中试基地和石嘴山先进材料中试基地
关于印发宁夏回族自治区科技创新"十四五"规划的通知	围绕加快煤炭资源高效清洁转化利用、打造现代煤化工产业示范区的需求，重点开展煤炭智能绿色开采关键技术研发及集成应用，研发应用适用于煤层赋存条件的智能技术和装备，开发现代煤化工下游高附加值产品，研发应用煤化工废渣处置与资源化综合利用技术，研发应用煤转化高盐、高浓有机废水净化低能耗低成本技术，持续开展现代煤化工产业化关键技术集成与优化，推动我区现代煤化工产业做优做强；重点开发电石化工下游高附加值产品，集成应用绿色化、连续化生产技术，推动我区电石化工等传统化工产业精细化转型发展
关于印发宁夏回族自治区生态环境保护"十四五"规划的通知	开展可再生能源制氢耦合煤化工产业示范

陕西是国家综合能源保障基地，从自身资源禀赋和产业基础出发，发展现代煤化工产业成效显著，实现了对煤炭资源的清洁高效利用，对保障国家能源安全具有重要战略意义。陕西省提出要发挥煤炭原料功能，提升能源转换效率和资源利用率，推动煤化工产业高端化、多元化、低碳化发展，促进煤炭分质分级梯级高效清洁利用。制定了加快发展高端聚烯烃，积极发展煤基特种燃料和煤基生物可降解材料，研发可再生能源与化学品制造工艺的融合技术、二氧化碳资源化利用技术等政策（表16-5）。

表16-5 "十四五"以来陕西省煤化工产业相关政策

政策	重点内容
陕西省碳达峰实施方案	发挥煤炭原料功能，提升能源转换效率和资源利用率，推动煤化工产业高端化、多元化、低碳化发展。促进煤炭分质分级梯级高效清洁利用。科学控制成品油消费。加快应用合成气一步法制乙烯、乙醇，加快发展高端聚烯烃；积极发展煤基特种燃料和煤基生物可降解材料；研发可再生能源与化学品制造工艺的融合技术、二氧化碳资源化利用技术

续表

政策	重点内容
陕西省"十四五"制造业高质量发展规划	充分发挥陕北煤炭资源优势，围绕煤制烯烃（芳烃）深加工产业链转型升级，加强现有技术优化和颠覆性技术突破，强化前瞻性基础研究与下游应用创新，集中力量开展系统攻关，推进煤化工与氢能产业耦合示范，积极推广碳捕集、利用与封存等减碳降耗措施，有序减量替代，加快提高煤炭作为化工原料的综合利用效能，合理发展以煤炭分质利用、煤制烯烃、煤制油、煤制芳烃、煤制化学品等为重点的现代煤化工产业，积极发展煤基特种燃料、煤基生物可降解材料，探索形成全省现代煤化工产业高端化、多元化、低碳化发展新路径
关于印发2021年全省工业稳增长促投资若干措施的通知	对拟投产达产且附加值高的煤化工深加工项目，要在确保实现能耗"双控"目标前提下，通过降低单位产出能耗、能耗指标置换等途径积极推动

新疆正加快建设"八大产业集群"，煤炭煤电煤化工产业集群作为其中之一。"十四五"期间，新疆将稳步发展煤炭煤化工资源密集型产业，加快推进现代煤化工与电力、石油、化工、化纤、冶金、建材、新能源等产业融合发展；加快推动传统煤化工产业转型升级，积极延伸产业链，向高端化、精细化、新材料等方向发展，实现产品由初级原料型产品向高端新材料产品转变。"十四五"以来新疆煤化工产业相关政策如表16-6所示。

表16-6　"十四五"以来新疆煤化工产业相关政策

政策	重点内容
推进新疆煤炭产业高质量发展的措施与建议	推动煤炭由化石能源向高端化工材料和碳基新材料领域突破发展，实现煤炭燃烧排放二氧化碳向固碳、碳循环方向转变。大力发展煤基特种燃料、煤基生物可降解材料等，建立低碳循环的现代煤化工产业体系
加快新疆大型煤炭供应保障基地建设服务国家能源安全的实施方案	积极推进"十四五"规划储备煤矿项目产能释放，加强煤炭资源绿色开发
新疆维吾尔自治区工业领域碳达峰实施方案	加快发展煤炭煤电煤化工产业集群，释放煤炭先进产能，加强煤制油气、富油低阶煤分质分级和清洁高效利用，大力发展现代煤化工，加快建设准东、哈密国家煤制油气战略基地，推进煤制油气产业向特种燃料、高端化学品等方向转变，发展煤制烯烃、芳烃、含氧化合物等基础化工原料以及高端聚烯烃、高性能聚酯、纤维等产品

第16章　煤化工产业政策环境分析

第 17 章

科技支撑煤化工产业清洁低碳多元化发展

在"双碳"目标背景下,加强煤炭清洁高效利用,推动现代煤化工产业高端化、多元化、低碳化发展,是未来煤化工行业主要发展方向。煤化工行业需要不断技术创新与提升,依靠科技创新实现绿色节能工艺规模化应用、产业链条延伸、资源能源利用效率提高等,提高行业能效水平,不断降低污染物排放水平,稳步提升现代煤化工产业的绿色低碳发展水平。

17.1 煤炭分级分质转化技术

17.1.1 先进低阶煤热解技术

我国煤炭储量虽然丰富,但是高阶煤的储量较少,低阶煤储量较多,目前约80%低阶煤直接燃烧后用于发电和提供热能,造成煤中宝贵的氢、碳资源浪费，并且带来严重的环境污染。与煤燃烧相比，煤炭热解处理不仅可以减少污染物的排放、提高煤炭资源的利用率，还可以充分将煤炭资源转化为优质的油、气资源，实现资源的转化。

煤热解主要分为三个阶段：一是干燥阶段（室温至200℃），主要是脱水和脱气，把煤孔中吸附的二氧化碳、甲烷、氮气等脱除；二是活泼分解阶段（200～600℃），发生分解反应，产生大量煤气和焦油；三是缩聚阶段（600～1000℃），将半焦变为焦炭。国内外研究开发了多种各具特色的煤热解工艺方法，按传热方式可分为外热式、内热式和内外混合式热解工艺，按热载体可以分为气体、固体和气固热载体，按反应器类型可分为移动床、气流床、流化床、回转炉、旋转炉、带式炉及其他炉型热解工艺。

有关机构测算我国每年消耗低阶煤约20亿吨，若全部通过大型工业化低阶粉煤回转热解技术对其分质分级高效清洁利用，可得到产品和减排量如图17-1所示。

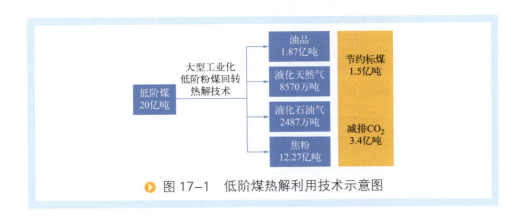

▶ 图17-1 低阶煤热解利用技术示意图

主要热解技术包括以下几个方面。

（1）粉煤热解-气化一体化（CCSI）技术

该技术是在一个反应器内完成煤的快速热解及半焦的高效气化技术，将原煤转化为粗合成气和煤焦油，过程中生成的半焦在反应器内一次性转化。2017 上 4 月，由陕西延长石油集团自主研发的 CCSI 技术——万吨级粉煤热解 - 气化一体化技术，通过中国石油和化学工业联合会组织的科技成果鉴定。CCSI 技术工艺流程如图 17-2 所示。

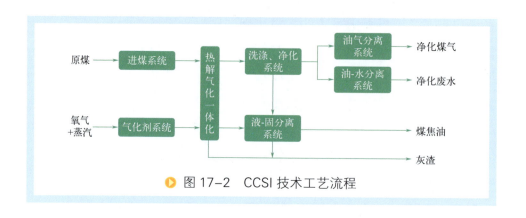

图 17-2　CCSI 技术工艺流程

（2）气化 - 低阶煤热解一体化（CGPS）技术

CGPS 技术是由陕煤集团和北京柯林斯达科技发展有限公司共同研发的，通过热解与半焦气化技术的耦合，以半焦粉气化产生的高温煤气作为热解的热载体，进行逆向串级直接接触热解，实现了高温煤气显热的高效合理利用与低阶煤的梯级热解。开发的四段新型带式热解炉集干燥、低温中温热解及余热回用于一体，能效利用率高，所得半焦、煤焦油、煤气品质好。2015 年 7 月，气化 - 低阶煤热解一体化技术工业试验通过了中国石化联合会组织的科技成果鉴定，专家组认定该技术推进了低阶煤定向热解制高品质焦油与煤气技术研发进程，属国际首创、居领先地位。

（3）低阶粉煤气固热载体双循环快速热解（SM-SP）技术

由陕煤集团自主研发的 SM-SP 技术以粉煤为原料进行低温快速热解，利用固体热载体高热容与气体热载体快速传热传质，智能化控制油、气、焦的分离系统，高温油气经过急冷塔、分馏塔产生煤气和焦油，分馏塔分离出的焦油作为洗涤介质循环使用，气固分离得到的粉焦一部分返回至反应器作为固体热载体，另一部分经冷却后作为产品（图17-3）。该技术煤焦油收率达17.11%，能源转化效率达80.97%。

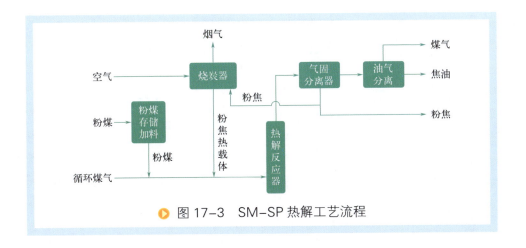

图17-3　SM-SP热解工艺流程

（4）煤气热载体分段多层低阶煤热解成套工业化（SM-GF）技术

SM-GF技术由陕西煤业化工集团有限责任公司和北京国电富通科技发展有限公司联合开发，集可分段多层处理、均匀传质传热、自产富氢煤气热载体蓄热式加热、干法熄焦、油/尘/气高效分离、中低温分级耦合热解等多项技术于一体，解决了油/尘/气分离效率低、单套处理量小、原料适应性差、煤气热值低、焦油品质差等行业难题，实现了30mm以下全粒径混煤热解工业化。2018年7月，该技术通过中国石化联合会组织的科技成果鉴定，综合性能和指标达到国际领先水平。SM-GF工艺流程如图17-4所示。

（5）天元回转窑热解技术

该技术由陕煤集团神木天元化工公司和华陆工程科技公司共同研发，将粉煤通过回转器热解得到高热值煤气、煤焦油和提质煤（图17-5）。煤气进一步加工可得到液化石油气、液化天然气、煤焦油和提质煤。煤焦油供给煤焦油轻质化装置；提质煤达到无烟煤理化指标，可用于高炉喷吹、球团烧结和民用洁净煤。

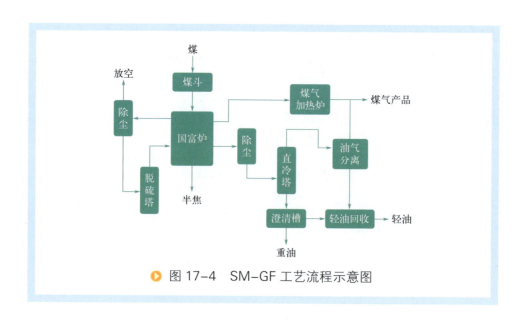

图 17-4　SM-GF 工艺流程示意图

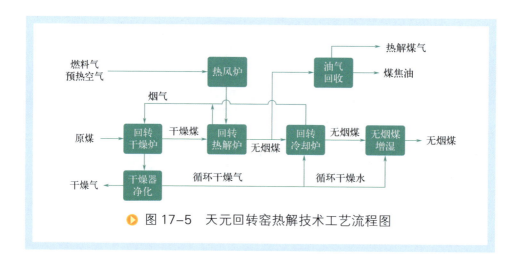

图 17-5　天元回转窑热解技术工艺流程图

(6) 旋转床热解技术

该技术由河南龙成集团研发，低阶原料进入提质窑，气柜来的煤气经配风后进入提质窑内辐射管，经辐射传热与原料煤进行换热（图 17-6）。原料煤在提质窑被加热至 550℃后冷却送至提质煤储仓，气体从提质窑出来后经处理回收其中的焦油。

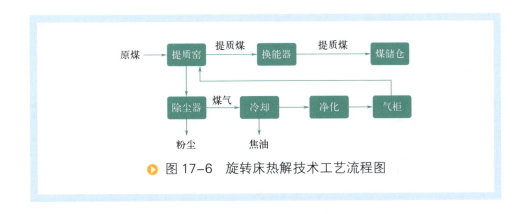

图 17-6 旋转床热解技术工艺流程图

（7）低阶煤提质（LCC）热解工艺

该技术由大唐华银电力公司与中国五环工程有限公司联合开发，主要过程有干燥、轻度热解和精制，将煤干燥、煤干馏和半焦纯化技术相耦合，得到稳定的固体燃料和高附加值的液体产品（图 17-7）。

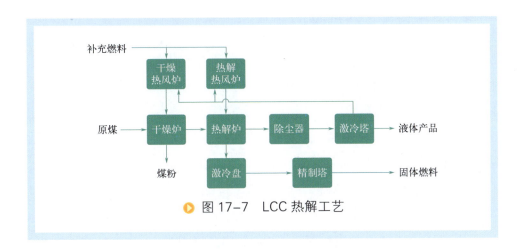

图 17-7 LCC 热解工艺

（8）固体热载体快速热解提油（DG）技术

该技术由大连理工大学开发，将粒度小于 6mm 的原煤与 800℃热半焦按一定比例快速混合热解，经分离净化等处理后，得到的产品为低温煤焦油、半焦和煤气等（图 17-8）。该技术的主要装置有脉冲气流干燥预热、热烟气发生、热载体提升循环和混合热解系统。

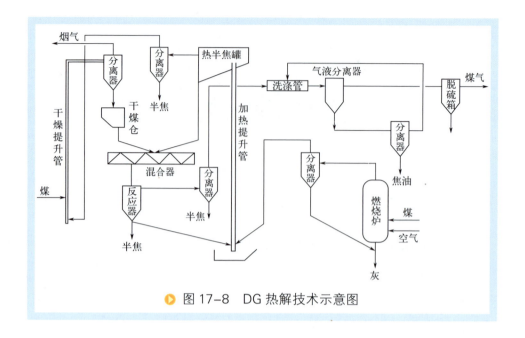

图 17-8 DG 热解技术示意图

17.1.2 先进煤气化技术

煤气化技术是指把经过适当处理的煤送入气化炉内,在一定的温度和压力下,通过氧化剂以一定的流动方式转化成粗制水煤气,再通过变换、净化等脱硫脱碳工艺得到精制的合成气(主要成分为一氧化碳气和氢气)。煤气化技术按照煤的进料形态可分为粉煤、碎煤和水煤浆气化三大类(图 17-9)。气化床层有三种形式:气流床、流化床、固定床。原料在床层中的运行有向上喷射和向下喷射两种形式,气化后气体的降温有水激冷和废热锅炉两种形式,气化炉的形式多种多样。

我国煤气化技术在基础研究、技术开发等方面均取得了长足进步,成功开发具有完全自主知识产权的晋华炉热回收煤气化技术、四喷嘴大型水煤浆气化技术,实现了带废锅流程热回收及大型煤气化技术零的突破。但围绕煤炭清洁高效利用和稳妥实现"双碳""双控"目标,煤气化技术和装备制造仍需实现新的创新突破,包括进一步拓展煤气化装置的煤种适应性、有效提升煤气化装置的能源转化效率、进一步推进装置的大型化和智能化及加快探索形成煤气化岛集约供气模式。

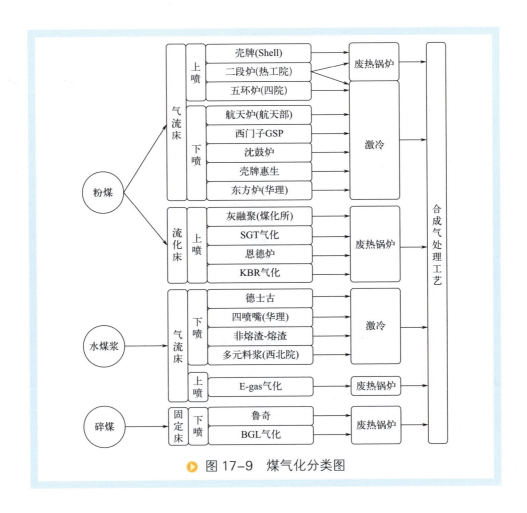

图 17-9 煤气化分类图

17.1.3 中低温煤焦油深加工技术

中低温煤焦油是低阶煤在 600～800℃条件下，通过煤热解得到的液态产品，焦油产率约为 10%；其相对密度通常小于 1.0，酚含量高，酚的质量分数约为 30%，且水含量高，其他烷烃、烯烃及芳香烃质量分数约占 50%。

中低温焦油深加工综合利用大致可分为三种路线：提酚工艺、加氢工艺和煤焦油沥青深加工利用（图 17-10）。其中加氢工艺可分为固定床加氢技术、沸腾床加氢技术和悬浮床加氢技术。

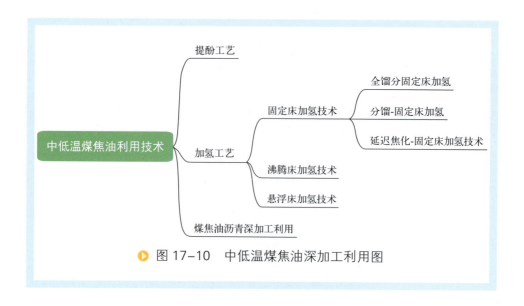

图 17-10　中低温煤焦油深加工利用图

按照加工目标产品的不同，中低温煤焦油深加工的利用可以分为四个方面：利用轻质组分生产芳烃、酚、萘等化学品，利用中间组分生产高附加值的润滑油、橡胶油等，利用重质组分制备碳材料、石墨电极等，利用煤焦油加氢生产航空煤油等特种油品（图 17-11）。

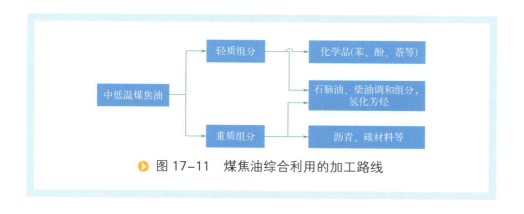

图 17-11　煤焦油综合利用的加工路线

近年来，国内主要开发了中低温煤焦油全馏分加氢多产中间馏分油成套工业化技术（FTH）、延迟焦化加氢工艺、馏分油加氢工艺、悬浮床煤焦油加氢工艺等几种中低温煤焦油加氢工艺技术。

17.1.4 半焦综合利用技术

半焦是煤经低温干馏所得的可燃固体产物，与一氧化碳、蒸汽或氧具有较强的反应活性，是高热值无烟燃料，作为原料主要用于合成气、电石的生产，用作铜或磷矿冶炼时的还原剂，用作炼焦配煤、工业或民用燃料，可做冶炼高炉喷吹用的氧化料。低阶煤经热解后所产生的固体副产品半焦占原煤质量的 50%～70%，所蕴含的能量占原煤 80% 左右。半焦主要利用途径如表 17-1 所示。

表17-1 半焦主要利用途径及特点

主要利用领域及途径		特点	应用情况
冶金领域	高炉喷吹燃料	设备简单，经济性好，对设备磨损严重，有一定的安全隐患	工业试验阶段，未能大规模广泛应用
	冶炼还原剂	提高产品质量，降耗增产，经济性好	应用成熟，目前市场已趋向饱和
化工领域	电石生产原料	经济性好，设备简单	技术日趋成熟，已实现工业化生产
	化肥造气原料	降低造气成本，热损失减少，工艺成熟	实现了工业化应用
吸附领域	半焦基吸附剂	工艺简单，易操作，成本低廉，无污染	试验室研究，工业应用

17.1.5 热解煤气综合利用技术

热解煤气组成包括 CH_4、CO、H_2、$C_2\sim C_5$、CO_2、N_2 以及少量 H_2S 气体等。由于不同的热解工艺采取的热载体及工艺不同，其中的有效组分占比及煤气热值也不同。当采用间接加热或纯煤气加热后作为热载体工艺时，热解得到的荒煤气中有效气 CH_4、CO、H_2、$C_2\sim C_5$ 体积分数可分别达到 25%～48%、20%～32%、10%～19%、2%～6%。中低温热解煤气热值为 2000～6500kcal/m³。当热解气热值较高时，可以作为热解热源气、城市用燃气以及发电使用。当有效气体含量较高时，采用变压吸附方式提取纯度较高的氢气，或者是将热解煤气转化为合成气后再通过水煤气变换反应转化为氢气。目前，热解煤气在发电、制氢、制合成氨以及作为燃料等领域已得到广泛应用，同时在煤气制天然气、合成油、甲醇、二甲醚、直接还原铁等领域有巨大的发展潜力（图17-12）。

图 17–12　热解煤气综合利用示意图

此外，热解煤气还可以通过以下技术得到充分利用：

① 制氢联产焦油加氢。将热解煤气制氢工艺与煤焦油加氢轻质化工艺耦合，利用从热解煤气提纯的氢气用于煤焦油加氢工艺，循环利用，同时降低生产成本。

② 甲烷化制取天然气。将中低温热解得到的热解煤气净化去除杂质，然后将氢气、一氧化碳和二氧化碳甲烷化获取天然气。该方法既制得了高效清洁能源天然气，又有效利用了 CO_2，降低碳排放，是未来的发展方向之一。

③ 热解煤气转化合成气制化工产品。热解煤气可催化转化为合成气，合成气再进一步合成甲醇。相比煤或天然气制甲醇技术，该方法具有资源利用效率高、成本低、CO_2 排放低等优势。

17.1.6　基于发电的煤炭热解燃烧多联产技术

目前我国的煤炭利用方式主要是直接燃烧，能源利用效率较低，且污染排放量大。以整体煤气化联合循环（IGCC）为代表的清洁煤发电技术效率高（目前已达43%）、排放低，是以煤为主的高效洁净能源动力系统的重要技术方向。

基于发电的煤炭热解燃烧多联产技术以煤气化为基础，将整体煤气化联合循环发电技术与煤基燃料、化工品生产过程集成形成煤基多联产系统，将煤的单一利用模式发展成综合利用模式，可以实现煤炭的高效、洁净、经济利用，具体工艺过程如图17-13所示。此技术能量利用效率可以提高10%～15%，此外化工产品附加值比较大，并且能够实现调峰。多联产系统由化工和发电两大系统组成，单个系统都比较复杂，运行管理、安全管理难度比较大。两个系统运行中互相牵连，对操作水平要求较高，单个系统工艺波动会影响整个系统的稳定性。

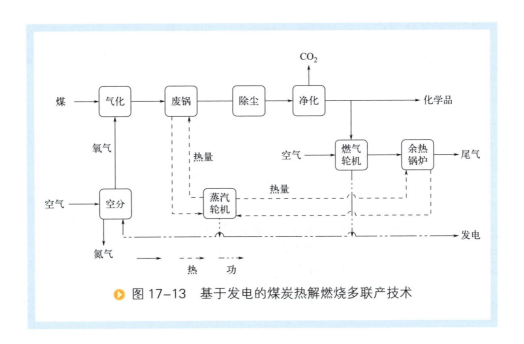

▶ 图17-13　基于发电的煤炭热解燃烧多联产技术

17.2　煤制油技术

17.2.1　煤直接液化技术

煤炭直接液化制油技术是将煤在一定的温度和压力下，催化加氢裂化生成液体烃类和少量气体烃，同时脱除煤中S、N、O等杂原子的过程（图17-14）。其产品有汽油、柴油、航空煤油、液化石油气等燃料和高附加值的化工产品。煤直接液化制油技术具有吨油煤耗小、油收率高、投资和运行成本低等优点。我国相关科研院所、企业也进行了煤直接液化工艺技术的开发研究工作，取得了一定成果。2001年，神华集团与国内研究机构联合，成功开发了具有自主知识产权的神华煤直接液化工艺技术，2008年全球首套百万吨级煤炭直接液化装置投料，主要产品为石脑油、柴油、汽油和液化气。该项目是世界首套百万吨级煤直接液化工业化示范装置，达到世界领先水平的成套技术，填补了国内外空白，目前装置仍在不断升级完善生产线。总体来说我国煤直接液化技术仍处在示范阶段，许多技术还需要进一步提升，技术成熟度待考察。

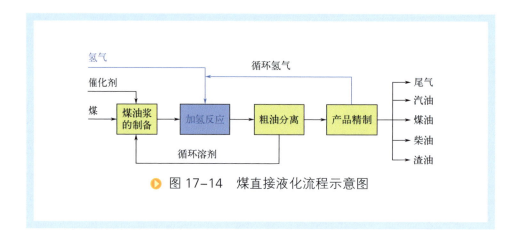

图17-14　煤直接液化流程示意图

17.2.2 煤间接液化技术

煤间接液化制油的合成过程为以煤为原料，经煤气化、变换和净化过程后得到合格的合成气（主要成分为 CO 和 H_2），再在催化剂的作用下经费-托反应，生产液态类油品及其他副产物。该合成过程中的主要装置分为煤制合成气、费-托合成及油品的加工精制，核心是费-托合成反应。

煤间接液化的优点主要有可依据不同的煤种采用适应的气化工艺，煤种适应广，另外还包括合成条件较温和、转化率高、加工提质的工艺简单。合成的油品具有"十六烷值高、超高清洁性"的特点，可以作为国家清洁油品及油品升级调和组分，满足我国日益严格的油品环保要求。目前已实现工业化生产的有南非 Sasol 公司的费-托（F-T）合成技术、美国 Mobil 公司的甲醇制汽油（MTG）技术、荷兰 Shell 公司的中间馏分油（SMDS）技术、中国科学院山西煤化所技术和兖矿煤间接液化技术，这些技术均达到大型工业化生产水平。

中国科学院山西煤炭化学研究所从 20 世纪 80 年代初开始进行 F-T 合成技术研究，提出将传统的 F-T 合成与沸石分子筛相结合的固定床两段合成（MFT）工艺，于 2009 年先后建成伊泰、潞安两套 16 万吨每年和神华 18 万吨每年煤制油装置，并生产出合格的汽油和柴油。中科合成油的费-托合成技术路线如图 17-15 所示。

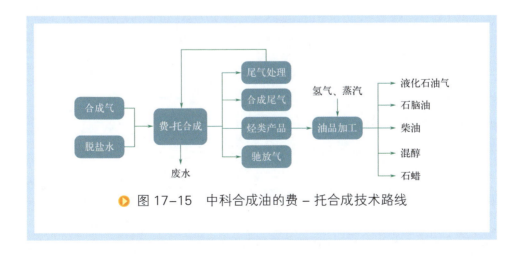

图 17-15 中科合成油的费-托合成技术路线

中国兖州矿业集团公司间接液化采用低温低压浆态床合成技术（LTFT），产品以柴油、石蜡为主。万吨级试验装置由F-T合成、高温/低温冷凝产品回收、液体石蜡分离精制和催化剂还原四个单元组成。在陕西榆林于2011年开工建设110万吨每年低温间接法煤制油项目，2015年底建成运行，产出合格油品。

目前，国内已建成和运营的煤制油项目主要是煤间接制油技术，其中位于宁夏宁东能源化工基地的国家能源集团宁夏煤业公司400万吨每年煤制油项目是世界单产规模最大的煤制油项目。该项目突破工程化和大型装备制造、成套设备集成技术难题，打破核心技术、装备及材料的国外垄断，实现了污水近零排放、锅炉烟气超低排放，吨油品原料煤耗2.77吨标准煤、水耗5.72吨，均优于国家先进值。

17.2.3 煤油共炼技术

煤油共炼技术是将重质油和煤炭混合处理后经过反应器加氢裂解，得到烃类、中质油和少量烃类气体的工艺。在反应过程中煤与重质油产生协同效应，煤液化的同时将石油衍生物进行提质，两个反应在一个反应器内同时进行，减少了单位产品的投资和操作费用，同时，两个反应耦合后可大幅提高煤炭和石油的原子利用率及过程能量效率。

2014年，延长石油集团在榆林靖边建设全球首套45万吨每年煤油共炼工业化装置，所用原料为炼厂难以加工处理的减压渣油与粉煤的混合物，开发了煤油共炼高效铁系催化剂，提高了转化率和选择性，生产出高环烷烃、低硫含量馏分油以及高品质超低硫船用燃料油等新产品，成本明显降低；高含固油渣资源化利用取得重要进展，通过气化试验获得粗煤气，油渣作为道路沥青改性剂。2021年，陕西延长石油集团的煤与重油共加氢及产品加工关键技术及示范装置形成了煤油共炼新工艺，其中煤与重油共加氢技术以悬浮床与固定床集成加氢工艺为核心，突破了重油与煤深度转化制汽、柴油工艺的技术瓶颈，实现了催化剂、工艺优化和新产品开发，为重油加工和煤炭高效转化提供了一条新的技术路线。

17.3 煤制天然气技术

煤制天然气是指煤基合成气或焦炉煤气中的一氧化碳和氢气，通过甲烷化反应生成目标产品甲烷，副产水，并产生大量热量（图17-16）。甲烷化是煤基合成气或焦炉煤气制天然气的关键步骤，甲烷化技术的关键指标是催化剂的选择性、反应活性和寿命，以及工艺热量的高附加值利用。甲烷化催化剂制备技术作为煤制天然气最核心的关键技术，掌握在巴斯夫、戴维、托普索、鲁奇等几家国外大公司手中。目前国内已经公布甲烷化技术选型的大型煤制天然气项目，如大唐、庆华、汇能、伊犁新天、苏新能源等，大多采用托普索、庄信万丰等进口技术。

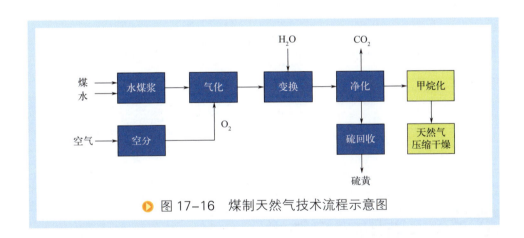

▶ 图17-16 煤制天然气技术流程示意图

煤制天然气技术需考虑煤价、管道运输成本、区域资源承载、能源消耗、环境容量及市场容量等各方面因素。如表17-2所示，煤制甲烷的生产成本为1.6元/m³，用于城市居民燃料，从工厂到门站还需要一系列的运输成本，再加上输送和城市管理费用，至少要 2.5 元 /m³，各地天然气价格在 2.5～3.5 元 /m³，可以看出煤制气工厂不会有明显的利润。

表17-2　煤制甲烷项目经济数据

序号	名称	金额/（元/m³）	序号	名称	金额/（元/m³）
1	原材料	0.756	5	副产品	0.257
2	动力	0.180	6	利息	0.262
3	工资及福利	0.052	7	管理费用	0.054
4	制备费	0.553	8	完全成本	1.600

以 40×10^8 m³/a 煤制气项目为例，其副产品量如表 17-3 所示，需充分利用副产品发展下游产业链，不仅可以提高项目的经济效益，还能满足越来越严格的环保要求。

表17-3　大唐克旗40亿立方米每年煤制气项目的副产品

序号	产品名称	年产量/10^4t(10^8m³)
1	天然气	40.0
2	焦油	16.2
3	中油	20.0
4	石脑油	5.7
5	粗酚	6.2
6	硫黄	16.5
7	硫铵	48.0

注：天然气的单位为 10^8m³。

17.4　煤制化学品技术

煤制化学品技术是以煤炭为原料生产化工产品的技术，是煤炭资源化利用的重要路径，有望有效推动煤炭的清洁高效利用，也是未来化工产业发展的趋势之一。煤制化学品技术主要包含煤基合成气直接或者经甲醇制备烯烃、芳烃、含氧化合物等化学品。

17.4.1 超临界水－煤气化制氢技术

煤制氢是当前中国大规模稳定制取廉价工业氢气的主要途径，传统煤制氢采用固定床、流化床、气流床等工艺，合成气中 CO_2、CO 等体积分数高达 45%～70%，碳排放较高，不满足低碳化的制氢路径，且含有硫化物等腐蚀性气体。典型煤气化技术性能参数如表 17-4 所示。

表17-4　典型煤气化技术性能参数

参数	固定床	流化床	气流床（粉煤）	气流床（水煤浆）	超临界水-煤气化
技术成熟度	大规模工业应用	大规模工业应用	大规模工业应用	大规模工业应用	尚未产业化
气化炉	中试加压气化炉	常压Winkler	Shell气化炉	多喷嘴气化炉	高压釜
气化温度/℃	560	816～1204	1450	1260	650
气化压力/MPa	2.0～2.5	0.1	3.0	3.8	26.0
合成气H_2占比/%	38.1～38.6	40.0	25.9	34.7	80.0
合成气CO_2占比/%	32.6～34.0	19.5	0.9	18.0	0.2
合成气CO占比/%	14.0～14.7	36.0	68.4	48.3	—
合成气硫含量/%	H_2S 0.30	H_2S 0.30	H_2S 0.13	H_2S 0.24	以硫化盐形式固化
其他污染物	焦油产率0.35%，轻油产率0.11%	不含酚类及焦油等污染物	不含酚类及焦油等污染物	不含酚类及焦油等污染物	不含酚类及焦油等污染物
冷煤气效率/%	79.3～81.9	74.4	82.0	74.9	123.9

近年来，新型煤气化制氢技术在不断发展，超临界水-煤气化技术就是其中一种，利用超临界水（温度 ≥ 374℃，压力 ≥ 22.1MPa）作为

均相反应媒介，在与煤的气化反应中既可作为反应原料直接参与反应，又可作为反应介质促使反应混合物均相化（图 17-17），显著提高气化效率。与传统煤气化技术相比，具有气化效率高、氢气组分高、污染少等优点。

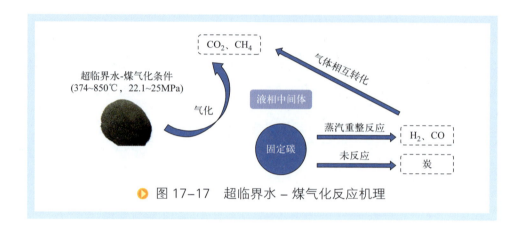

图 17-17　超临界水 – 煤气化反应机理

但超临界水 - 煤气化实验中气化温度多设置为 550℃ 以上，中低温下将煤完全气化及工业化转化仍是研究和发展的重点。

17.4.2　煤制甲醇技术

煤制甲醇是以煤为原料生产甲醇的技术，属于甲醇产业链的上游，目前已成为传统煤化工中成熟的技术和产品，属于基础化学工业。甲醇是一种非常重要的中间化工产品，其用途非常广泛，甲醇的下游产品有甲醛、醋酸、二甲醚、烯烃、氢气，此外还可以直接作为燃料使用，是煤化工产业链的重要节点（图 17-18）。

由于"富煤、贫油、少气"的资源特点，我国甲醇生产的主要原料包含煤、焦炉气和天然气。以煤为原料合成甲醇的工艺已经十分成熟。煤制甲醇工艺过程主要包括煤气化、原料气净化、甲醇合成和粗甲醇精馏。煤经合成气制甲醇生产工艺由于煤本身多碳少氢特点，生产过程中

图 17-18 甲醇上下游产业链

会消耗大量水,并排放较多的气固废物,如CO、H_2S、N_2、固废等,同时存在投资大、环境污染等问题。为进一步提升煤制甲醇工艺的经济效益和环境效益,除开展工艺改进研究提升产率外,积极利用可再生能源、耦合CO_2转化利用封存等技术或引入智能化控制手段,都是关注的热点。

17.4.3 甲醇下游利用技术

17.4.3.1 甲醇制乙醇技术

乙醇是世界公认的优良汽油添加剂和重要的基础化学品,可以用作化工原料部分替代乙烯,也可以脱水转化为乙烯。目前研发的煤制乙醇技术路线主要有以下三条:煤经合成气直接催化制乙醇,醋酸直接加氢制乙醇和醋酸酯化加氢制乙醇,煤经二甲醚羰基化制乙醇。合成气直接催化制乙醇是在催化剂的作用下合成气被转化为乙醇,可极大简化现有的生产工艺,具有重要的研究价值,但此技术需要用到贵金属催化剂铑,且产品产量低,生产过程中会造成设备腐蚀,生产成本太高,不具有经济可行性。醋酸加氢制乙醇技术(TCX)由美国塞拉尼斯开发,该技术可满足40万吨每年的产能目标。2016年江苏索普集团建成3万吨每年醋酸加氢制乙醇(99.6%)工业示范装置并一次开车成功,但其反应速率慢，产品的选择性和转化率不高。国内的企业和科研机构（如西南化工研究设计院、上海浦景化工、大连化物所和山西煤化所），也在积极开发醋酸加氢制乙醇的技术，包括醋酸经醋酸酯加氢制乙醇技术和醋酸直接加氢制乙醇技术。醋酸酯化加氢制乙醇技术与醋酸直接加氢法相比较，其腐蚀性小、分离能耗低，成为煤制乙醇研究的新方向。二甲醚羰基化制乙醇技术与以醋酸为原料制乙醇的技术相比，其优势主要有：不需使用防腐性能高的反应釜，设备成本会大大降低，同时醋酸甲酯和甲醇也可以作为副产品销售，增加了企业的盈利空间，此外二甲醚羰基化制乙醇技术的催化剂采用非贵金属催化剂，生产成本进一步降低。中国科学院大连化物所刘中民团队研发出以煤基合成气为原料，经合成甲醇、甲醇脱水制二甲醚、二甲醚羰基化、加氢合成乙醇的工艺路线（DMTE），采用非贵金属催化剂，直接生产无水乙醇，是一条独特的环境友好型新技术路线（图 17-19）。该技术还可以用于将甲醇厂改造成乙醇工厂，调整产品结构。

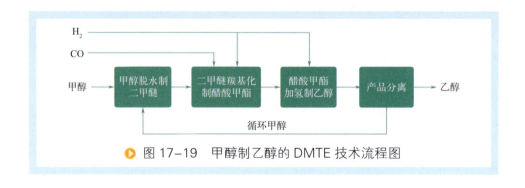

图 17-19 甲醇制乙醇的 DMTE 技术流程图

2017 年，陕西延长石油集团下属陕西兴化公司采用中国科学院大连化学物理研究所开发的合成气经甲醇脱水、二甲醚羰基化、醋酸甲酯加氢的技术路线，建造 10 万吨每年合成气制乙醇装置成功打通全流程，产出合格无水乙醇，主要指标均达到或优于设计值，标志着全球首套煤基乙醇工业示范项目一次试车成功，合成气制乙醇进入规模化时代。2023

年3月，延长石油榆神50万吨每年煤基乙醇项目正式投产。2023年12月，全球规模最大的60万吨每年乙醇生产装置在安徽淮北启动试生产。

17.4.3.2 甲醇制烯烃技术

乙烯和丙烯是化学工业的基石，超过75%的化学产品是其下游衍生物，它们通常通过石脑油蒸汽裂解和流化催化裂化法生产，其主要原料是石油。甲醇制低碳烯烃工艺过程是煤通过气化、净化、合成制得甲醇，以甲醇为原料，选取ZSM-5或者SAPO-34分子筛催化剂，在特定的反应器中反应制取低碳烯烃。根据产物种类的不同，大致可以分为甲醇制烯烃（MTO）技术、甲醇制丙烯（MTP）技术。自2010年世界上第一套以煤为原料，经甲醇制烯烃（MTO）反应装置在内蒙古包头成功运行后，中国甲醇制烯烃技术得到迅猛发展。从2010年至今，已工业化的技术有中国科学院大连化学物理研究所的DMTO技术、中石化上海研究院的S-MTO工艺、UOP/诺斯克-海德罗的MTO工艺、国家能源集团的SHMTO工艺、鲁奇公司的MTP工艺、清华大学FMTP技术等。

（1）中国科学院大连化学物理研究所DMTO技术

2006年6月完成了世界首次万吨级工业性试验；2010年8月8日，世界首套以煤炭为原料生产石化产品聚烯烃生产线——神华集团包头煤制烯烃工程核心工段甲醇制烯烃装置投料试车一次成功；2011年1月开始进入商业化运营阶段。DMTO技术的开发及工业化成功（图17-20），对石化基础原料工业的发展具有里程碑的意义，对促进我国实施煤代油战略也具有重大意义。近几年DMTO技术得到迅猛发展，DMTO工艺已经升级到第三代甲醇制烯烃（DMTO-Ⅲ）技术，DMTO-Ⅲ技术中甲醇转化率99.06%，乙烯和丙烯的选择性达到85.90%（质量分数），吨烯烃原料甲醇单耗为2.66吨。DMTO-Ⅲ技术采用新一代催化剂，通过对反应器和工艺过程的创新，不需要设单独的副产碳四以上组分裂解单元，可实现单套工业装置甲醇处理量达300万吨每年以上，同时生产每吨烯烃所需甲醇消耗也降低10%以上，大幅度提高技术经济性。截至2023

年底，DMTO 系列技术已许可 32 套装置，烯烃产能 2160 万吨每年，预计拉动投资超 4000 亿元。已投产的 17 套工业装置烯烃（乙烯+丙烯）产能超过 1000 万吨每年，新增产值超过 1000 亿元每年。这些项目的实施开辟了以非石油资源生产低碳烯烃的新路线，开创并引领了我国煤制烯烃新兴战略产业，对促进煤炭清洁高效利用、缓解石油供应紧张局面、促进煤化工与石油化工协调发展、保障我国能源安全、实现"双碳"目标具有重大意义。

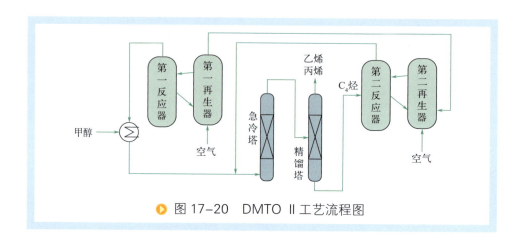

图 17-20　DMTO Ⅱ 工艺流程图

（2）中石化上海研究院 S-MTO 工艺

2007 年 11 月中国石化上海石化研究院在燕山石化成功投产了具有自主知识产权的甲醇制烯烃——S-MTO 技术。S-MTO 技术采用流化床工艺，选用新型催化剂 SAPO-34。该分子筛催化剂以乙胺和氟化物为复合模板剂，具有合成成本低、分子筛晶粒小且结晶度高的优点；同时克服了甲醇制烯烃过程中焦结速率快的问题。

（3）UOP/诺斯克-海德罗 MTO 技术

UOP/诺斯克-海德罗两公司开发了流化床 MTO 甲醇制烯烃工艺。该工艺是在一个带有流化再生器的流化床反应器内完成的，操作压力 0.1～0.3MPa，反应温度 400～500℃。反应出口物料经回收热量后冷却，在分离器内将冷凝水排出。未凝气体压缩后进入碱洗塔，脱除 CO_2，之后在干燥器中脱水，最后分别在脱甲烷塔、脱乙烷塔、乙烯分离塔、丙烯分离塔内分离出甲烷、乙烷、丙烷和副产 C_4 等物料后即可得到聚合级乙烯和聚合级丙烯（图 17-21）。采用 MTO 技术以最大产能生产乙烯时，乙烯、丙烯和丁烯的产率分别为 46%、30%、9%，其余副产物为 15%。

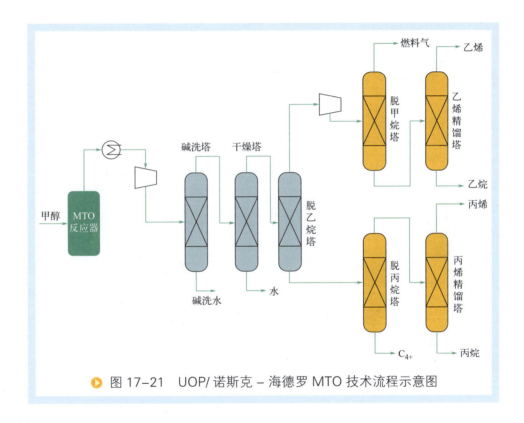

图 17-21　UOP/ 诺斯克 – 海德罗 MTO 技术流程示意图

（4）国家能源集团 SHMTO 工艺

该技术具有反应空速低、待生催化剂及再生催化剂定碳高等工艺特点，并使用甲醇制烯烃专用催化剂（SMC-001）。装置主要由反应 - 再生系统、急冷水洗 - 汽提系统和 CO- 余热锅炉及余热产汽系统组成。SHMTO 生产工艺是将 MTO 级甲醇经流化催化反应后生产富含乙烯和丙烯的轻烯烃混合气。成套技术应用于新疆化工 180 万吨每年甲醇制烯烃装置，2016 年 9 月一次开车成功，2017 年 1 月进入商业化运营。

（5）鲁奇 MTP 技术

德国鲁奇公司开发的固定床绝热反应器 MTP 工艺是基于改性 ZSM-5 催化剂开发的。工艺过程为甲醇经过高活性的催化剂脱水转化成二甲醚（DME），热的二甲醚与循环回流的轻质 $C_2 \sim C_6$ 物流合并后进入 MTP 一级、二级、三级反应器中（图 17-22）。反应温度 450～480℃，反应压力 0.13～0.16MPa，在此条件下甲醇转化率高达 99% 以上。MTP 反应器内的产物经回收副产蒸汽后冷却，再经压缩进入产品分离工序，最终丙烯产率达到 65%。

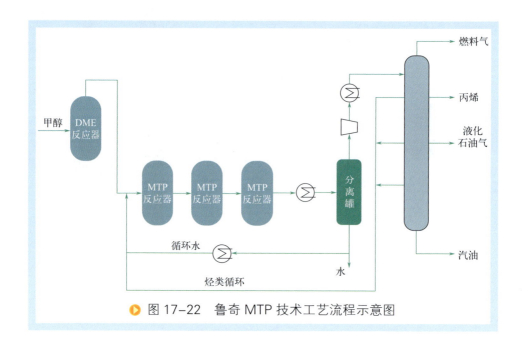

图 17-22　鲁奇 MTP 技术工艺流程示意图

（6）清华大学 FMTP 技术

20 世纪 90 年代，清华大学开始进行甲醇制低碳烯烃的小试研究，采用循环流化床工艺，以 SAPO-18/SAPO-34 混晶分子筛为催化剂，在流化床反应器中进行反应。结果表明，甲醇转化率可达 99.99%，芳烃选择性57.61%，芳烃的烃基总收率74.47%。2009年，利用FMTP技术建成了年甲醇处理量为3万吨的工业试验装置，中试装置连续运行21天，甲醇转化率大于99.5%，丙烯选择性大于67%。中国华能集团华亭煤业年处理60万吨甲醇制20万吨聚丙烯（FMTP）科技示范项目是我国第一套FMTP科技示范项目，于2021年12月投料成功。

17.4.3.3　甲醇制芳烃技术

甲醇制芳烃（MTA）反应包括甲醇分子间脱水生成二甲醚，二甲醚/甲醇催化转化生成低碳烯烃，低碳烯烃发生环化、氢转移等反应生成芳烃。煤基甲醇生产芳烃不仅可以降低芳烃生产成本，还可以利用煤炭资源弥补石油资源生产芳烃，缓解我国对外石油依存度的压力。国内甲醇制芳烃的技术主要有以下几个。

（1）中国科学院山西煤化所技术

山西煤化所通过调变ZSM-5分子筛的孔道结构、表面酸性以及通过活性金属修饰，可以使甲醇转化为以芳烃为主的产品。该技术的反应压力为0.1～1.0MPa，反应温度为310～480℃，甲醇质量空速为WHSV=0.5～2.0h^{-1}。2017年10月山西煤炭化学研究所进行了甲醇制芳烃的百吨级中试试验，采用两段连续流动固定床工艺，其中甲醇转化率100%，液相烃收率31%，芳烃选择性83%，达到国内领先水平。

（2）清华大学FMTA技术

清华大学化工系魏飞教授团队从2000年开始对此技术进行攻关，经过长期努力，成功开发催化剂与流化床连续反应再生技术，这项技术使甲醇可以实现完全转化，3.07吨甲醇就可以生产1吨芳烃，并副产大量氢气，工艺废水不含氨氮，废气不含硫氮（图17-23）。2012年全球首套万吨级甲醇制芳烃工业试验装置在华电煤业陕西榆林煤化工基地建成，2013年1月投料试车成功。2013年3月18日，该技术通过国家能源局委托中国石油和化学工业联合会组织的科技成果鉴定。鉴定委员会专家一致认为，此项技术总体处于国际领先水平。

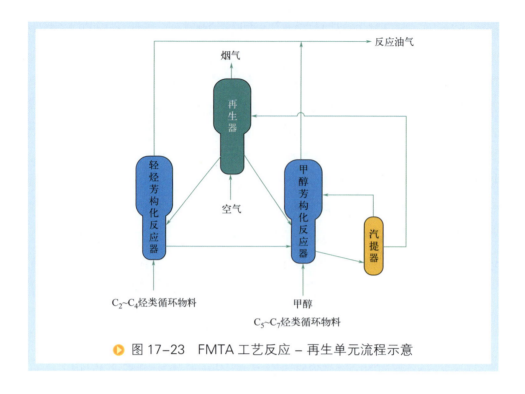

▷ 图 17-23　FMTA 工艺反应 - 再生单元流程示意

（3）中国石化上海石油化工研究 S-MTA 技术

中国石化上海石油化工研究院经过十多年持续创新，项目团队开发了分子筛表面处理、磷物种定向改性等抑制催化剂金属迁移、骨架脱铝关键技术，创制了高稳定性、高芳烃选择性 S-MTA 流化床催化剂。他们还创新开发了湍动床反应 + 低温两段再生 MTA 流化床工艺，集成固定床轻烃芳构化工艺，形成了 S-MTA 成套技术（图 17-24）。2021 年，燕山石化 3.6 万吨每年 S-MTA 装置一次投料开车成功，连续稳定运行 727 小时，各工艺参数达到设计要求，芳烃碳基总收率达到 78.7%。

17.4.3.4　甲醇甲基丙烯醛一步法氧化酯化制甲基丙烯酸甲酯技术

甲基丙烯酸甲酯（MMA）是一种重要的有机化工原料和聚合物单体，其应用领域有汽车、建筑、医学、电子电气、纺织印染、涂料、胶黏剂、皮革处理化学品、树脂加工等，是国民经济发展不可或缺的重要化工原料。目前 MMA 主流工艺路线按其使用原料碳数不同可分为 C_2 路线（包

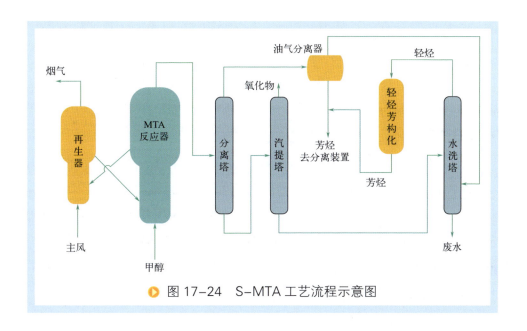

图 17-24 S-MTA 工艺流程示意图

括乙烯羰基化法、丙酸甲酯法等)、C_3 路线(包括 ACH 路线、MGC-ACH 路线、Aveneer 路线以及丙炔羰基化/酯化路线)及 C_4 路线,这三条路线均有相应的工业化生产装置,国内主要集中在异丁烯法和乙烯法。中国科学院过程工程研究所、华东理工大学、西南化工设计研究院、青岛三力本诺新材料股份有限公司等科研院所和企业都在开展异丁烯法和乙烯法生产 MMA 工艺,并且取得了一定的进展。中国科学院大连化学物理研究所研发的新型高效甲醇甲基丙烯醛一步法氧化酯化制 MMA 纳米金催化剂已完成百吨级中试。2020 年,中国科学院大连化学物理研究所盘锦产业技术研究院的千吨级 MMA 项目完成中试,该项目以乙烯、合成气、甲醇等为原料,具有流程短、反应条件温和、无有毒物质排放、转化率和选择性高等特点,甲基丙烯醛转化率为 93.2%,MMA 选择性为 96.9%。

17.4.4 煤制乙二醇技术

煤制乙二醇技术以煤为原料经合成气制备乙二醇,包含直接合成和间接合成。直接合成法是煤经气化制取 CO 和 H_2 合成气，在催化剂作用下由一步反应直接制得乙二醇。此工艺能耗高，催化剂昂贵，反应副产物多，且产品纯度低。间接合成法是由 CO 和 H_2 合成中间产品，再通过催化加氢制乙二醇，中间产品主要为甲醛和草酸酯。草酸酯法以煤为原料，通过煤气化、变换、净化得到合成气，合成气再经分离提纯后分别得到 CO 和 H_2，其中 CO 通过催化偶联合成及精制生产草酸酯，再与 H_2 加氢精制后得到聚酯级乙二醇（图 17-25），该工艺流程短、成本低，是我国实现工业化生产的主要方法。由于草酸酯法对工艺条件的要求不高，反应条件相对温和，已进入大规模工业化生产阶段。以煤为原料经草酸酯制乙二醇的技术主要有高化学技术、华烁技术、浦景技术、中科远东技术、中国科学院福建物质结构研究所技术、中石化技术等。

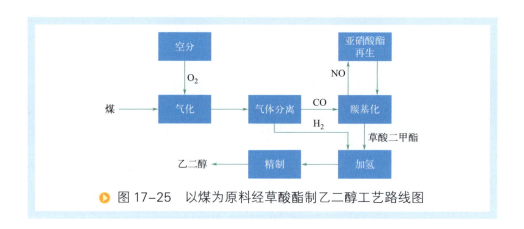

图 17-25　以煤为原料经草酸酯制乙二醇工艺路线图

17.4.5　合成气直接转化制烯烃技术

合成气生产低碳烯烃有间接法和一步法两种工艺。间接法是合成气生产甲醇和/或二甲醚，再转化生产低碳烯烃的方法。该法目前已有多种成熟工艺用于工业生产，典型的工艺有甲醇制烯烃（MTO）和甲醇制丙烯（MTP）工艺。与间接法相比，一步法由于缩短了流程，具有能耗少、成本低等优势，因而成为研发领域的热点。一步法制低碳烯烃有两种工艺路线，分别是经由费-托反应制低碳烯烃的 FTO 路线和由氧化物-分子筛（OX-ZEO）过程制低碳烯烃的双功能催化路线（图 17-26）。中国科学院大连化物所包信和院士和潘秀莲研究员领导的团队利用纳米限域催化新概念，创立 OX-ZEO 催化剂和催化体系，实现了煤经合成气直接转化制低碳烯烃等高值化学品，低碳烯烃选择性超过了 75%；采用复合多功能催化剂，还可使合成气在温和条件下直接高选择性转化为芳烃、高碳醇等化学品，降低甲烷与 CO_2 产量，大幅降低碳排放，满足社会生产对高附加值产品的需求。大连理工大学精细化工国家重点实验室"合成气费-托合成一步制烯烃"催化剂应用工业侧线项目于 2023 年 9 月 25 日在交城经济开发区试验成功。它是在合成气一步制烯烃技术上的一次重大突破，烯烃收率达到 80% 以上，一氧化碳的单程转化率超过 90%。

图 17-26 双功能催化剂催化合成气制低碳烯烃示意图

17.4.6　合成气直接转化制芳烃技术

芳烃是重要的大宗有机化工原料，工业上主要以石油为原料生产。随着石油资源的持续短缺以及我国"富煤、贫油、少气"的能源结构特点，急需开发新的非石油基芳烃生产技术。煤制芳烃可减轻传统工艺对石油资源的依赖，符合国家能源战略安全和可持续发展的要求。以煤为原料合成芳烃有两种方法：一种是煤经合成气转化成甲醇，再由甲醇转化为芳烃（MTA）；另一种是煤转化成合成气，合成气直接制芳烃

(STA)。合成气直接制芳烃的催化剂大致可以分为两类，第一类是F-T合成催化剂组分与芳构化催化剂复合而成，第二类是合成甲醇/脱水催化剂与芳构化催化剂复合而成。其中合成气直接转化制芳烃技术均处于实验室阶段。埃克森美孚公司采用固定床反应器，装填Zn-Zr组分与微孔硅铝分子筛复合的催化剂，其中分子筛的硅铝比大于12。BP公司采用含Ga_2O_3或In_2O_3的组分与微孔硅铝分子筛复合的催化剂。清华大学FSTA技术通过催化剂设计，引入芳烃池打破ASF分布限制，在反应温度350℃，反应压力2MPa条件下，获得超高选择性的芳烃收率，单程反应转化率可达40%，总芳烃选择性（碳基）可达75%。武汉大学定明月教授课题组将一种中空结构的H-ZSM-5分子筛与核-壳结构的$Fe_3O_4@MnO_2$进行偶联构建了新型双功能催化剂，实现了合成气一步法高效制取芳烃。在工业反应条件下，CO转化率超过90%，芳烃选择性达到57%，催化剂在180小时内保持良好的稳定性能。厦门大学王野教授团队巧妙设计出Zn掺杂ZrO_2/H-ZSM-5双功能催化剂，实现了合成气一步法高选择性、高稳定性制备芳烃，这一新过程被称为SMA过程，即合成气经由甲醇中间体直接制备芳烃过程。在Zn-ZrO_2/H-ZSM-5催化剂上CO转化率为20%时，芳烃选择性可达80%。合成气一步法制芳烃反应如图17-27所示。

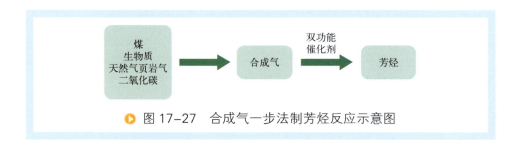

▶ 图17-27　合成气一步法制芳烃反应示意图

17.4.7　合成气制低碳醇技术

低碳醇是指由$C_1 \sim C_5$组成的混合醇类，低碳醇是可直接燃烧的清洁液体燃料，可作为替代燃料或化工原料。低碳醇生产方法有微生物发酵法、烯烃水合法和以合成气为原料的醇合成法。微生物发酵法需要谷类等农作物作为原料，会加剧"与人争粮"的局面；烯烃水合法的能量要求高，且反应物中有大量酸，对设备要求高。以合成气为原料合成低碳醇符合我国碳达峰碳中和国情，发挥煤炭资源优势的同时实现煤炭的清洁与高效利用。其生产过程为合成气在催化剂的作用下合成以 $C_1 \sim C_5$ 为主的低碳混合醇，此生产过程成本低廉、原子经济性高、操作可行性强。中国科学院山西煤炭化学研究所与神华煤制油化工有限公司合作，建成千吨级合成气制低碳醇工业侧线装置。通过对工艺条件的改性及优化和催化剂制备改性，在温度 230~280℃、压力 4.0~6.0MPa、单程空速 2000~4000h^{-1} 的温和反应条件下，CO 转化率 > 90%，C_{2+} 高级醇选择性 > 55%，低碳混合醇时空产率 0.2~0.3kg/（kg·h）。大连化学物理研究所和索普集团合作进行千吨级合成气制 C_2 含氧化物中试装置（图 17-28），调节反应条件和调整催化剂组成获得不同乙醛、乙醇等产物产量，可适应不同的原料和不同的产物需求，低碳醇经分离可得到乙醇、丙醇、丁醇、戊醇等经济价值较高的醇类。

▶ 图 17-28 千吨级煤基合成气制低碳醇工业侧线试验装置现场

17.4.8 合成气制高碳醇技术

高碳醇指含有 6 个碳原子以上一元醇的混合物，煤经合成气直接制高碳醇以煤为原料，通过煤气化制得合成气，合成气分别通过高温费-托合成、低温费-托合成、甲醇制烯烃和改性费-托合成等路径间接或直接制备高碳醇（图 17-29）。在合成气直接制高碳醇技术方面，我国走在了世界前列且正在实现工业化。中国科学院大连化学物理研究所对煤经合成气制高碳醇技术进行了深入研究，采用活性炭负载 Co 基催化剂制取含有 C_6 以上的高碳醇的 $C_2 \sim C_{18}$ 混合醇产物，该工艺利用催化剂孔道的空间限制作用和催化剂的亲水性控制链增长，利用助剂控制高碳醇和 α-烯烃的选择性并提高活性，液体产物中 $C_2 \sim C_{18}$ 醇的选择性高达约 60%，其中甲醇在醇中的分布只占 2%~4%。

图 17-29 煤制高碳醇技术路线

2019 年，中国科学院大连化学物理研究所与延长石油集团合作开展的合成气制高碳醇万吨级工业试验获得科技成果鉴定，在大型浆态床反应器中完成了世界首例合成气一步制高碳醇联产液体燃料的万吨级工业试验。在装置负荷 30% 的条件下，合成气总转化率大于 84%，甲烷选择性低于 6%，醇/醛总选择性高于 42%。调节催化剂可改变产物中高碳醇与液体燃料的比例，大幅提高企业煤制燃料的经济收益和增强装置的抗风险能力。同时，高碳醇是生产高碳 α-烯烃的原料，此技术可缓解我国发展高端聚乙烯材料原料紧缺的局面。

17.4.9　费-托合成尾气芳构化技术

费-托工艺在生产过程中会产生大量的尾气,其中含有大量的CO、CO_2、H_2、C_nH_m等有害物质,为了减少费-托尾气对环境的影响,需要采用有效的尾气处理技术。

目前大部分费-托尾气都作为燃料消耗或者排放至火炬中烧掉,其中含有的低碳烃被浪费,对环境造成一定的污染。而液化石油气(LPG)、轻烯烃等轻烃原料经芳构化反应后均可得到芳烃,费-托尾气经过脱氢处理得到富含低碳烯烃的气体,再作为芳构化的原料生产高附加值的苯、甲苯、二甲苯(BTX),用于生产芳烃或高辛烷值汽油的调和组分,更符合资源有效利用的要求,也将获得较好的经济回报。

2019年,中国科学院山西煤化所与潞安集团合作的国内首套费-托合成尾气芳构化中试装置成功运行并产出芳烃产品,该技术采用廉价的沸石分子筛作为催化剂,具有优异的芳构化、异构化、烷基化以及抗积炭性能,无腐蚀、无污染且可以再生,具有技术成熟、投资少和安全性高等优点,成熟的技术条件和良好的经济价值使其拥有很好的市场前景。

17.4.10　乙烯氢甲酰化制丙醛及其加氢制正丙醇

烯烃氢甲酰化反应是一种将烯烃、氢气和一氧化碳转化为醛类化合物的反应,该过程中原材料的利用率近100%,在优化利用资源方面具有重要意义。并且,醛可以进一步转化成为醇、酸和酯等化学品。

中国科学院大连化学物理研究所丁云杰研究团队多年来致力于研究乙烯氢甲酰化均相催化多相化技术,成功研发了在负载金属纳米晶粒上通过有机配体的修饰来原位生成均相催化活性位点的多相催化技术。宁波巨化公司采用中国科学院大连化学物理研究所乙烯多相氢甲酰化及其加氢生产正丙醇技术，与中国寰球上海公司历经三年共同研发、设计、建设5万吨每年乙烯氢甲酰化制备丙醛/正丙醇工业装置于2020年投产，2021年10月该装置进行了内部72小时连续运行考核，结果显示，乙烯总转化率为99.26%，丙醛加氢总转化率为99.58%，丙醛和正丙醇的选择性分别为99.51%和98.64%。该技术的优势有：活性贵金属和有机配体流失可以忽略不计，催化剂与反应物和产物等几乎无成本分离，反应体系中不采用有机溶剂，产品杂质少、纯度高。该技术解决了80多年来均相催化多相化一直没有解决的配体和活性金属组分流失等难题，不仅实现了无溶剂工业化生产，而且实现了催化剂核心技术和工艺关键技术的有机集成，解决了如何有效利用大量低品位反应热的难题。合成气与乙烯耦合制丙醛及其加氢制正丙醇流程如图17-30所示。

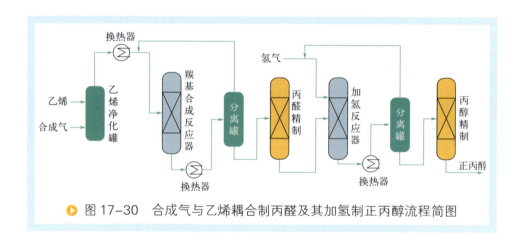

▶ 图17-30 合成气与乙烯耦合制丙醛及其加氢制正丙醇流程简图

17.4.11 合成气制长链α-烯烃

线性α-烯烃简称α-烯烃，通常是指C_4及C_4以上的高碳直链烯烃，主要包括1-丁烯、1-己烯、1-辛烯等线性α-烯烃（LAO）产品。α-烯烃的生产技术主要有乙烯齐聚工艺、乙烯三聚工艺、蜡裂解法、混合C_4分离工艺、费-托合成法和植物油法等。全球80%以上LAO通过乙烯三聚工艺和乙烯齐聚工艺生产，其次是由费-托合成法得到。α-烯烃生产技术及产能主要掌握在 Chevron Phillips、Shell、Sasol、INEOS 等全球知名企业手中，总产能近 500 万吨，中国占比不足 2%。虽然国内需求巨大，但国际石油巨头一直对我国封锁 α-烯烃合成技术，严重限制了我国聚烯烃、聚 α-烯烃（PAO）、洗涤剂等应用产业的升级，是国内亟待发展的"卡脖子"技术。

中国石化和中国石油开发的乙烯三聚制 1-己烯工艺技术打破了国外垄断 1-己烯生产技术的局面，其工艺生产的 1-己烯的选择性与纯度接近甚至优于国外技术，但是在其他碳数的 α-烯烃技术开发上距离工业化生产与国外相比还有一定差距。2021 年，由内蒙古聚实能源有限公司与中国科学院山西煤炭化学研究所、北京三聚环保新材料股份有限公司合作研究转化的示范项目"一步法合成制长链 α-烯烃技术千吨级工业示范"项目通过标定考核，对我国 α-烯烃合成产业化具有积极的推进作用。

17.4.12　高档润滑油基础油关键制备技术

润滑油基础油主要分为矿物基础油、合成基础油以及植物基础油三种类型，其中矿物基础油应用最为广泛，需求占比达到 92% 左右，虽然合成基础油和植物基础油市场占比小，但存在一定的不可替代性。润滑油基础油主要有Ⅰ、Ⅱ、Ⅲ、Ⅳ和Ⅴ等五个类型，其中前三种均为矿物基础油，后两种属于合成基础油。当前我国润滑油基础油的生产主要集中在Ⅰ类和Ⅱ类，Ⅲ、Ⅳ和Ⅴ类润滑油基础油主要依赖进口，其中Ⅲ和Ⅳ类国内有少量生产，Ⅴ类基础油完全依赖进口。

中国科学院大连化学物理研究所田志坚团队开发的煤基费-托合成蜡加氢异构生产高档润滑油基础油技术，原料是国产费-托合成蜡，高收率批量生产出高品质润滑油基础油产品，其中异构脱蜡专用催化剂及配套工艺技术具有自主知识产权，2021 年在新疆克拉玛依白碱滩区中试装置上成功开展生产试验。该技术生产出的产品达到Ⅲ+类润滑油基础油标准，可作为超高黏度指数润滑油基础油，用作发动机油、齿轮油、液压油、压缩机油、润滑脂等。除主产品高档润滑油基础油之外，该技术还可生产出无芳烃溶剂油、钻井液、工业白油等高附加值副产品。

潞安集团 2019 年建成投运了全球第一套煤基合成Ⅲ+基础油装置，以煤为基础，采用铁基、钴基费-托合成工艺和雪佛龙的异构脱蜡（IDW）技术进行联合，生产的Ⅲ+润滑油基础油黏度指数最高可达 140，倾点可低至 $-35℃$，氧化安定性和光安定性好，非常适合国六发动机和工业 4.0 高端润滑油发展的需求，可以用于调配合成发动机油、自动变速箱油（ATF）、合成工业用油、铜铝冷轧油、环保型金属加工用油、食品级白油等高端油品，具有广阔的市场前景。

2021 年，潞安集团又设计建造产能为 3000 吨每年低黏度茂金属 PAO（mPAO）基础油中试装置，以煤制油产品的副产物 α-烯烃为原料，采用自主研发的茂金属为核心催化剂，主要生产润滑行业急需的低黏度 mPAO 基础油产品。中试完成了烯烃原料预处理段、烯烃聚合段、聚合后精馏段和聚烯烃加氢段的稳定运行和工艺参数优化。中试生产的 mPAO4、6、8、10 四个产品与进口产品相比，具有优异的低温性能和出色的热稳定性以及更高的黏度指数。该项目为中国煤制油行业提供了一条可持续的转型升级之路，推动中国清洁能源产业发展。

17.5　煤化工与重要能源系统耦合技术

17.5.1　煤化工与石油化工耦合技术

由于我国是煤炭资源大国，石油及天然气储量相对不足，为满足下游生产要求，需要大量进口原油，从而导致原油对外依存度不断上升。以煤制天然气、煤制烯烃、煤制乙二醇、煤制油为代表的一批关键技术实现了产业化，开创出一条煤炭洁净高效利用之路。以煤为原料的化工产品（甲醇和合成气等）均为低碳分子，而石油化工平台产品（如石脑油等）都是多碳分子，两者的耦合可以大幅提高原子利用率以及能量效率，同时弥补石油化工生产路线的结构性缺陷。具体如甲醇石脑油耦合制烯烃技术、甲苯甲醇制对二甲苯联产低碳烯烃移动床技术等。

17.5.1.1　甲醇石脑油耦合制烯烃

石脑油高温蒸汽裂解技术是国际上乙烯生产的主要路线，此路线中烯烃产率偏低，同时反应过程为强吸热，反应在800℃以上进行，是化工行业能耗最大的过程之一。甲醇制烯烃是采用分子筛催化的强放热反应，反应温度在500℃左右，需不断从反应器中把热量移走。中国科学院大连化物所研发的甲醇石脑油耦合制取低碳烯烃技术将石脑油原料和甲醇原料耦合起来（图17-31），经过催化反应制取烯烃，在反应过程中利用甲醇转化反应的特点，促进石脑油在较低温度（<650℃）下催化裂解，降低甲烷产率，提高原料利用率，达到热量平衡，降低反应能耗（比蒸汽裂解低约1/3）。

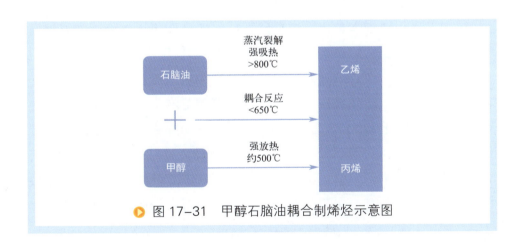

▶ 图17-31　甲醇石脑油耦合制烯烃示意图

17.5.1.2　甲苯甲醇制对二甲苯联产低碳烯烃移动床技术

对二甲苯（PX）是一种重要的有机化工原料，主要用于生产精对苯二甲酸（PTA），PTA 再与二元醇聚合反应生产聚酯产品。目前工业上 PX 主要由连续重整-芳烃联合装置得到，传统 PX 生产工艺过程设备众多、物料循环处理量大、操作费用高。中国科学院大连化学物理研究所开发的甲苯甲醇制对二甲苯联产低碳烯烃移动床（DMTPX）技术完成了万吨级工业试验，技术指标为：在甲苯甲醇进料摩尔比为 1/1 条件下，甲苯单程转化率大于 30%，C_8 芳烃中对二甲苯选择性大于 90%，$C_1 \sim C_6$ 脂肪烃中乙烯和丙烯选择性大于 80%，总体技术达到国际领先水平。一方面，该技术可以独立建设甲苯甲醇制 PX 联产低碳烯烃工业化装置，高选择性 PX 的制备能够省却吸附分离单元，通过一级结晶分离即可获得高纯度 PX 产品，从而可以大幅降低生产成本；另一方面，该技术可以应用现有或新建芳烃联合装置，在不改变原料处理量条件下，通过增加一个甲苯甲醇烷基化单元，减小甲苯歧化与 C_{9+} 烷基转移单元、异构化单元、吸附分离单元等装置的规模，在提高 PX 产量的同时，减少装置建设和运行成本，提高产品的市场竞争能力。

17.5.2　煤化工与可再生能源耦合技术

目前世界正在进入从化石燃料向新能源转型新阶段，新能源发展渐入"黄金期"。煤化工生产过程中，特别是煤气化生产过程为产出满足工艺要求的合成气，在煤气化后经过变换装置调整氢碳比，导致大量 CO_2 排放，利用可再生能源或核能制取绿氢与煤化工产生二氧化碳的生产环节进行耦合（图 17-32），可以实现碳减排。氢与煤化工产生的二氧化碳反应可以生产化工产品，特别是氢与二氧化碳反应生成的含氧化合物，是重要的化工产物和原料，将煤化工与绿氢耦合既解决了二氧化碳排放的问题，又增加了有用化学品的产量，一举两得。如在煤制烯烃生产过程中，通过补入绿氢调节合成气中的氢碳比，可省略水煤气变换装置，避免该环节产生大量 CO_2 排放，同时缩减净化装置的规模，降低装置能源消耗量。据相关文献，若以 60 万吨每年煤制烯烃项目估算，当补入足够的绿氢和绿氧后，60 万吨煤制烯烃项目吨烯烃产品的煤耗量可下降48.8%，碳排放量可下降 70.6%。

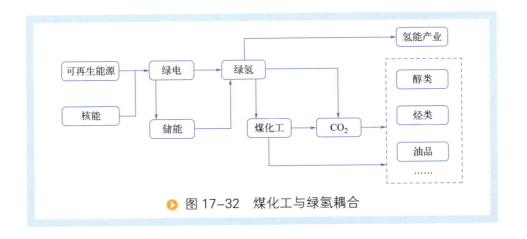

▶ 图 17-32 煤化工与绿氢耦合

化工与可再生能源耦合方面的研究单位有宁夏宝丰能源集团股份有限公司、中国石化集团、国家能源集团等大型能源企业。宁夏宝丰能源的内蒙古宝丰煤基新材料有限公司一期 260 万吨每年煤制烯烃和配套 40 万吨每年植入绿氢耦合制烯烃项目已开工建设；中国石化集团新疆库车绿氢示范项目产出的氢气通过管道输送到中国石化塔河炼化，替代现有天然气等化石能源制氢，电解水制氢能力 2 万吨每年、储氢能力 21 万立方米（标况）、输氢能力 2.8 万立方米（标况）每小时，可完全替代塔河炼化现有天然气等化石能源制氢，每年可减少二氧化碳排放 48.5 万吨，开创了绿氢炼化新发展路径；中国石化在内蒙古的第一个绿氢示范工程——内蒙古鄂尔多斯市风光融合绿氢示范项目开工，项目利用鄂尔多斯地区丰富的太阳能和风能资源发电直接制绿氢，年制绿氢 3 万吨、绿氧 24 万吨，就近用于中天合创鄂尔多斯煤炭深加工示范项目降碳减碳，是目前全球最大的绿氢耦合煤化工项目。

17.5.3 钢化联产技术

钢铁企业生产过程中使用煤炭作为还原剂和燃料，副产大量煤气（高炉煤气、转炉煤气、焦炉煤气），普遍采用燃烧供热和发电进行利用，附加值低、碳排放量大。钢化联产是将钢铁企业副产煤气中含有的 H_2、

CO 等气体分离提纯后，作为原料应用在化工生产中（如合成氨、甲醇、烯烃、乙二醇等化学品的生产过程）（图 17-33）。钢化联产不仅能拓宽化工生产的原料来源，使钢铁生产中的副产物得到高效、高附加值利用，还能将钢铁行业尾气中的碳固定到化工产品中，是实现化石资源替代、降低钢铁和化工行业碳排放的有效途径。

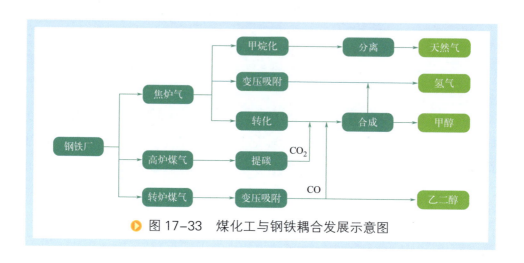

图 17-33　煤化工与钢铁耦合发展示意图

早在 2007 年，四川达州钢铁就利用钢厂副产煤气建设了年产 30 万吨甲醇装置，该工艺技术实现了 CO_2 排放量的大幅降低，减排量折算标煤达 14 万吨每年。2011 年，黑龙江建龙钢铁的 20 万吨每年甲醇项目也成功投产。

2018 年 4 月，山东阿斯德钢化联产项目投产，采用钢厂尾气资源化利用技术，将石横特钢煤气高效转化，实现了年产 20 万吨甲酸、5 万吨草酸以及下游甲酰胺、甲酸钾、甲酸钙等精细化工产品的规模化生产。各项化工产品成本同传统煤化工产品相比可降低 30% ～ 60%，仅碳排放每年固碳 30 万吨，经济效益、社会效益、环保效益十分显著。河北武安也规划有钢化联产实施方案，如规划的乙二醇在国内 90% 以上用于生产聚酯，可进一步生产涤纶、薄膜等，国内有着巨大的需求。该技术核心是高效利用钢厂煤气中的一氧化碳和焦炉煤气中的氢气，将其转化为高质量的原料气生产乙二醇。该技术具有投资少、成本低、效益高、全过程无污染等特点，对钢企绿色转型提高竞争力有创新引领性优势。

2020年，山西立恒集团沃能化工以钢铁厂转炉和焦炉的副产煤气为原料，建成了30万吨每年乙二醇联产1.56亿立方米每年LNG装置，实现了年减排CO_2约56万吨，经济和社会环境效益显著。

17.6　煤化工废水安全高效处理技术

煤化工的快速发展提高了煤炭的清洁高效利用率，并且改善国家的能源结构，提升富煤地区环境质量。但煤化工生产过程中消耗大量工业水，同时排放废水、废气和废渣，处理难度大、成本高，容易造成二次污染。

煤化工污水按煤化工工艺过程划分包括煤气化装置废水、净化装置废水、变换装置废水、合成装置废水等，常用的处理方法有物理法、化学法、生物法和物理化学法，不同的废水处理方法不同，各有优点和缺点。传统废水处理存在许多局限性和滞后性，亟待开发新型污水处理技术，实现污水最大化回收利用。

17.6.1　微电解技术

废水微电解处理法是指应用电解的原理，在外电场作用下，阳极失去电子发生氧化反应，阴极获得电子发生还原反应，使废水中污染物通过电解过程在阳、阴两极上分别发生氧化和还原反应，转化成为无害物质以实现废水净化的方法。科学地选择电极材质及材料结构，在电解槽内将难降解大分子有毒化合物逐渐转化为易降解小分子低毒性的化合物。电解槽按极板连接电源方式分单极性和双极性两种。与其他水处理技术相比，微电解技术具有运行成本低、操作简单、使用寿命长等特点，且主要以机械加工过程中产生的废屑为原料，能实现废物的资源化利用。

17.6.2 超声波技术

化工废水中有些成分依靠一般的废水处理工艺不能够将其降解，而超声波技术可以将这些成分分解掉，它主要是依靠自身产生的超声波来使水体和超声波产生共振的原理达到分解的效果。这个过程中，废水中的气泡会在极短距离内产生振荡，并且泡沫附近的很小空隙内会产生高温、高压、自由基、强撞击等反应，从而进行生物降解。超声波技术能够针对污染物水质的差异调节频率的高低，以得到更好的处理效果，并且能够和其他化工废水处理技术结合使用。

17.6.3 催化臭氧氧化技术

催化臭氧氧化技术（CWOO）利用臭氧在催化剂的作用下产生氧化能力极强的羟基自由基和单原子氧等活性粒子的性质处理难降解废水（图17-34）。该技术可以有效氧化难生物降解的多种有机和无机污染物，

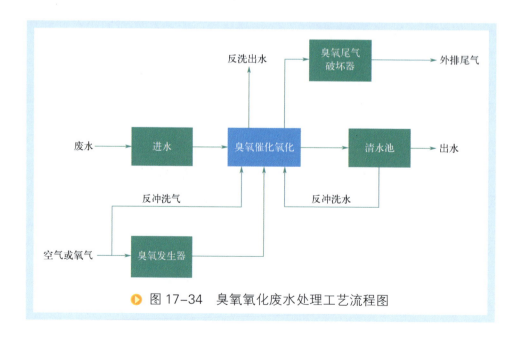

图 17-34 臭氧氧化废水处理工艺流程图

如芳香类化合物、氰化物、硫化物等，同时具有脱色、除臭、杀菌的作用。催化臭氧氧化技术对废水酸碱度及盐度无特殊要求，适用于多种高盐低浓度有机废水。

17.6.4　催化过氧化氢湿式氧化技术

催化过氧化氢湿式氧化（CWPO）技术是高级氧化技术的一种，是指采用过氧化氢做氧化剂，在反应过程中催化过氧化氢分解为氧化性更强的羟基自由基（·OH），进而将有机污染物氧化为小分子有机物甚至直接矿化的技术（图 17-35）。CWPO 技术在常温常压下即可反应，并且具有操作简单、经济环保等特点，因此在难生物降解的中低浓度有机废水处理领域受到了广泛关注。在 CWPO 技术中，根据催化剂的相态可分为均相催化剂和非均相催化剂两类。相对于均相催化剂（通常为 Fe^{2+} 等过渡金属离子）而言，非均相催化剂将活性组分负载于载体上，具有活性组分不易流失，催化剂易从水中分离、可循环使用的优势，并大大减少了对反应设备的腐蚀和副反应的发生。

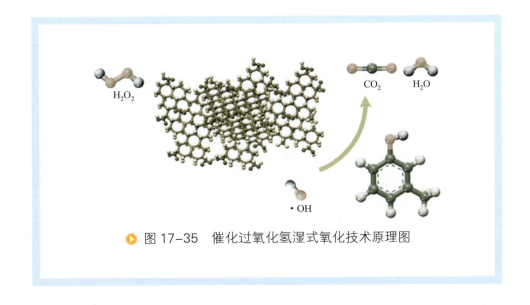

▶ 图 17-35　催化过氧化氢湿式氧化技术原理图

17.6.5 深度浓缩技术

在废水零排放领域，常用的深度浓缩工艺有高效反渗透（HERO）、振动膜反渗透、碟管式反渗透（DTRO）、电渗析（ED）、膜蒸馏（MD）、正渗透（FO）等。其中，HERO、振动膜反渗透和DTRO都是反渗透（RO）技术的衍生，本质是使用外加压力克服盐溶液的渗透压，使水分子通过RO膜而盐离子被截留，实现盐水的浓缩和再生水的回收。HERO在高pH条件下运行，避免了硅和有机物对膜的污染。HERO产水水质稳定，电导率可保持在70μS/cm以下，化学需氧量（COD）可保持在7mg/L以下，已应用于多个煤化工废水零排放项目。振动膜反渗透通过施加高频振动以减轻浓差极化和污染物的附着，从而提高过滤通量和水回收率。ED是一种以电场驱动，利用选择性离子交换膜对阴阳离子的选择通过性实现电解质浓缩的电化学过程。MD是一种热驱动的膜分离技术，在疏水膜两侧温差产生的蒸汽压差驱动下，高温盐水中的水分子呈气态透过疏水膜在另一侧冷凝，实现盐水的浓缩和再生水的回收。FO则是使用正渗透膜将盐水和汲取液分开，利用膜两侧的渗透压差驱动盐水中的水分子透过膜进入汲取液，实现盐水的浓缩。目前，利用MD和FO处理煤化工废水的研究较少，多停留在实验室阶段，距离工业应用较远。

17.6.6 蒸发结晶技术

高盐废水经过分盐、深度浓缩处理后，仍需要通过蒸发结晶实现固化，最终达到零排放的目标。蒸发结晶工艺分为蒸发塘和结晶器两大类，原理是通过蒸发不断提高盐浓度，使其达到饱和状态并析出盐结晶。结晶器主要采用多效蒸发（MED）和机械蒸汽压缩蒸发（MVR）等蒸发技术搭配强制循环、奥斯陆型和导流筒加挡板等连续结晶技术。在煤化工废水零排放系统中，若废水水质较好，采用MVR技术以降低能耗，若废水中COD较高，则采用操作弹性更大的MED技术。

17.6.7 分盐技术

针对煤化工高盐废水的组成特点，使用分盐单元将高盐废水中的氯化钠和硫酸钠分离，可实现混盐到高纯度盐类资源的转变。分盐技术可分为两类：一类是利用不同盐类溶解度差异，在结晶过程中实现分盐；另一类则是使用纳滤（NF）技术实现分盐（图 17-36）。NF 技术利用 NF 膜的 Donnan 离子效应和孔径筛分原理实现一价盐和二价盐的分离，可有效应对来水水质波动，在分盐领域受到广泛关注。

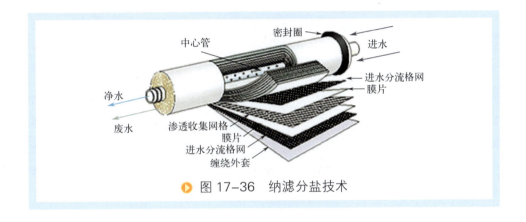

图 17-36 纳滤分盐技术

第18章

煤化工技术路线图

我国的资源具有"富煤、贫油、少气"的特点，煤炭是我国的主要消费能源，在工业快速发展的几十年里做出了巨大的贡献。现代煤化工是煤炭清洁高效利用的一种方式，对促进传统煤炭行业的转型升级、保持煤炭高消费占比下的环境清洁意义重大。煤化工利用技术主要集中在煤炭分级分质转化技术、煤制油技术、煤制天然气技术、煤制化学品技术、煤化工与重要能源系统耦合集成以及煤化工废水安全高效处理方面。

① 煤炭分级分质转化。重点是先进低阶煤热解、先进煤气化、中低温煤焦油深加工、半焦综合利用和热解煤气综合利用技术等。

② 煤制油技术。重点是煤直接液化、煤间接液化和煤油共炼技术。

③ 煤制天然气技术。重点是在高效、低排放、低成本等方向不断发展。

④ 煤制化学品技术。重点是新型煤气化制氢技术、煤制甲醇技术、甲醇下游合成技术、煤制乙二醇技术和合成气一步法制烯烃及芳烃技术等。

⑤ 煤化工与重要能源系统耦合集成。重点是煤化工与石油化工耦合、煤化工与可再生能源耦合、煤化工与钢铁产业耦合等。

⑥ 煤化工废水安全高效处理。重点在提高复杂废水处理能力、降低成本、资源化利用和减少排放等方面开展研发与攻关。

现代煤化工技术发展路线如图 18-1 所示。

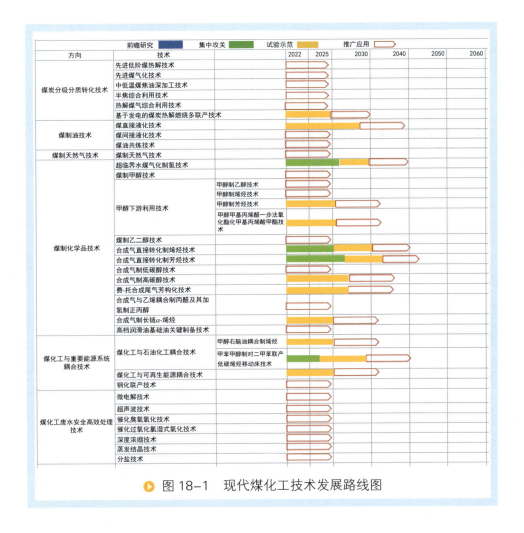

图 18-1 现代煤化工技术发展路线图

2030 年目标。形成适应不同煤种、系列化的先进煤气化技术体系，突破基于新概念的催化气化、加氢气化等技术。实现百万吨级低阶煤热解转化技术推广应用，突破热解与气化过程集成的关键技术。开发出一批高效率、低消耗、低成本的煤制油、煤制气和煤制化学品新技术并实现工业化应用。突破煤化工与炼油、石化化工、发电、可再生能源耦合集成技术并完成工业化示范。

2050 年展望。形成完整的煤炭清洁高效利用技术体系，整体达到世界领先水平，煤炭加工转化全生命周期经济、社会和环保效益显著提高，支撑产业实现绿色可持续发展。

第 19 章

煤化工发展对策建议

19.1 清洁发展

尽快淘汰低端、落后产能，为高端、低碳项目腾出发展空间；优化煤化工生产系统，提高各化工装置、化工装置与公用设施、化工装置与环保设施间的匹配度；提高低位热能、灰渣等资源综合利用水平，优化生产流程和关键部件，大力推广实施能量梯级利用、余热发电、余热回收等节能技术；提高装置的能源转化效率，节能增效，大幅降低煤化工项目单位增加值的能耗。积极发展高效污染物脱除技术、多污染物协同控制技术、废水近零排放技术以及"三废"资源化利用技术，清洁发展煤化工产业，同时建立健全煤基能源化工清洁生产标准与相关环保政策，形成清洁生产体系，引导和调控煤基能源化工产业清洁化发展。

19.2 低碳发展

煤化工通过煤气化得到合成气，其主要成分为 CO 和 H_2，有碳、氧和氢三种元素，更加适用于生产甲醇、乙醇、乙二醇等含氧化合物。随着可再生能源技术与绿氢技术的发展，氢气在生产、储运方面的技术得到飞速发展。煤化工气化产生的粗合成气中 CO 含量高、H_2 含量低，为了满足下游产品的生产要求，需对粗合成气进行变换。CO 与 H_2O 反应生成 CO_2 和 H_2，此过程中产生大量 CO_2，若将绿氢引入，此变换过程规模可降低甚至取消，则可大大降低 CO_2 排放。另外，煤化工生产过程中为得到蒸汽和电力会消耗大量煤电，若引入可再生能源产生的绿电，采用电驱替代汽驱，也可以大幅减少煤炭因燃烧发电产生的 CO_2 排放。充分利用煤化工生产过程中副产高浓度 CO_2 的优势，积极探索和部署 CCUS 技术，拓展 CO_2 资源化利用途径。

19.3 安全发展

煤炭是我国能源安全稳定供应的"压舱石"，煤炭清洁高效开发利用是我国能源转型发展的立足点和首要任务。积极制定煤化工发展的规划政策，引导颠覆性工艺技术发展，推进煤化工技术升级示范和产业化；做好煤化工发展保障性措施，从经济、金融方面制定支持政策，以提高企业的经济性与竞争力。

19.4 创新发展

科技创新是煤化工清洁低碳发展的重要内容。在煤炭分级分质转化技术、煤制燃料技术、煤制化学品技术、煤化工与重要能源系统耦合集成以及煤化工废水安全高效处理方面进行技术创新，提高原料利用率。同时在现有煤化工项目基础上不断向下游延伸产业链，提高产品附加值，多元化发展。

结　语

我国"富煤、贫油、少气"的资源禀赋、"双碳"目标带来的能源及工业结构变革要求，以及中美大国博弈带来的国际形势变化，对化石能源清洁、高效利用提出了更高的要求。国家多次提到我国能源发展和能源安全问题，提出要立足我国能源资源禀赋，坚持先立后破，推动能源清洁低碳高效利用，加强煤炭清洁高效利用，加快规划建设新型能源体系，确保能源安全。

化石能源利用包括燃烧和转化，分别体现其燃料和原料属性价值。在我国现有产业和工程科技体系中，化石资源的燃料属性历来受到重视，正朝着清洁高效发展，但面临碳排放约束和产业技术升级的现实要求；原料属性方兴未艾，绿色转化将是未来技术创新和产业发展方向。"双碳"目标下，化石资源将由燃料为主向燃料和原料并重发展。

本书从化石能源生产、消费现状出发，结合产业发展需求，分析石油、天然气和煤炭利用技术发展趋势，研判绿色开采、清洁高效利用技术攻关方向。油气领域，要继续推进原油增储上产，加大天然气勘探开采力度，推动石油加工结构的调整和升级，推进原油直接制化学品等工艺流程再造技术开发应用；煤炭方面，清洁高效利用的手段主要包括提高煤炭的洗选比例、高效燃煤发电技术应用、煤炭分级分质利用、高值绿色煤化工技术开发等。

同时本书一并探讨了绿色能源-化石能源融合发展模式、发展空间和技术需求清单以及二氧化碳捕集-合成绿色化学品等共性的近零排放化工组合技术的可行性，归纳提出了绿色低碳的化石能源利用技术路径和发展路线图建议，供读者参考。

参考文献

[1] 费华伟，王婧，高振宇. 2022 年中国炼油工业发展状况及近期展望［J］. 国际石油经济，2023，31（4）：53-58.

[2] 蔡睿，朱汉雄，李婉君，等. "双碳"目标下能源科技的多能融合发展路径研究［J］. 中国科学院院刊，2022，37（4）：502-510.

[3] 曹建军. 我国炼化产业转型升级亟待破局［J］. 中国石化，2023（4）：75.

[4] 周立明，韩征，张道勇，等. 中国新增石油和天然气探明地质储量特征［J］. 新疆石油地质，2022，43（1）：115-121.

[5] 周立明，韩征，任继红，等. 2008～2017 年我国新增石油天然气探明地质储量特征分析［J］. 中国矿业，2019，28（8）：34-37.

[6] 孟子楠，张超，王军波. 蒸汽辅助重力泄油技术分析与研究［J］. 中国石油和化工标准与质量，2023，43（18）：163-165.

[7] 廖广志，杨怀军，蒋有伟，等. 减氧空气驱适用范围及氧含量界限［J］. 石油勘探与开发，2018，45（1）：105-110.

[8] 许宁，郭秀文，葛艳阳，等. 减氧空气驱研究、应用及发展［J］. 中外能源，2017，22（12）：24-28.

[9] 张华珍，张珈铭，王霄雨. Evolution 公司推出天然气发电压裂技术［J］. 世界石油工业，2019（5）：45.

[10] 张华珍，刘嘉，邱茂鑫，等. 2020 国外油气田开发技术进展与趋势［J］. 世界石油工业，2020（6）：33-39.

[11] 吴青. 原油（重油）制化学品的技术及其进展——Ⅱ. 重油催化裂解与 DPC 碱催化技术［J］. 炼油技术与工程，2022，52（8）：1-7，15.

[12] 国家能源局石油天然气司，国务院发展研究中心资源与环境政策研究所，自然资源部油气资源战略研究中心. 中国 2022 年天然气发展报告［R］. 北京：石油工业出版社，2022.

[13] 赵清锐，韦力，冯英杰，等. 甲烷氧化偶联制乙烯反应器的研究进展［J］. 石油化工，2022，51（7）：815-822.

[14] 吕建中. 2020 年国内外油气行业发展报告［M］. 北京：石油工业出版社，2021.

[15] 刘朝全，姜雪峰. 2020 年国内外油气行业发展报告［M］. 北京：石油工业出版社，2021.

[16] 陈之旸. 碳一化合物耦合制芳烃研究［D］. 大连：中国科学院大连化学物

理研究所，2021.

[17] 苏博．双碳形势下我国炼化行业五大发展方向［J］．城市情报，2022（18）：76-78.

[18] 中商产业研究院，中国石油和天然气开采业市场前景及投资机会研究报告［R］．深圳：中商产业研究院，2022.

[19] 中国石化有机原料科技情报中心站．沙特阿美韩国原油直接制化学品项目开工［J］．石油化工技术与经济，2023，39（2）：48.

[20] 贺安新，侯利国，靳凤英，等．原油（重油）直接制化学品（DPC）技术在惠州石化的工业应用［J］．炼油技术与工程，2023，53（4）：34-38.

[21] Wang PW，Zhao GF，Wang Y，et al. $MnTiO_3$-driven low-temperature oxidative coupling of methane over TiO_2-doped Mn_2O_3-Na_2WO_4/SiO_2 catalyst［J］．Science Advance，2017，3（6）：e1603180.

[22] 黄鑫，焦熙，王晓波，等．甲烷无氧直接制备烯烃/芳烃研究进展（Ⅱ）［J］．燃料化学学报，2022，50（1）：44-53.

[23] 陈浩．芳烃产业发展现状及趋势分析［J］．炼油技术与工程，2020，50（7）：1-4.

[24] 汪红．石化企业低温余热利用现状分析和前景展望［J］．石油化工安全环保技术，2016，32（1）：54-57.

[25] 袁明江，王志刚．石化企业提高终端电气化率路径［J］．油气与新能源，2023，35（3）：97-102.

[26] 吕清刚，柴祯．"双碳"目标下的化石能源高效清洁利用［J］．中国科学院院刊，2022，37（4）：541-548.

[27] 裴克祥．国内外液相加氢技术创新及发展方向［J］．化工设计通讯，2023，49（6）：22-24.

[28] 中国石化有机原料科技情报中心站．中国石油石油化工研究院的催化裂解制低碳烯烃技术通过验收［J］．石油炼制与化工，2023，54（9）：66.

[29] 中国石油和化学工业联合会，山东隆众信息技术有限公司．中国石化市场预警报告（2022）［M］．北京：化学工业出版社，2022.

[30] 慕彦君，宋倩倩，付凯妹，等．芳烃生产技术进展及产业发展建议［J］．石化技术与应用，2021，39（05）：371-377.

[31] 杜波．煤制乙醇工业生产技术对比分析［J］．化工管理，2020（23）：129-130.

[32] 杨会民，张健，孔少亮，等．粉煤加压热解－气化一体化技术（CCSI）探讨［J］．化肥设计，2018，56（06）：20-23．

[33] 孟庆云，姜海纳．超临界水－煤气化技术制可燃气的研究进展［J］．现代化工，2021，41（7）：72-77．

[34] 尚建选，张喻，刘燕．陕煤集团低阶煤分质利用绿色低碳发展研究［J］．中国煤炭，2022，48（08）：39-47．

[35] 郑锦涛．煤气热载体分段多层低阶煤热解成套工业化技术（SM-GF）的应用［J］．煤炭加工与综合利用，2018，229（08）：55-58，74，9．

[36] 郑少伟，王志强，王鹏，等．热解半焦的清洁高效利用现状及研究进展［J］．华电技术，2020，42（7）：42-49．

[37] 高晶晶．低阶煤热解气利用分析［J］．广州化工，2021，49（13）：38-40．

[38] 张永伟．中国氢能产业发展报告2020［R］．北京：中国电动汽车百人汇，2020．

[39] 蔡博峰，李琦，张贤，等．中国二氧化碳捕集利用与封存（CCUS）年度报告（2021）——中国CCUS路径研究［R］．北京：生态环境部环境规划院，中国科学院武汉岩土力学研究所，中国21世纪议程管理中心，2021．

[40] 唐宏青．现代煤化工新技术［M］．北京：化学工业出版社，2015．

[41] 叶茂，朱文良，徐庶亮，等．关于煤化工与石油化工的协调发展［J］．化石能源清洁高效利用，2019，34（4）：417-425．

[42] 赵国龙，刘存，邢学想，等．合成气一步法制低碳烯烃研究新进展［J］．现代化工，2019，39（02）：55-60．

[43] 胡文德，王仰东，王传明．合成气直接催化转化制低碳烯烃研究进展［J］．化工进展，2022，41（9）：4754-4766．

[44] 王瑞．合成气合成低碳醇的研究进展［J］．山东化工，2013，42（08）：60-63．

[45] 中国科学院山西煤炭化学研究所．中国科学院山西煤炭化学研究所成果转化［EB/OL］．（2016-08-29）［2023-05-02］．http：//www.sxicc.ac.cn/kycg/cgzh/nengyuan/201608/t20160829_4656164.html．

[46] 丁云杰．煤经合成气制乙醇和混合高碳伯醇的研究进展［J］．煤化工，2018，46（1）：1-5．

[47] 丁云杰，朱何俊，王涛，等．一种CO加氢直接合成高碳伯醇的催化剂及其制备方法：101310856A［P］．2008-11-26．

[48] 中国石化有机原料科技情报中心站.合成气制高碳醇 Co-Co$_2$C 基催化剂项目通过鉴定［J］.石油化工技术与经济，2020，36（01）：10.

[49] 江天浩.乙二醇的生产工艺技术研究［J］.山西化工，2021，41（5）：52-53，76.

[50] 姜淼，杜虹，王国庆，等.Co-PPh$_3$@POPs 多相催化剂氢甲酰化反应研究［J］.煤炭学报，2020，45（4）：1250-1258.

[51] 周强，涂齐辉.多相法羰基合成生产正丙醇工艺技术［J］.中国氯碱，2021，525（08）：40-44.

[52] 大连化学物理研究所.大连化物所首创"5万吨/年乙烯多相氢甲酰化及其加氢制正丙醇工业化技术"通过科技成果鉴定［EB/OL］.（2022-05-14）［2023-05-02］.http://www.syb.cas.cn/ydhz/kjdt/202205/t20220516_6448930.html.

[53] 曲梅.线性 α-烯烃的生产与发展趋势［J］.石化技术，2020，27（02）：342-343.

[54] 上海高等研究院.在合成气直接转化制长链 α-烯烃研究中取得进展［EB/OL］.（2022-10-28）［2023-05-02］.https://www.cas.cn/syky/202210/t20221027_4852830.shtml.

[55] 兰荣亮.煤制乙醇工业生产技术对比分析［J］.山东化工，2019，48（7）：139-140.

[56] 王倜，刘培，麻林巍，等.我国煤基多联产系统的发展潜力及技术路线研究［J］.中国工程科学，2015，17（9）：75-81.

[57] 毛运秋.煤化工与钢铁行业协同发展趋势分析［J］.河南化工，2021，38（06）：4-7.

[58] 高兴，田文莉，刘军战.甲醇制烯烃技术进展［J］.工业催化，2020，28（08）：21-23.

[59] 马东，孙来芝，王治斌，等.合成气直接制芳烃含氧中间体路线研究进展［J］.石油学报（石油加工），2024，40（1）：248-257.

[60] 蕴山，王前进，杨加义，等.合成气经含氧化合物中间体一步法制芳烃研究进展［J］.化工进展，2021，40（10）：5535-5546.